GERHARD WUNDER · DAS STRASSBURGER GEBIET

Schriften zur Verfassungsgeschichte

Band 3

Das Straßburger Gebiet

Ein Beitrag zur rechtlichen und politischen Geschichte
des gesamten städtischen Territoriums
vom 10. bis zum 20. Jahrhundert

Von

Gerhard Wunder

DUNCKER & HUMBLOT / BERLIN

Alle Rechte vorbehalten
© 1965 Duncker & Humblot, Berlin
Gedruckt 1965 bei Berliner Buchdruckerei Union GmbH., Berlin 61
Printed in Germany

Vorwort

Die Landesherrschaft, die viele mittelalterliche Städte über ihr Umland ausübten, findet seit einiger Zeit bei Historikern und Juristen wieder breitere Aufmerksamkeit. Bevor eine abschließende Gesamtschau möglich sein wird, müssen zahlreiche Einzeluntersuchungen das vorhandene Material Stadt für Stadt aufarbeiten. Hierzu will die vorliegende Studie einiges beitragen. Sie untersucht das territoriale Element der Straßburger Herrschaft in seiner Gesamtheit, arbeitet also die wichtigsten Tatbestände und Entwicklungslinien im ganzen Straßburger Gebiet heraus, ohne auf das Schicksal der verschiedenen Ortschaften im einzelnen einzugehen. Diese zweite Aufgabe wird in einer landesgeschichtlichen Arbeit nachgeholt, die der Faculté des Lettres et Sciences Humaines in Straßburg als Dissertation vorlag und demnächst unter dem Titel „Das Straßburger Landgebiet. Territorialgeschichte der einzelnen Teile des städtischen Herrschaftsbereichs vom 13. bis zum 18. Jahrhundert" erscheinen soll. Wenn man will, kann man die vorliegende Schrift als „allgemeinen Teil" und die in Straßburg eingereichte Arbeit als „besonderen Teil" eines größeren Ganzen betrachten. Mein Aufsatz im „Alemannischen Jahrbuch 1964" über „den abgegangenen Hof Niederweiler zwischen Kehl und Eckartsweier" wäre dann ein ausführlich abgehandeltes Kapitel aus dem „besonderen Teil".

Die vorliegende Untersuchung wurde im Februar 1964 von der Rechts- und Staatswissenschaftlichen Fakultät der Westfälischen Wilhelms-Universität in Münster als Dissertation angenommen. Berichterstatter waren die Herren Professoren Dr. Rudolf Gmür und Dr. Friedrich Klein, denen ich zu vielfachem Dank verpflichtet bin. Herr Professor Gmür hat mich als Referendar zu dem untersuchten Thema angeregt, meine Bemühungen mit wertvollen Ratschlägen unterstützt, durch heilsame Kritik gefördert und mit anhaltender Teilnahme verfolgt. Herr Professor Klein hat den jungen Studenten für das Verfassungsrecht begeistert, seine allgemeine Liebe zur Wissenschaft geweckt und nicht zuletzt seine Arbeitsweise durch sein eigenes bewunderungswürdiges Beispiel nachhaltig beeinflußt. Beide haben mir manchen Weg — auch materiell — geebnet und durch ihr beständiges Wohlwollen — auch psychologisch — viel zum Gelingen des Werkes beigetragen.

Im übrigen habe ich all denen zu danken, die meine Forschungen in irgendeiner Weise gefördert haben, namentlich der Französischen Republik für ein Stipendium, den Straßburger und Karlsruher Archiven für die Arbeitsmöglichkeit, den Herren Professor Dr. Dollinger und Archivrat Fuchs in Straßburg für ihre nimmermüde Hilfsbereitschaft, Herrn Ministerialrat a. D. Dr. J. Broermann für die Aufnahme der Studie in sein Verlagsprogramm, dem Herrn Kurator der Universität Münster und dem Land Nordrhein-Westfalen für einen finanziellen Zuschuß, schließlich meinen Eltern und Freunden, die meiner Arbeit und den damit verbundenen Einschränkungen großes Verständnis entgegenbrachten.

Speyer, den 15. Januar 1965

Gerhard Wunder

Inhaltsverzeichnis

Erstes Kapitel: Aufgabe, Schrifttum und Quellen 11
  Sachverhalt S. 11 — Terminologie S. 11 — Schrifttum S. 12 — Straßburger Schrifttum S. 13 — Vorliegende Abhandlung S. 15 — Quellen S. 15 — Karten S. 16 — Fußnoten S. 17

Zweites Kapitel: Das mittelalterliche Stadtgebiet 19
  Römerstadt S. 19 — Bischofsstadt S. 19 — Freie Stadt S. 21 — Altes Stadtgebiet S. 22 — Ruprechtsau S. 25

Drittes Kapitel: Die Rheingrenze 27
  Rhein S. 27 — Talweg S. 27 — Fähren S. 28 — Brücke S. 29 — Feste Bann- und Herrschaftsgrenzen S. 29 — Reichsgrenze S. 30 — Bann-, Herrschafts- und Reichsgrenzen seit dem 18. Jahrhundert S. 32

Viertes Kapitel: Rechte, die keine Zugehörigkeit zum Landgebiet begründeten 34
  Bannmeile S. 34 — Kriegspferde S. 35 — Verbündete S. 35 — Grundbesitz S. 36 — Vorübergehende Eroberungen S. 37 — Oberhof S. 38 — Währungshoheit S. 38 — Zustimmungsrechte S. 39 — Herrschaftliche Abgaben S. 40 — Besitzloses Pfandrecht S. 41 — Schuttergericht S. 42 — Kirchenpatronate und Zehnten S. 43 — Zusammenfassung S. 43

Fünftes Kapitel: Rechte, welche die Zugehörigkeit zum Landgebiet begründeten 44
  Besitz der Bürger S. 44 — Besitz der Klöster und Stiftungen S. 47 — Alleinherrschaft S. 48 — Gemeinherrschaft S. 51 — Besitz unter österreichischer Oberhoheit S. 52 — Einzelne Herrschaftsrechte S. 53 — Nutzungsgebiet von Gemeinden S. 54 — Zusammenfassung S. 54 — Mittelbares und unmittelbares Landgebiet S. 55

Sechstes Kapitel: Eigen, Lehen, Pfand, Pachtgut und Schutzgut 56
  Eigen S. 56 — Lehen S. 56 — Pfand S. 58 — Pachtgut S. 59 — Vertragliche Änderungen S. 60 — Faktische Änderungen S. 61 — Schutzgut S. 61

Siebentes Kapitel: Der Erwerb der Herrschaftsrechte 62
  Überblick S. 62 — Schenkung S. 62 — Tausch S. 63 — Kauf S. 63 — Ewigsatzung S. 65 — Gepachtete Satzung S. 67 — Totsatzung S. 67 — Pacht S. 67 — Schutzvertrag S. 67 — Gerichtliche Entscheidung S. 68 — Gewaltsame Einverleibung S. 69

Achtes Kapitel: Der Verlust der Herrschaftsrechte 72

Auflösung des Schutzverhältnisses S. 72 — Vertrag S. 72 — Gerichtliche Entscheidung S. 73 — Gewaltsame Entziehung S. 73 — Revolutionäre Gesetzgebung S. 73

Neuntes Kapitel: Der Zweck des Landerwerbs und der Veräußerungen .. 77

Kriegspolitik S. 77 — Machtpolitik S. 78 — Finanzpolitik S. 78 — Holzpolitik S. 80 — Keine Lebensmittelpolitik S. 81

Zehntes Kapitel: Die Gliederung des Landgebiets 83

Anfänge S. 83 — Amt S. 84 — Landpflegerei S. 85 — Die scheinbare Gliederung während des Dreißigjährigen Krieges S. 87 — Bailliage S. 87 — Die örtliche Gliederung nach der Art der Besiedlung S. 88 — Die örtliche Gliederung in Bänne, Gemeinden, Gerichte und Herrschaften S. 88 — Die abgesonderten Bänne im besonderen S. 89 — Die Exemptionen im besonderen S. 90

Elftes Kapitel: Überblick über die Verfassung des Straßburger Gebiets .. 92

Die Bevölkerung S. 92 — Die Organe S. 95 — Gewaltenteilung S. 98 — Gemeindeaufgaben S. 99 — Rechtsordnung S. 99 — Gerichtsverfassung S. 101 — Wehrverfassung S. 101 — Gesamturteil S. 102

Zwölftes Kapitel: Größe und Einwohnerzahl 104

Fläche S. 104 — Einwohner S. 104 — Zahlen S. 104 — Vergleich S. 105

Dreizehntes Kapitel: Tabellen und Karten 107

Das unmittelbare Landgebiet 1351 bis 1793 (Tabelle) S. 108 — Das gesamte Straßburger Gebiet im 18. Jahrhundert (Tabelle) S. 112 — Das unmittelbare Landgebiet 1390—1800 (Schaubild) S. 114 — Das Straßburger Gebiet im 16. Jahrhundert (Karte) S. 115 — Das Straßburger Gebiet im 17. Jahrhundert (Karte) S. 116 — Das Straßburger Gebiet im 18. Jahrhundert (Karte) S. 117

Schriftenverzeichnis 118

Verzeichnis der ungedruckten Quellen 136

Abkürzungsverzeichnis

AD	=	Archives Départementales du Bas-Rhin in Straßburg
AM	=	Archives de la Ville de Strasbourg
Arg.	=	Argentina, Argentinensis (Straßburg, Straßburger)
BGB	=	(Deutsches) Bürgerliches Gesetzbuch
BNU	=	Bibliothèque Nationale et Universitaire in Straßburg
d	=	denarius (Pfennig Straßburger Währung)
f	=	folium (Blatt)
fl	=	florenus (Gulden Straßburger Währung)
frz.	=	französisch
GLA	=	Badisches Generallandesarchiv in Karlsruhe
IPM	=	Instrumentum Pacis Monasteriense (*Lünig* 911—950 — *Du Mont* 450—461 — *Sammlung* III 604—620 — *Boug* I p I—XXI — *Vast* I 12—57 — *Zeumer* 434—443)
IPO	=	Instrumentum Pacis Osnabrugense (*Lünig* 831—902 — *Du Mont* 469—490 — *Sammlung* III 574—604 — *Zeumer* 395—434)
km N, NO, NW, O, S, SO, SW, W	=	Kilometer Luftlinie nördlich, nordöstlich, nordwestlich ... des Straßburger Münsters
lb	=	libra (Pfund Straßburger Währung = 20 s)
MG.CC.	=	Monumenta Germaniae historica. Legum sectio IV: Constitutiones et acta publica imperatorum et regum. Tomi VIII. Hannoverae et Lipsiae 1893—1927.
MG.DD.	=	Monumenta Germaniae historica. Diplomatum regum et imperatorum Germaniae. Hannoverae et Berolini 1879—1957.
MG.FF.	=	Monumenta Germaniae historica. Formulae Merowingici et Karolini Aevi. Hannoverae et Lipsiae 1886.
MG.SS.	=	Monumenta Germaniae historica. Scriptorum rerum Merovingicarum tomi. Berolini 1885—1920.
n	=	nota (Fußnote)
no	=	numerus (Nummer)
o. J.	=	Erscheinungsjahr nicht angegeben und nicht zu ermitteln
o. O.	=	Erscheinungsort nicht angegeben und nicht zu ermitteln
p	=	pagina (Seite)
RA	=	Revue d'Alsace. Colmar (u. a.) seit 1850.
RGBl.	=	Reichsgesetzblatt
s	=	solidus (Schilling Straßburger Währung = 12 d)
UB I—VII	=	Urkundenbuch der Stadt Strassburg
ZGO	=	Zeitschrift für die Geschichte des Oberrheins. Karlsruhe seit 1850.

Erstes Kapitel

Aufgabe, Schrifttum und Quellen

Sachverhalt. Bevölkerungszahl, Wirtschaftsblüte und Finanzkraft haben die mittelalterlichen Städte befähigt, auch in der Politik eine bedeutende Rolle zu spielen. Allenthalben lösten sich die Bürger von den übergeordneten Gewalten los und nahmen ihr Schicksal selbst in die Hand, ja mitunter dehnten sie ihre Macht über die eigene Gemarkung hinaus auf benachbarte Gemeinden aus und wurden dadurch ihrerseits zu Herren über Untertanen. Diese Erscheinung findet sich in Italien und in der Schweiz ebenso wie in Frankreich und Deutschland, bei reichsunmittelbaren wie bei landsässigen[1] Städten.

Terminologie. Die verschiedenen Hoheitsbereiche tragen von Anfang an vieldeutige Bezeichnungen[2], die schon manchen Irrtum verursachten.

Die städtische Gemarkung allein heißt in den Quellen beispielsweise ambitus[3], Bann[4], Stadt und Burgbann[5], Burgbann allein[6], Territorium[7]; in der Literatur etwa Stadtgebiet oder Stadtbann[8].

Für die beherrschten Bezirke außerhalb der städtischen Gemarkung sind lange Umschreibungen ebenso gebräuchlich wie kurze und knappe Ausdrücke: „der stat Strasburg burger die do stette oder dorfer habent ... in denselben stetten oder dorfern ... die stat Strasburg ... in iren

---

[1] *Bader*, Reichsadel 256 n 36 (Freiburg und Villingen); *Conrad* 338 (Erfurt); *Diekmann* 14 (Soest).
[2] Allgemein *Brunner* 165—169 und *Fischer*, Burgbezirk, passim. Zu den einzelnen Begriffen *Du Cange*; *Grimm*, Wörterbuch; *Rechtswörterbuch*; *Niermeyer*; *Wörterbuch*; alle passim.
[3] UB I 146 no 181 (1220).
[4] UB I 205 no 266 (1240); BNU: ms 1259 (18. Jh.).
[5] „us deme burgban ze Strasburg niemer comen noch innerhalb der stat ze Strasburg niemer comen" (1262) = UB I 369 no 487.
[6] „der clohstere... die in disen burcbanne ligent" (4. Stadtrecht 1279) = UB IV 2, 13 no 90; auch UB VI 196 no 368 (1387).
[7] „der landgraben welcher lobl. statt territorio von dem Illflus an bis an den krummen Rhein zur grantze dienet" (1735) = AM: AA 2073 f 19 (Karte); BNU: ms 1457 p 358—359 (1779 territoire).
Territorium kann auch einfach die Umgebung bedeuten, so bei *Mercator*, Territorium (1633), und *Bernegger*, Descriptio particulae territorii (1675).
[8] Beides in *Goehner* 14 (1935).

pfantschaften stetten und dorfern"[9], „der statt Strasburg pfandschafft oder eyenthum auswendig der statt Strasburg es weren stett oder dorffer"[10], „der statt statte schlosser flecken und dorfern"[11], „dorffer" schlechthin[12], Obrigkeit[13], Herrschaften und Ämter auf dem Land[14], Territorium[15], Ämter[16], Botmäßigkeit[17], dominium[18], Landgebiet[19], Herrschaftsgebiet[20], Stadtgebiet[21], Landesherrschaft[22].

Beides, also die städtische Gemarkung und die beherrschten Außenbezirke zusammen, ist gemeint mit Ausdrücken wie Stadt und Land[23], Stadt und Obrigkeit[24], Stadt und Territorium[25], Territorium allein[26], Gebiet[27], Straßburg und Zubehör[28], Herrschaftsgebiet[29], Stadtmark und Territorium[30], Stadtgebiet und Landgebiet[31], Stadtbann und Territorium[32], Landschaft[33]. Soll die wissenschaftliche Sprache möglichst einfach, sachgerecht und quellengemäß sein[34], so empfiehlt sich meines Erachtens für die städtische Gemarkung der Ausdruck „Stadtgebiet", für die beherrschten Bezirke außerhalb der städtischen Gemarkung das Wort „Landgebiet" und für beide zusammen „Gebiet" schlechthin.

Schrifttum. Historiker und Juristen haben sich mit der Stadtgeschichte vieltausendmal beschäftigt, des Landgebietes aber, wenn überhaupt, gewöhnlich nur am Rande gedacht. *Olivier-Martin* z. B. widmete ihm in

---

[9] *Eheberg* I 504 no 258 (15. Jh.).
[10] *Wencker,* de pfalburgeris I 122 (1507).
[11] *Eheberg* I 551 (Landherrenordnung 1513).
[12] AM: VI 75/1a (Liste 1516); *Knapp,* Dörfer Heilbronns (1894).
[13] AM: VI 76/6 f 66 (1601).
[14] AM: VI 76/3 (1614).
[15] AM: V 54/3 (1652); VI 115/10 f 19—20 (Fleischschauerordnung 1696); *Knobloch,* Territorium (1908).
[16] AM: VI 115/10 f 20—21 (Brotschauerordnung, Abschrift nach 1696); *Hatt,* vie 53 (1947 bailliages).
[17] AM: AA 2068 f 142 (1767).
[18] *Schoepflin* 268 (1761); BNU: ms 1457 p 262 (1779 domaine).
[19] *Adam,* Territorien 25 (1928); *Kirn* 79—80 (1958).
[20] Allgemein *Olivier-Martin* 169 (1951 seigneuries).
[21] *Fink,* Lübecks Stadtgebiet (1953).
[22] Allgemein *Conrad* 337 (1962).
[23] AM: VI 76/3 (1614).
[24] *Polizeiordnung* in der Einleitung (1628); vgl. oben n 13.
[25] AM: V 54/3 (1652).
[26] *Allard,* Argentorati Territorium (1680?); AM: VI 148/2 no 1/4 (1776); allgemein: *Fritz,* Territorien (1896); *Dannenbauer,* Territorium Nürnbergs (1928); *Wolfram,* Atlas 10 (1931); *Bader,* Dorf 191 (1957).
[27] *Allard,* vulgo Strasburger Gebiet (1608?); *Homann,* Landgraviatus Alsatiae (1745).
[28] *Horrer* 132 (1787 Strasbourg et dépendances).
[29] Allgemein: *Fritz,* Territorien Karte 2 (1896); *Bader,* Dorf 191 (1957).
[30] *Knobloch* 7 (1908).
[31] *Adam,* Territorien 25 (1928).
[32] *Goehner* 14 (1935).
[33] Allgemein *Bader,* Dorf 191 (1957).
[34] *Hartung,* Entwicklung 43—44.

seiner französischen Rechtsgeschichte nur einen einzigen Satz, *Conrad* in seiner deutschen einen einzigen Absatz[35].

In Frankreich, wo sich die städtische Freiheit wegen des starken Königtums nicht so entfalten konnte wie in Deutschland[36] und daher auch die städtischen Landgebiete von geringerer Bedeutung als hier blieben, fehlt es an einer ausführlichen Darstellung überhaupt. Immerhin ist bekannt, daß mehrere französische Städte ein Landgebiet besaßen, so Toulon, Cordes, Cahusac, Bordeaux, Rouen, Grenoble, Castres, Nuits, Compiègne, Toulouse, Avignon und Tournai[37], dazu das ehemals deutsche Metz[38], der elsässische Zehnstädtebund[39] und nicht zuletzt Straßburg.

In Deutschland besaßen zahlreiche Städte ein Landgebiet[40], und hier gibt es auch eine ganze Reihe örtlicher und überörtlicher Monographien[41]. Eine ausführliche und zuverlässige Gesamtdarstellung ist bei dem gegenwärtigen Stand der Forschung freilich noch nicht möglich[42]. Die vorliegende Untersuchung will durch Einzelforschungen über das Straßburger Gebiet einer derartigen Zusammenfassung vorarbeiten.

Straßburger Schrifttum. Das Schrifttum über das Straßburger Gebiet ist, wenn man alle kleinen und großen Werke vom Zeitungsartikel bis

---

[35] *Olivier-Martin* 169; *Conrad* 337—338. Wenig mehr bei *Petit-Dutaillis* 114—115; *Mitteis*, Rechtsgeschichte 112—113, 130—131 und 163—170.

[36] *Olivier-Martin* 164 und 404; *Schneider*, Ville 411.

[37] *Teissier* 48—49 und 57 über Toulon (1863); *Rossignol*, Monographies 63—73 über Cordes und 310 über Cahusac (1865); *Rossignol*, Etude 140—143 über Cordes und Cahusac (1866); *Barckhausen* XII—XIII und passim über Bordeaux (1878); *Babeau* 7 über Rouen und Bordeaux, 199 über Grenoble und 322 über Castres, Cordes, Bordeaux, Nuits und Toulon (1880); *Coët* 83 über Compiègne (1884); *Morel* 13 über Compiègne (1901); *Portal* 231—243 und passim über Cordes (1902); *Barré*, Fiefs 3, 32, 42 und 66 über Compiègne (1939); *Barré*, institutions 12 und 42 über Compiègne (1942); *Petit-Dutaillis* 114—115 über Rouen, Bordeaux, Toulouse, Avignon und Tournai (1947).

[38] *Klipffel* 308 (1857); Reichsland I 290—293 und III 679—683 (1898 und 1903); *Gerdolle* (1908); *Du Prel* 699—911 und Karte (1909); *Zeller*, Metz I 196—197 und 215 sowie II 293 (1926); *Wolfram*, Atlas 9 (1931); *Schneider*, Ville 60 und 411—448 (1950).

[39] *Schoepflin* 90, 108, 121, 270—272 (1761); *Bardot* 20—21 (1899); Reichsland I 283—285 und III passim (1898 und 1903); *Waldner* 34 und 66 (1914); über das heute wieder deutsche Landau ferner *Lehmann*, Reichsstadt 19, 35, 76, 85, 110, 112—114, 116—117, 226, 240, 246, 275 und 277 (1851) sowie *Levrault* 53—55 (1859). — *Sittler*, Décapole (1955) und *Geiges* (1959) gehen auf die Landgebiete nicht ein.

[40] Ausführliche, wenn auch nicht vollständige Listen in *Kretschmer* 583—588 (1904); *Hölzle*, Beiwort (1938); *Bader*, Südwesten 153—159 mit Literaturangaben (1950).

[41] U. a. *Dannenbauer* über Nürnberg (1928); *Schneider*, villes 509—513 (1954); *Fischer*, Burgbezirk 21—25 (1956; mit reichen, aber nicht erschöpfenden Literaturangaben); *Schmolz* über Ulm (1959); *Gmür*, Städte (Vortrag 1960); *Diekmann* über Soest (1962); *Leist* 154—175 über Rottweil (1962); *Laufs* 112—128 über Rottweil (1963). In Vorbereitung: *Lesener* über Schwäbisch Hall; *Neusser* über Ulm; *Woltering* über Rothenburg; *Wüllner* über Nürnberg.

[42] *Gmür*, Städte 512 (erster Schritt auf einem wenig bekannten Gebiet).

zur Monographie zusammenzählt, recht umfangreich, aber, von wenigen Ausnahmen abgesehen[43], inhaltsarm und in einem unglaublichen Ausmaße unrichtig. Dieses Urteil trifft die Orts- und die Regionalgeschichten ebenso wie die historisch-topographischen Handbücher[44] und die Monographien, das ältere Schrifttum ebenso wie das jüngste. Es sei davon abgesehen, hier einzelne Werke zu nennen; sie wurden alle ins Schriftenverzeichnis aufgenommen und bei der folgenden Darstellung in den Fußnoten vermerkt.

Das Landgebiet als Ganzes wird in der Literatur gewöhnlich nur mit wenigen Sätzen beschrieben[45]. Mehr als eine Seite widmen ihm nur *Schoepflin*, der heute längst überholt ist[46], *Reuss* in seiner elsässischen Geschichte[47], *Knobloch* in einer historischen Dissertation[48], *Adam* in seiner Kirchengeschichte[49] und *Goehner* in einer kleinen Abhandlung, die sich fast ausschließlich auf Knobloch stützt und schon deswegen wissenschaftlichen Ansprüchen nicht genügt[50].

Mit Abstand am ausführlichsten ist die Darstellung Knoblochs. Er untersucht den Erwerb des unmittelbaren Landgebiets[51] bis 1550 und dessen Verfassung und Verwaltung in der ersten Hälfte des 16. Jahrhunderts[52]. Nicht behandelt wird von ihm das Stadtgebiet, das mittelbare Landgebiet und die Zeit nach 1550. Aus seinen Fußnoten ergibt sich, daß er kaum zwei Dutzend Bücher und nur das Straßburger Stadtarchiv und Departementalarchiv eingesehen hat. Beide Archive sind jedoch nur unvollständig benutzt worden[53]. Da Knobloch darüber hinaus die auswärtigen Archive gar nicht berücksichtigt hat und ihm andererseits wichtige Vorarbeiten wie die von Dagobert *Fischer*[54] unbekannt geblieben sind, nimmt es schließlich nicht wunder, daß sich auch innerhalb seiner thematisch begrenzten Untersuchung noch zahlreiche Lücken, Ungenauigkeiten und Irrtümer zeigen. Fünf Beispiele

---

[43] Etwa *Bender* über das Dorf Nonnenweier (1908) und *Hecker* über die Herrschaft Barr (1914).
[44] Für das Elsaß: *Ichtersheim* (1710); *Horrer* (1787); *Heitz*, Alsace (1860); *Kirchner*, Elsass 1648 (1878); *Fritz*, Territorien (1896); *Reichsland* III (1903); *Clauss* (1895—1914); *Barth*, Handbuch (1960—1961).
Für Baden: *Kolb* (1813—1818); *Heunisch* (1833); *Universal-Lexicon* (1847); *Großherzogtum* (1885); *Krieger* (1904—1905); *Keyser* (1959).
[45] z. B. Horrer 132—133; Hermann I 43; Borries 174—175.
[46] *Schoepflin* 207—212, 219—220, 268—270 (1761).
[47] *Reuss*, Alsace I 443—446 (1897).
[48] *Knobloch* (1908).
[49] *Adam*, Territorien 25—82 (1928).
[50] *Goehner* 13—16 (1935).
[51] Über diesen Begriff Kap. 5 am Ende.
[52] *Knobloch* 11—88 und 90—149.
[53] Die Straßburger Briefbücher in AM: no 953—957 wurden z. B. nicht eingesehen.
[54] *Fischer* über das Amt Wasselnheim (1871), das Amt Kochersberg (1872), das Amt Herrenstein (1873), die Dörfer Romansweiler und Koßweiler (1877) und die Grafschaft Saarwerden (1877).

für mehr als hundert: Der vorübergehende Erwerb der Stadt Rheinau, der Graftschaft Saarwerden und der Herrschaft Lahr werden überhaupt nicht erwähnt[55], von Schutterwald heißt es nur, jede Nachricht über seine Geschichte fehle[56], und die bischöfliche Pflege Ortenberg auf der rechten Rheinseite wird mit dem österreichischen Schloß Ortenberg links des Rheins verwechselt[57].

Vorliegende Abhandlung. Diese kurzen Angaben zeigen wohl zur Genüge, daß eine neue, gründliche Untersuchung notwendig ist. Die vorliegende Abhandlung wollte ursprünglich unter dem Thema „Verfassung und Verwaltung im Territorium der Stadt Straßburg von 1500 bis 1790" das Straßburger Gebiet mit seinen territorialen, personalen, organisatorischen und funktionellen Elementen umfassend darstellen[58] und seine Entwicklung durch die Jahrhunderte, insbesondere beim Übergang von Deutschland an Frankreich, verfolgen. Meine fünfjährigen Bemühungen (1958—1963) zeigten jedoch schon sehr bald, daß einer Verfassungsgeschichte, die nach dem Wie fragt, erst einmal eine Territorialgeschichte, die das Was beantwortet, vorausgehen muß. Das gesamte Schrifttum gab den Straßburger Besitzstand so unzuverlässig wieder, das schon hier zeitraubende Forschungen notwendig wurden. Auch die Ergebnisse wurden dann so umfangreich, daß schließlich das Thema ganz auf sie beschränkt werden mußte, aus einer Verfassungsgeschichte mit überwiegend rechtsgeschichtlichem Inhalt also eine Territorialgeschichte mit überwiegend politisch-geographisch-historischem Inhalt wurde[59]. Ihr allgemeiner Teil wird mit dieser Abhandlung vorgelegt. Auf einen bereits fertiggestellten besonderen Teil wird gelegentlich hingewiesen.

Quellen. Beide Untersuchungen gehen mangels geeigneter Vorarbeiten möglichst überall auf die Quellen zurück. Zum ganz überwiegenden Teil lagern diese im Straßburger Stadtarchiv[60], dort leider in sämtlichen

---
[55] Vgl. dagegen die erste Tabelle in Kap. 13.
[56] *Knobloch* 27 n 3.
[57] *Knobloch* 20 (Ortenberg und die Pflege jenseits des Rheins) und Karte nach 152 (linksrheinische Burg Straßburger Besitz).
[58] Das hat etwa *Crämer* (1931) für die Stadt selbst getan und wird heute in der Verfassungsgeschichte allgemein gefordert; *Herrschaft* V und passim.
[59] Bezeichnenderweise ist es Dannenbauer bei seiner Habilitationsschrift über Nürnberg ähnlich ergangen; *Dannenbauer* VII (1928).
[60] Die städtische Regierung erließ 1736 eine entsprechende Verordnung: „viele original documenten die ambter betreffend auff dem pfenning thurn bey der hh. XV protocoll auff dem korn-speicher bey denen ambtleuthen ambtschreibereyen hinter gerichten und schultheisen sich befinden werden selbige alle in hiesiges archiv zu luffern . . . seyn" = AM: no 214 p 629—630 (XXI Prot 15. 12. 1736) = VI 76/2a (Original).
Ob die Verordnung überall durchgeführt wurde, ist zweifelhaft. Schon 1615 hatte es die Gemeinde Mittelbergheim rundweg abgelehnt, ihr Archiv dem Straßburger Schultheißen in Mittelbergheim auszuliefern; Mittelbergheim: Articul Buch 273—274 (Protokoll).

Abteilungen zerstreut und auch in der Serie VI, wo sie sich besonders konzentrieren[61] weder örtlich noch sachlich noch zeitlich oder sonstwie geordnet, so daß man gewöhnlich Blatt für Blatt durchsehen muß. Zur Ergänzung sind insbesondere das Badische Generallandesarchiv in Karlsruhe für den rechtsrheinischen Besitz, das Straßburger Departementalsarchiv für den linksrheinischen Besitz sowie die Handschriftensammlung der Straßburger Universitätsbibliothek heranzuziehen. In den Gemeindearchiven wurden nur Stichproben gemacht. Ihre Bestände sind teils dürftig, teils völlig ungeordnet, teils waren sie überhaupt nicht zugänglich[62]. Die Pariser Archive enthalten, wie mir Herr Professor Livet von der Straßburger Universität versicherte, über das Straßburger Landgebiet nichts, da dieses für die Zentralregierung nur von untergeordneter Bedeutung war[63]. — Viele Quellen gingen im Laufe der Zeit verloren. Vom Amt Wasselnheim wurden z. B. die Strafprozeßprotokolle 1686—1788 im Jahre 1845 eingestampft und die Protokolle der Audienzen 1676—1790, der Vormundschaftssachen 1656—1790 und der Zivilprozesse 1729—1790 im Krieg von 1870 durch deutsches Artilleriefeuer vernichtet[64].

Karten[65]. Besondere Aufmerksamkeit wurde den zeitgenössischen und historischen Karten gewidmet, die gerade für eine Territorialgeschichte immer heranzuziehen sind. Das Straßburger Departementalsarchiv enthält eine ganze Anzahl unterelsässischer Gemarkungskarten aus der Zeit um 1760[66] und gedruckter Gemarkungskarten aus den Jahren 1886 bis 1931[67], das Badische Generallandesarchiv in Karlsruhe eine vollständige Sammlung gedruckter Gemarkungskarten aus der Zeit um 1860[68]. So wertvoll indes diese lokalen Karten besonders für die ortsgeschichtliche Forschung sind, so wenig bieten für unser Thema andererseits alte regionale Karten. Wenn die regionalen Karten überhaupt Herrschaftsgrenzen enthalten, dann öfter an der falschen als an der richtigen Stelle. Benützt wurden *Vopell* (1558); *Sgrooten* I 21 und 23 (1573); *Speckel* (1576); *Mercator* (1633); *Merian* (1645 und 1663); *Sanson* (um 1650); *Ians-*

---

[61] AM: VI 1—479, zusammen fast 50 laufende Meter Akten.

[62] Barr ist seit Kriegsende unzugänglich, Dettweiler ist ungeordnet, Goxweiler und Heiligenstein waren bei meinem Besuch am 3. 11. 1959 geschlossen, in Marlenheim und Wasselnheim wurde mir die Einsicht verweigert. Im übrigen siehe das Verzeichnis der ungedruckten Quellen.

[63] Vgl. auch *Hauviller*, Alsatica (1901).

[64] *Eckel* XLV—XLVI.

[65] Schrifttum: *Schott*, Entwicklung (1913); *Grenacher* (1957); *Oehme*, Südwesten (1961) und vor allem *Oehme*, Geschichte (1961).

[66] AD: C 556—571. Die Karte AD: C 570/395 (Wasselnheim) ist datiert auf 1762. Allgemein über den Fond: *Himly*, aspect (1948); *Himly*, Catalogue (1959).

[67] AD: 1 P 1—3 P 18. Datierung nach AD: 1 P 144 (Nordheim) und 54 (Friedolsheim), die nach Auskunft des Service départemental du cadastre in Straßburg in den Jahren 1886 bzw. 1931 angefertigt worden sind.

[68] GLA: H 1:10 000. Die von mir eingesehenen Karten sind zwischen 1859 (Eckartsweier) und 1862 (Kehl) datiert.

son und *Sandrart* (beide um 1660); *Bernegger*, Descriptio (1675); *Allard* (1680); *Person*, Blatt Strasburg (1692); *Homann* (1701, 1745 und 1753); *Baillieu* (1708); *Naudin* (1726); *Michal*, Suevia (nach 1725); *Seutter* (vor 1748) und *Cassini* (1793)[69]. Unter ihnen zeichnen Allard und Seutter das Straßburger Gebiet besonders schön, wenn auch nicht richtig. — Die reichen Schätze des Straßburger Kupferstichkabinetts[70] und des badischen Generallandesarchivs[71] konnten wegen Zeitmangels nicht eingesehen werden.

An neueren historischen Karten kommen für das Straßburger Gebiet in Betracht: *Kirchner* (1878, 1880 und o. J.); *Kienitz* (1885); *Droysen* 34 bis 35, 41 und 60 (1886); *Fritz*, Territorien (1896); *Knobloch* nach 152 (1908); *Borries*, Karte III (1909); *Fallex* (1921); *Wolfram*, Atlas 9, 10, 11, 18a und 18b (1931); die Karten in *Kehl* (1931); *Goehner*, Tafel XX (1935); *Siebert* 80 (1935); *Eyer*, Dissertation, nach 96, 128 und 240 (1938); *Hölzle* (1938); *Livet*, Intendance, nach 1084 (1956) und *Ford* 9 (1958)[72]. Alle diese Karten kranken u. a. daran, daß sie die heutigen Gemarkungsgrenzen mit den früheren gleichsetzen, obwohl das schon für die letzten zweihundert Jahre bei den vielen von mir untersuchten Gemeinden nachweisbar nur in vier Fällen zutrifft[73]. Insbesondere wird außer acht gelassen, daß es früher im Gegensatz zu heute sehr viele abgesonderte Bänne oder gemeindefreie Gebiete gab[74].

Fußnoten. Die in dieser Abhandlung verarbeiteten Schriften, Quellen und Karten haben den wissenschaftlichen Apparat ziemlich stark anschwellen lassen. Die bisherige Literatur ist jedoch so unzuverlässig und belegt ihre Behauptungen so spärlich, unrichtig oder gar nicht, daß der Verfasser meinte, hier des Guten lieber etwas zu viel als zu wenig tun zu müssen. Er selbst fand oft Bücher zitiert, die in keiner Bibliographie und keiner Bibliothek nachzuweisen waren. Andere Autoren gaben für ihre Behauptungen Quellen an, die oft genau das Gegenteil von dem aussagten, was sie beweisen sollten. Um seinen Lesern ähnliche zeitrau-

---

[69] Genaue Titel im Schriftenverzeichnis.
[70] Cabinet des estampes im Château des Rohan.
[71] Katalog in Vorbereitung.
[72] Genaue Titel im Schriftenverzeichnis.
[73] Für Burgheim siehe AM: Plan C IV 29 (17. Jh.); AD: C 556/50 (um 1760); 1 P 26 (1893); für Friedolsheim AD: C 558/109 (um 1760); 1 P 54 (1931); für Ittlenheim AD: C 561/182 (um 1760); 1 P 99 (1895); für Nordheim AD: C 653/271 (um 1760); 1 P 144 (1886). In den andern Gemarkungen waren die Veränderungen oft sehr beträchtlich: Koßweiler vergrößerte seine Fläche durch einen Teil des früher gemeindefreien Ödenwaldes von 431 ha auf 1588 ha; AD: C 557/52 (um 1760); 2 P 35 (um 1900). Ittenheim und Handschuhheim verkleinerten ihre früher gemeinsame Gemarkung durch Auseinandersetzung von 847 ha auf 689 bzw. 245 ha; AD: C 561/180 (um 1760); 1 P 71 (Handschuhheim um 1900); 1 P 98 (Ittenheim um 1900). Im einzelnen siehe *Wunder* passim.
[74] Vgl. Kap. 10 und die erste Tabelle in Kap. 13. Allgemein über das Kontinuitätsproblem *Bader*, Gemarkungsgrenze 57—61 (1940).

bende und enttäuschende Nachforschungen zu ersparen, hat der Verfasser hier im Schriftenverzeichnis bei seltenen Werken den Standort des von ihm benutzten Exemplars angegeben und viele Quellen gleich im Wortlaut zitiert. Die Vorlage ist dabei stets buchstabengetreu wiedergegeben; nur wurden alle Wörter mit Ausnahme der Namen und der Satzanfänge klein geschrieben, die U und V nach der heutigen Schreibweise normalisiert und alle übergesetzten Zeichen über a, e, o und u sowie die Beistriche weggelassen.

Zweites Kapitel

Das mittelalterliche Stadtgebiet[1]

Römerstadt. Straßburg ist seit der Römerzeit die bedeutendste Siedlung des Unterelsaß[2]. Auf einem Meilenstein, den man in das Jahr 74 n. Chr. datiert hat, wird es als Argentorate erstmals genannt[3]; 346 ist der erste Bischof nachweisbar[4]. Von der Mitte des 4. bis zur Mitte des 5. Jahrhunderts kam es mit dem übrigen Elsaß unter die Herrschaft von Alamannen[5], nach 496 zum Frankenreich[6]. 589 erscheint der heutige Name in der latinisierten Form Strateburgum[7].

Bischofsstadt. Der Bischof beherrschte damals schon den alten, östlichen Stadtkern, während die westliche Neustadt königlich war[8]. Lud-

---

[1] Karten: *Schoepflin* nach 288 (1761); AM: Plan C Rouleau 38 (1786); GLA: H Rheinstrom 61 (Banngrenze Straßburgs gegen Auenheim 1817); H Rheinstrom 62 (Banngrenze Straßburgs gegen Goldscheuer-Marlen, Eckartsweier-Hundsfeld und Kehl-Sundheim 1817); H Rheinstrom 52 (Rheinlauf Meißenheim-Kehl mit Talweg und Banngrenzen 1818); *Tulla* 12 (Rheinlauf Altenheim-Kehl mit Talweg und Banngrenzen 1828); *Correction* (Rheinlauf bei Straßburg 1863); *Reichsland* II hinten (Stadtkreis Straßburg 1901); *Borries*, Karte II (1909); *Wolfram*, Atlas 35 (1931); AM: Plan IV 4 (1933); *Goehner* Tafel I—XVI (1935); *Beyler* Kartenbeilage (Ruprechtsau 1955 mit Banngrenze 18. Jh.); ferner AM: Pläne passim und *Kehl* (1931) passim.
Das Schrifttum zur Straßburger Geschichte ist fast unübersehbar; eine neuere, wissenschaftlichen Ansprüchen gerecht werdende Gesamtdarstellung fehlt aber. Am brauchbarsten ist *Borries* (1909), während *Hermann* (1817 bis 1819) veraltet und *Reuss*, Histoire (1922), unübersichtlich ist. Umso wertvoller sind die Werke von *Jan* (1888) über das 18. Jh., *Hatt*, ville (1929), über das 15. Jh., *Crämer*, Verfassung (1931), über das 16. und 17., *Hatt*, vie (1947), über das 17. und *Ford* (1958) über das 17. und 18. Jh. Zur Siedlungsgeschichte sei noch *Goehner* (1935), zum Vergleich mit den heutigen Verhältnissen *Office* (1957) und als neueste Monographie *Streitberger* (1961) genannt. Für einen schnellen Überblick empfiehlt sich *Reichsland* III 1064—1087 (1903).
[2] Schrifttum: *Apell*, Argentoratum (1884); *Forrer*, Strasbourg (1927); *Forrer*, Alsace (1935); *Goehner* 4—9 und Tafel I—II und XII (1935); *Büttner*, Geschichte 7—19 (1939); *Hatt*, Strasbourg (1953).
[3] *Forrer*, Strasbourg II 638—639; *Forrer*, Alsace 45—46. Überholt *Hermann* I 2 (zuerst bei Ptolemaeus Lib. II Cap. 9 § 17 als Argentóraton).
[4] *Bloch* I 211—214 no 1—5; *Büttner*, Geschichte 54—56.
[5] *Büttner*, Geschichte 13—22 und 29. Eine genaue Datierung auf 406 (so *Göhner* 9) ist unrichtig.
[6] *Büttner*, Geschichte 31—32; *Bruckner* 1 no 1.
[7] Gregorii Episcopi Turonensis Historia Francorum Lib. IX Cap. 36 = MG. Script. I 391 = *Bruckner* 3 no 11; *Nagel* 24; *Goehner* 9.
[8] *Goehner* 11. Vgl. dazu die UB I 546 unter palatium aufgeführten Belege

2. Kap.: Das mittelalterliche Stadtgebiet

wig der Fromme (814—840) und Ludwig der Deutsche (840—876) bestätigten der Kirche wiederholt ihre Immunität[9]. Bei der Reichsteilung von 870 fiel Straßburg an Ludwig den Deutschen[10], geriet jedoch zwischen 911 und 925 noch wiederholt unter französischen Einfluß[11].

Kaiser Otto II. überließ Bischof Erchenbald 982 die ausschließliche Herrschaft über fast ganz Straßburg[12]. Innerhalb der Stadt lag nur noch der Immunitätsbezirk des Frauenklosters St. Stephan[13], den König Heinrich II. aber 1003 ebenfalls dem Bischof unterstellte[14]. Dieser war damit alleiniger Stadtherr geworden und ernannte als solcher persönlich die obersten städtischen Organe: Schultheiß, Burggraf, Zoller, Münzmeister und Vogt[15]. Die sogenannte Confoederatio cum principibus

---

sowie *Büttner* 28 und 55. In Speyer waren die Verhältnisse ganz ähnlich; *Doll* passim. Irrig *Wittmer-Meyer* III p XX („L'évêque de Strasbourg devint à partir de Xe siècle le chef temporel du territoire urbain").

[9] Bericht in der Urkunde Ludwigs des Deutschen von 856 = *Bruckner* 324 no 512 (Regest); Bestätigung Ludwigs des Deutschen 856 = *Schoepflin-Lamey* I 87 = UB I 22 no 27 = MG. DD. Ludwig. 109 no 75 (Drucke) = *Bloch* I 235 no 83 = *Bruckner* 341 no 546 (Regesten); dazu *Büttner*, Geschichte 145—146 (UB hält die Urkunde für gefälscht; MG., Bloch, Bruckner und Büttner für echt); Bestätigung Ludwigs des Deutschen 873 = UB I 26 no 32 = MG. DD. Ludwig. 208 no 149 (Drucke) = *Bloch* I 238 no 97 = *Bruckner* 362 no 592 (Regesten); dazu *Büttner*, Geschichte 153 (UB, Bloch und Bruckner halten die Urkunde für verfälscht; MG. und Büttner für echt).

[10] „Hludowicus accepit ... Stratsburch ... Sancti Stephani Strastburch" (Vertrag von Meersen, überliefert in den Annales Bertiniani) = *Obrecht* 66 bis 67 = *Bruckner* 357 no 583; *Wolfram*, Entstehung 23; *Lienhart* 19—20; *Büttner* 151—153; *Kirn* 18. Irrig: *Ford* 3 (925 and Otto the Great).

[11] *Dümmler* 571—572, 580—582, 586—589, 592—593; *Bloch* I 242—243 no 119 bis 122; *Reuss*, Histoire 11; *Lienhart* 20; *Hübinger* 8—9 und 19; *Büttner* 167 bis 174; *Bruckner* 405—408 no 675—684; *Himly*, Observations 34; *Kirn* 20.

[12] „Otto ... jubemus ne posthac sicuti nostri praedecessores statuerunt aliquis dux vel comes aut vicarius vel aliqua judiciaria potestas infra praefatam Argentinam civitatem quae rustice Strazburg vocatur alio nomine vel in suburbio ipsius civitatis aliquod placitum vel districtum habere praesumat nisi ille quem ipse episcopus ejusdem civitatis sibi advocatum elegerit" (982) = *Bericht* 16—17 = UB I 36 no 45 mit UB IV 1, 206 = MG. DD. Otto II. 310 no 267 (Drucke) = *Bloch* I 253 no 176 = *Böhmer* II 2 p 378 no 866 (Regesten); *Goehner* 11; *Büttner* 209—210; *Greiner* 87; *Rössler* 1243.

[13] Die Immunitätsprivilegien von 845 und 856 sind zwar Fälschungen des 12. Jh., enthalten aber einen echten Kern; UB I 19—21 no 25 (845) und 23—25 no 28 (856); *Büttner* 142 n 183 (845) und 145—146 n 203 (856); *Bruckner* 331 bis 332 no 530 (845) und 341—342 no 547 (856). Für einen eigenen Immunitätsbezirk sprechen auch die besondere Erwähnung im Meersener Vertrag 870 (vorn n 10) und die spätere Schenkung 1003 (unten n 14).
Schrifttum über St. Stephan: *Ohresser* (1950) mit erschöpfender Bibliographie; *Schelp* § 5.

[14] UB I 39—41 no 50 = *Bloch* I 263—264 no 220; *Büttner* 210.

[15] „majores enim ordinabunt minores ... quatuor autem officiatos in quibus urbis gubernatio consistit episcopus manu sua investit scilicet scultetum burcgravium thelonearium et monete magistrum ... episcopus advocatum posuerit" = 1. Stadtrecht um 1135 (UB I 467—476) §§ 5, 7 und 11.
Die Vogtei war 1249—1283 Bistumslehen der Lichtenberg; *Eyer*, Regesten no 20 (1249) und 70 (1283).

2. Kap.: Das mittelalterliche Stadtgebiet

ecclesiasticis von 1220[16] und das Statutum in favorem principum von 1231/32[17] hatten für Straßburg keine Bedeutung mehr[18].

Freie Stadt. Die ersten Spuren einer bürgerlichen Mit- und Selbstverwaltung zeigten sich bereits im 12. Jahrhundert[19]. Spätestens 1202 setzte das sogenannte 2. Stadtrecht einen zwölfköpfigen Rat mit einem Meister an der Spitze ein und machte auch die Gesamtheit der Zunftschöffen zu einem politischen Organ[20]. Die Gemeinde tritt uns fortan als organisierte Körperschaft entgegen, die Stadt im Rechtssinne ist geboren.

Im Laufe von vier Jahrhunderten übernahm Straßburg ein bischöfliches Hoheitsrecht nach dem andern[21]. Die Jahre 1262, in dem die Stadt Bischof Walter[22] in offener Feldschlacht besiegte[23], und 1263, in dem sein

---

[16] Text im MG.Const. II 86 no 73 („Privilegium") = *Zeumer* 42 no 39 („Confoederatio"). Schrifttum: *Klingelhöfer* 5—60 (1955).

[17] Text von 1231 in MG.Const. II 418 no 304 („Constitutio") = *Zeumer* 51 no 47 („Statutum"); von 1232 in MG.Const. II 211 no 171 („Constitutio"). Schrifttum: *Klingelhöfer* 61—96 (1955).

[18] Ebenso für Straßburg *Greiner* 88; allgemein *Bader*, Volk 278—279.

[19] *Nagel* 79—82. Das privilegium de non evocando (Schrifttum: *Gambs*, Privilegiorum 4—29) wurde schon 1129 formell den „civibus Argentinensibus" erteilt; UB I 61 no 78. Da diese jedoch noch völlig dem Bischof unterstanden, erweiterte es in erster Linie dessen Gerichtshoheit; irrig *Goehner* 11 (1129 wird Straßburg eine Stadt im rechtlichen Sinne, indem seine Bürger von jeder auswärtigen Gerichtsbarkeit befreit werden).
Immerhin enthält schon das 1. Stadtrecht um 1135 (UB I 467—476) Hinweise auf ein bürgerliches Mitspracherecht: „episcopus nullum advocatum ponere debet sine electione et consensu canonicorum ministerialium et burgensium (§ 43). Ad officium burcgravii pertinet ponere magistros omnium officiorum fere in urbe scilicet sellariorum pellificum ... (§ 44; vgl. dazu auch §§ 93 und 102—118). Quicunque molendinum facere voluerit licentiam a burcgravio et consensum burgensium queret (§ 84)". Etwas später: „ex communi peticione burgensium ... consentientibus omnibus canonicis et burgensibus (1143) = UB I 70 no 90.

[20] 2. Stadtrecht (UB I 477—481) §§ 1 und 5. Das 2. Stadtrecht wurde spätestens 1202 niedergeschrieben. Der nach § 1 zu bildende Rat amtierte bereits, als die Urkunde UB I 119 no 144 verfaßt wurde. Nach ihren eigenen Worten war das zur Zeit Bischof Konrads II., der 1190—1202 regierte. Das in der Urkunde erwähnte, aber abgefallene Siegel der Bürger ist an einer andern Urkunde von 1201 erhalten = UB I 114 no 139. Von den in UB I 119 no 144 genannten Ratsherrn sind Werner, Walter, Rudolf und Wetzel nicht näher zu datieren. Burkhard Ripelin, Ortlieb und Friedrich dispensator erscheinen in andern Urkunden seit 1197 (UB I 111 no 135), Burkhard puer, Burkhard de lapidea porta und Erbo judex seit 1199 (UB I 112 no 137), Petrus und Algoz seit 1201 (UB I 114 no 139). Ich möchte deshalb die Urkunde UB I 119 no 144 und mit ihr das 2. Stadtrecht spätestens 1197 ansetzen.

[21] Einzelheiten bei *Nagel* (1916) und *Woytt* (1936). — Typisch ist beispielsweise die langsame Aushöhlung der ursprünglich bischöflichen Münzhoheit; *Cahn* 20—35. 1489 verpfändete der Bischof der Stadt das judicium seculare, Riffengericht oder Stadtgericht (die Quelle ist mir leider entfallen). — 1556 hob Bischof Erasmus das Burggrafenamt und das vom Burggrafen ausgeübte Stockgericht auf, weil es mehr kostete als einbrachte; *Hermann* I 51; *Levi* 76; irrig aber *Levi* 28—29, 64—68, 71 und 78 (Stockgericht = Schultheißengericht).

[22] Walter I. von Hohengeroldseck 1260—1263; *Bloch* II 177—220.

[23] Schlacht bei Oberhausbergen, 6 km NW; *Bloch* II 204—206 no 1668.

2. Kap.: Das mittelalterliche Stadtgebiet

Nachfolger Heinrich[24] mit ihr Frieden schloß[25], sind die entscheidenden Etappen auf ihrem Wege zur Stellung einer freien, quasisouveränen Stadt innerhalb des Deutschen Reiches[26]. Von einer schlagartigen und völligen Lösung aus der bischöflichen Herrschaft zu sprechen[27], ist allerdings falsch; denn Straßburg erwarb die letzten bischöflichen Rechte, den sogenannten Zollkeller und das Schultheißengericht, erst 1597[28]. Immerhin kann man Straßburg seit 1262 auf Grund der tatsächlich geschaffenen Machtlage eine freie und reichsunmittelbare Stadt nennen[29].

Altes Stadtgebiet. Die städtische Herrschaft erstreckte sich, wie vorher schon der bischöfliche Immunitätsbezirk, von Anfang an über die Stadtmauer hinaus auf eine dazugehörige Feldflur[30]. Die Theorie, Straßburgs Gemarkung habe sich ursprünglich auf die ummauerte Innenstadt beschränkt[31], hält schon wirtschaftlichen Überlegungen nicht stand[32] und wird durch die Quellen vollends widerlegt. Seit dem 8. Jahrhundert sind nämlich außerhalb der ummauerten Innenstadt oder „Stadt"

---

[24] Heinrich IV. von Geroldseck am Wasichen 1263—1273; *Bloch* II 222—277.
[25] UB I 394 no 519 (Druck) = *Bloch* II 226 no 1724 (Regest).
[26] Im Reichstag war Straßburg seit 1309 vertreten; *Hermann* I 42.
[27] So irrig z. B. *Fritz*, Territorien 7 und 116; *Levi* 14; *Reichsland* III 1066 (im 12. und 13. Jh. allmählich, 1263 endgültig); *Goehner* 14 (1262 völlige Lösung); *Haeringer*, Strasbourg (en 1205 Strasbourg devient par privilège spécial ville libre d'empire).
[28] „Wir domb dechant undt das capitul ... pfandts weis in zuhaben ... ubergeben ... der pfandtschilling solcher gegonten widerlosung auff acht hundert taussent gulden ... erstlich der zollkeller ... zum ander die gemeinschafft des ambts Marlen ... furs dritte die gemeinschaft des dorffs Nonnenweyer ... furs vierdte den gering spithal alhier oder das stufft sanctae Barbarae ... furs funffte die gerechtigkeit des schultheisen gerichts ... zum sechsten alle recht ... uber das in diser statt gelegene stifft st. Stephan ... zum sibenden den zehenden zu Illkirch ... Wir als postulirter administrator des stiffts Strasburg ... confirmiren" (Vertrag des evangelischen Domkapitels vom 22. 9./2. 10. 1597 und Zustimmung des evangelischen Administrators vom 8./18. 10. 1597) = AD: G 1372 (Abschrift) = *Bussierre*, développement II 371 bis 376 (frz. Abdruck).
Zustimmung der katholischen Domkapitulare und des kath. Bischofs in No 6 des Hagenauer Vertrags vom 12./22. 11. 1604 = AM: AA 2068 f 34—41 = AA 2076 f 34—40 (Drucke) = AD: G 1372 (Abschrift und frz. Übersetzung) = *Bussierre*, développement II 376—384 (frz. Abdruck).
Verlängerung des Hagenauer Vertrags am 1./11. 3. 1620 = AD: G 1372 charte 1 (Original) = G 1372 (Abschrift und frz. Übersetzung).
Irrig: *Kürzel*, Stadt 5 (nach 1593 Verpfändung der Ämter Ettenheim und Oberkirch); *Winckelmann*, Verfassung 496 (Zoll wurde im 14. Jh. städtisch); *Blum* 147—148 (Zoll 1604); *Crämer*, Verfassung 16 und 30 (1604); *Hahn*, Kirche 135 (Zoll 1604) u. a.
Schultheißentum und Zoll waren im 14. Jh. vorübergehend an Straßburg versetzt; UB V 125 no 119 und 120.
[29] Richtig z. B. *Winckelmann*, Verfassung 496—498.
[30] „der gerihte und der ahthe von Strasburg nut furbaz gelten sol noch gan won also verre so ir burgban gat" (Schiedsurteil 1313) = UB II 254 no 304; *Goehner* 14.
[31] *Fritz*, Territorien 115—116; *Reichsland* I 283 und III 1087 (Straßburg als Kaufmannsstadt besaß ursprünglich wohl keine eigentliche Feldmark) u. a.
[32] Für jedes Gemeinwesen war früher eine Viehweide unentbehrlich.

schlechthin Vororte und freies Feld nachweisbar[33]. Auch andere gewachsene Städte waren mit einer Ackerflur ausgestattet[34], die höchstens bei planmäßigen Neugründungen wie Breslau[35], Lahr[36] und Kehl[37] fehlte. Die Straßburger Gemarkung außerhalb der Mauern wurde gewöhnlich „Burgbann" genannt[38]. Noch am 7. 5. 1638 definierten Rat und XXI, daß „under dem namen des burgbanns der gantze bezirkh um die stadt und watz nicht gemeinden zustandig begriffen seye"[39].

Der ummauerte Stadtkern genoß einen gesteigerten Rechtsfrieden[40] und entsprach durchaus dem Dorfetter ländlicher Gemeinden[41]. Die Ringmauer wurde verschiedentlich erweitert, so 1374—1390 um den nordwestlichen Vorort St. Aurelien, 1397—1441 um den südwestlichen Vorort Krutenau, 1531—1541 im Süden und schließlich 1682—1690 um die neu angelegte Zitadelle im Osten (sogenannte 5.—8. Stadterweiterung)[42]. Sie umschloß danach 274 Hektar[43].

---

[33] „Stratburgo civitate in curte regia ville que est in suburbano civitatis novo" (722) = UB I 3 no 3 (zur Echtheit der Urkunde zuletzt *Barth*, Handbuch 600); „in nostra civitate Strasburga curtim unam ... et foris civitate unum ortum" (762) = UB I 6 no 10 (Text verfälscht; *Bloch* I 224 no 46; *Büttner* 108); „infra ... civitatem ... vel in suburbio" (982) = vorn n 12; „pro terris illis in civitate sive extra que vulgo nuncupantur almeine" (1214) = UB I 127 no 160. An Karten siehe insbesondere *Goehner* Tafel III—VII.
[34] Was *Loesch* 93—95 für Köln gesagt hat, gilt in vollem Umfang auch für Straßburg, das zudem nicht eine Allmende besaß.
[35] Breslau wurde vermutlich 1241 gegründet; *Goerlitz* 6—7. Sein Stadtgebiet (Weichbild) reichte ursprünglich nur bis zur Mauer; *Goerlitz* 8, 14, 16. Schon seit 1261 wurden jedoch neue Distrikte, u. a. reichlich 600 ha Viehweiden, angegliedert; *Goerlitz* 23—27.
[36] Vgl. *Stein*, Geschichte und Beschreibung 27; *Gothein* 134; *Keyser* 287; *Roth* 67.
[37] Vgl. *Rusch* 95—99 und 219. Das Stadtgebiet umfaßte 56 ha, die Gemarkung des Dorfes Kehl 1121 ha; GLA: H 1:10 000 Kehl (1862).
[38] Vgl. Kap. 1 n 5 und 7 sowie oben n 33; ferner UB I 268 n 353 (1251 in burcbanne Argentinensi); UB II 31 no 47 (1275 civitatem cum omnibus ejus pertinenciis tam intus quam extra); AM: charte 15 décembre 1632 (in der statt dero jurisdictione undt burgkbann).
[39] AM: no 119 f 49. Die alte Bedeutung des Wortes war freilich schon so verblaßt, daß man es von ihr abweichend schon neunzehn Tage später neu definierte: „wortlein burgbann was es heise und wie weitt er sich erstreke: nemblich nicht nur auff die jenigen orth welche nachst bey der stadt situirt seindt sondern auch auff die Ruprechtau Illkirch Grabenstaden Illwikhersheim die Gansaw Carthaus Wolkenbrunn und andere in derselben gegend ligende hov" = AM: no 119 f 59. Dieser weitere Begriff des Burgbanns findet sich auch bei *Silbermann* 161 und *Busse*, Offenburg 291—293. In Gengenbach war der Burgbann, Etter oder Ächterkreuzbezirk größer als die ummauerte Innenstadt, aber kleiner als die gesamte Gemarkung; *Kuner*, Gerichtsverfassung 50—52.
[40] „omnis homo ... pacem in ea (Argentina) ... habeat" = 1. Stadtrecht (UB I 467) § 1; ähnlich 4. Stadtrecht (UB IV 2, 5) § 1 und 6. Stadtrecht (UB IV 2, 56) § 1.
[41] Allgemein *Bader*, Dorf (1957).
[42] *Borries*, Karte II; *Wolfram*, Atlas 35; *Goehner* Tafel VII—IX und XIII bis XVI. *Büttner* 75 n 66 und 125—126 n 91 bestreitet die sogenannte 1. Stadt-

24   2. Kap.: Das mittelalterliche Stadtgebiet

Außerhalb der Mauer lagen auf dem alten Bann eine ganze Reihe größerer und kleinerer Siedlungen, Höfe und Klöster, die in jeder Beziehung zu Straßburg gehörten[44]. Genannt seien die Vororte Schweighof im Osten[45]; Krutenau[46], Agnesende[47] und Metzgerau[48] im Süden; Finkweiler[49], Otenkeln[50], St. Arbogast[51], Adelnhofen[52] und die Kartause[53] im Westen sowie St. Aurelien[54], Rotenkirchen[55], Waseneck[56] und Rup-

erweiterung von etwa 700, m. E. aber nicht überzeugend; vgl. dazu *Goehner* 10.

[43] *Goehner* 21; anders *Office* I 606 (230 ha).

[44] Nachweise in UB I—VII passim; *Goehner* Tafel V—VII.

[45] Schweighof erscheint im UB bis 1400 noch nicht; irrig daher *Goehner* Tafel V (13. Jh.). Nach *Goehner* Tafel VII 1473 abgebrochen.

[46] UB II 187 no 232 (1301 Crutenowe); *Eheberg* I 501 (1444 in Krutenowe ... 810 personen). Seither in die Ummauerung einbezogen; siehe vorn bei n 42.

[47] UB I 213 no 278 (1242 cenobium sancte Agnetis); UB VII 146 no 491 (1346 an s. Agnes ende juxta domos); *Eheberg* I 501 (1444 an sant Agnesenende ... 135 statlute).

[48] UB VII 31 no 97 (1335 uf Metziger owe ... die segemuli); *Eheberg* I 501 (1444 uff Metzgerouwe ... 58 burger and lantlute).

[49] UB I 241 n 1 (1247 Vinckenwilre); *Eheberg* I 501 (1444 zu Vinckwiler ... 383 personen); *Eheberg* I 297 (1477 alle gebuwe zu ... Vinckwiler ... abgebrochen worden sint); vgl. *Wolfram*, Atlas 33 und Erläuterungsband 144. Irrig: *Fritz*, Territorien 89 n 10 (bei Epflg).

[50] Nach *Reichsland* III 820 schon 1162; anders *Reichsland* III 961 (13.—15. Jh.); UB I 313 no 415 (1257 apud Ottenkeln); UB III 313 no 1043 (1324 juxta curtim dictam Otenkel).

Otenkeln wurde 1392 abgebrochen; vgl. unten n 51. Irrig: *Fritz*, Territorien 113 n 2 (1520); *Reichsland* III 820 (Otenkeln noch 1447 erwähnt, wohl 1520 abgebrochen) und 961 (13. Jh. erwähnt, wohl 1520 abgebrochen).

[51] UB I 149 no 184 (1220 ille curtes apud sanctum Arbogastum); *Silbermann* 141 (1392 meister und rat schoffel und amman sind uberein kommen das man die lobe zu Kunigeshofen und alle die huser ... zu Kunigeshoffen und zu Adelnhoffen und zu st. Arbogast uswendig des klosters ... abebrechen und dannen tun solle). Irrig: *Goehner* Tafel VI. Richtig: *Reichsland* III 961 (1520); *Braun* 69 (1475). Ende des 18. Jh. neu bebaut; vgl. *Turckheim* 31.

Das Augustinerkloster St. Arbogast (1143—1530) lag ebenfalls auf Straßburger Gemarkung: „stifft zu sanct Arbogast usserthalben der rinckmuren der statt Strasburg im burckbann gelegen" (Auflösung 1530) = AM: II 23/3 (Original) = HospArch 1411 (4 Abschriften). Irrig: *Braun* 68—69 (in Königshofen); *Goehner* Tafel III (schon um 700) und VII (1520 abgerissen). Schrifttum: *Schelp* § 4 I.

[52] UB I 43 no 52 (nach 1007 vicum Adelnoheshoven); UB VI 376 n 1 (1392 Adelnhofen wart abgebrochen); vgl. auch oben n 51.

Adelnhofen zwischen Straßburg und Königshofen ist nicht zu verwechseln mit Adelshofen bei Schiltigheim. Richtig: *Wolfram*, Atlas 33 und Erläuterungsband 144; *Goehner* Tafel IV—VII. Irrig: *Schoepflin* 270; *Reuss*, Alsace I 443; UB I 494; UB IV 1, 222; UB IV 2, 283; UB VII 958; *Reichsland* III 7; *Festschrift* zum Goldenen Jubiläum 8; *Kollnig* 171; *Tillmann* I 372 u. a.

[53] Über das Kartäuserkloster (1335—1591): *Clausing* (1906); *Braun* (1911); *Vierling* (1914); *Passmann* (1956—1957); *Schelp* § 6 I. Das Gebäude wurde 1591 abgerissen. Ende des 18. Jh. entstand an derselben Stelle eine neue Siedlung; vgl. *Turckheim* 31.

[54] UB I 44 no 52 (nach 1007 ecclesiam sanctae Aureliae). Seit 1374—1390 in die Ummauerung einbezogen; vorn zu n 42.

[55] UB I 14 no 39 (1271 den guten liuten zu Rotenkirchen); *Reichsland* III 919 (1401 kirche zu sante Helenen zu Rotenkirchen gelegen ussewendig der

rechtsau im Norden. Nur Neudorf im Süden und Kronenburg im Westen sind erst im 19. Jahrhundert entstanden[57].

Ruprechtsau[58]. Auch die nordöstlich gelegene Ruprechtsau gehörte seit jeher zu Straßburg[59]. 1330, als eine Kapelle gestiftet wurde[60], hatte sich wahrscheinlich schon eine kleine Siedlung entwickelt[61], die zweihundert Jahre später zum größten Straßburger Vorort aufstieg[62]. Spätestens seit 1514 hatte sie einen eigenen „Obermeister" und ein zehnköpfiges „Gericht", die u. a. eine beschränkte Gerichts- und Finanzhoheit ausübten[63]. 1604 wird ein städtischer Ausschuß von zwei „Landpflegern" genannt, die sich künftig im Namen der städtischen Regierung den Ruprechtsauer Aufgaben widmeten[64]. Der Obermeister wurde jährlich durch das Gericht und die Landpfleger gewählt[65]. Zivilprozesse wurden in erster Instanz vor den Landpflegern, in zweiter vor dem Straßburger Rat geführt[66]. Ruprechtsau blieb trotz seiner beschränkten Selbstverwaltung Teil der Stadt; seine Einwohner waren daher keine Untertanen auf dem Land, sondern Straßburger Bürger bzw. Schirmer[67].

---

muren unde indewendig des burgbannes). Vgl. *Goehner* Tafel III—VI. Irrig: *Wolfram*, Atlas 33 und Erläuterungsband 144 (einverleibte Wüstung). Über die Pfarrkirche St. Helena und die Kapelle des Gutleutehauses in Rotenkirchen, die ihrerseits beide wieder Rotenkirche genannt wurden, siehe *Lange* 11 und 16—17 (1866).

[56] UB I 327 no 434 (1259 a domo ... de novo ibidem constructa ... usque ad turrim dictam Waseneke); *Eheberg* I 501 (1444 zu Waseneck ... 710 personen). Nach *Goehner* Tafel VII 1473—1477 abgebrochen.

[57] *Reichsland* III 541 und 751; *Goehner* 22. Irrig: *Fritz*, Territorien 113. — Heyritz war keine Siedlung, sondern nur Flurname: „in dem Horitze zwene ackere" (1365) = UB VII 354. Irrig: *Reichsland* III 433 (vor 1392 Häuser); *Wolfram*, Atlas 33 und Erläuterungsband 144 (sichere Wüstung).

[58] Ortsteil Ruprechtsau, 3 km NO, Stadt Straßburg. Schrifttum: AM: VI 258/12 no 5 (Bericht über Zehnt); *Grandidier*, Ruprechtsau (1867); *Beyler* (1955; dort auch Flurkarte). Wichtige Quellen: Ungeldordnung 1656 = AM: VII 74 (Original); Wirteordnung 1656 = AM: VII 74 (Original); Försterordnung 1657 = AM: VII 74.

[59] „habet in feodo augiam dictam Ruprehtzowe *infra* Argentinam sitam" (1316—1328) = UB IV 2, 275. Irrig: *Schoepflin* 167; *Reichsland* I 283 und III 931; *Goehner* 14 (Ruprechtsau, ursprünglich vom Bischof verlehnt, kommt anscheinend im 15. Jh. an die Stadt, ohne daß Näheres bekannt ist). Größerer Grundbesitz ging von den Lichtenberg zu Lehen; *Eyer*, Dissertation 189 (1447 bis 1467), 202 (1399—1440), 214 (1426), 221 (1461—1470).

[60] *Barth*, Handbuch 1168.

[61] Irrig wohl *Goehner* Tafel V (schon im 13. Jh.).

[62] *Eheberg* I 501 (1444 in Ruprechtsouwe ... 299 personen). 1784 zählte Ruprechtsau 256 Familien; AM: VII 74.

[63] AM: VI 238/2 (1533); *Beyler* 38, 71, 75, 235.

[64] *Beyler* 69 (1604); AM: no 876 p 45 (1782). Irrig: *Grandidier*, Ruprechtsau 473; *Reichsland* III 931; *Clauss* 939 (3 Landpfleger); *Beyler* 70 (1—3 Landpfleger). Listen 1626—1789 in AM: V 117/3; BNU: ms 1513 f 184; ms 1628 f 27.

[65] AD: C 575/92; AM: VI 620/4 und no 256 p 493—502 (1778—1779); *Beyler* 70 (1778).

[66] AM: VI 238/8 f 17—23 (1692).

[67] *Schoepflin* 352; *Grandidier*, Ruprechtsau 473; *Adam*, Territorien 35; *Beyler* 40, 75, 97, 177 und 236.

Der Zehnte und die Kollatur gehörten dem Frauenstift St. Stephan, seit 1652 der Stadt Straßburg. Der Zehnte wurde seit 1319 nicht mehr in natura gezahlt, sondern durch 1 Schilling[68] und seit 1651 durch 2 Schilling je Acker abgegolten[69].

---

[68] AM: VI 258/12 no 5 (Bericht 1735).
[69] AM: VI 258/7 no 2 b; VI 564/1 no 3; *Beyler* 177.

Drittes Kapitel

Die Rheingrenze

Rhein. Das Straßburger Stadtgebiet wird im Osten seit jeher vom Rhein begrenzt. Der Strom durchfloß die Niederung in unzähligen Armen und Windungen, ein Gewirr größerer und kleinerer Inseln einschließend, immer wieder die Ufer zerstörend und neue Sandbänke anschwemmend[1]. Erst im 19. Jahrhundert erhielt er ein festes Bett[2]. Sein Vorland, mit undurchdringlichem Unterholz bewachsen und von zahlreichen Wasserrinnen durchzogen, macht noch heute einen urwaldartigen Eindruck. Wieviel mehr muß es früher jede Grenzziehung außerordentlich erschwert haben!

Talweg. Die mittelalterlichen Nachrichten über die Rheingrenze sind dürftig. 1240 überließ Straßburg den Eheleuten Sturm einen Hof „in augea civitatis ultra Renum"[3]. Nach dieser Quelle sieht es so aus, als ob sich die städtische Au oder Allmende bis jenseits des Rheins bzw. seines Hauptarmes erstreckt habe. Angesichts späterer Belege ist das durchaus unwahrscheinlich. Näher liegt es, den „Renum" der Urkunde von 1240 nicht mit dem Hauptarm, sondern mit einem linken Nebenarm zu identifizieren; das würde bedeuten, daß die städtische Gemarkung in das Fluß- und Inselgewirr hinein, aber nicht unbedingt über den Hauptarm hinüberreichte[4].

1303 wurde den Straßburger Metzgern verboten, den Viehverkäufern „uber Ryn oder us dem burgbanne" entgegenzugehen[5]: Was der Rhein im Osten, war offenbar die Grenze des Burgbanns im Norden, Westen und Süden. 1430 wird bekundet, daß das Schiffsruder seit jeher die Rheininseln gegeben und genommen habe[6], d. h. daß die Gemarkungs-

---

[1] *Silbermann* 217—223; *Correction* 3; *Kehl* 4—5 und 30; *Goehner* 3; *Rhein* 100; *Froriep* 8—9. Karten Kap. 2 n 1.
[2] Bei Straßburg grub man 1823 unterhalb und 1825 oberhalb ein neues Bett; beide Gräben nahmen 1829 den Hauptarm des Rheins (Talweg) auf; *Bär* 568 n 1; vgl. *Tulla* 12. Allgemein über die Rheinkorrektion: *Correction* (1863); *Karte* (1863); *Bär* 560—607 (1870); *Rhein* 100—108 (1951).
[3] UB I 207 no 270 (Druck).
[4] Vgl. 6. Stadtrecht 1322 (UB IV 2 p 56—171) § 396: „unss werde (= unsere Werder) die wir in dem Rine ligende hant".
[5] 5. Stadtrecht (UB IV 2 p 19—46) § 18.
[6] „le gouvernail donne ou ote les bois les isles et autres choses ... depuis ... toujours" = Bericht aus der Zeit vor 1780 = AM: VI 552/8.

grenze dort verlief, wo die Schiffer zu Tal fuhren, also im sogenannten Talweg[7]. 1603 stellte das Reichskammergericht fest, daß die Gebiete Straßburgs und Hanau-Lichtenbergs schon immer durch den tiefsten und vollsten Rheinlauf getrennt wurden[8]; da die Schiffer gerade diesen Rheinlauf wegen seiner starken Strömung zur Talfahrt benutzten, war er mit dem eben genannten Talweg identisch. Der Talweg blieb demnach bis ins 17. Jahrhundert sowohl (Bann-, Eigentums- oder) Gemeindegrenze als auch Herrschaftsgrenze[9].

Fähren[10]. Die Straßburger Fähren und Brücken haben die Grenzen nicht verändert. Von „Schiffleuten" spricht schon das zweite Stadtrecht um 1200[11]. 1277 sind eine mittlere Fähre bei Kehl[12], 1297 eine obere bei Hundsfeld[13] und 1333 eine untere bei Ruprechtsau[14] nachweisbar[15]. Alle drei waren bischöfliches Lehen der Lichtenberg[16] und von diesen weiterverlehnt[17]. Straßburg selbst baute 1388 eine feste Holzbrücke bei Kehl[18] und nahm die drei Fähren anscheinend mit Gewalt in Besitz.

---

[7] Irrig *Lienhart* 45 (Talweg findet sich als Grenze zuerst in den deutsch-frz. Verträgen zum Vollzug des Westfälischen Friedens).

[8] „auroit toujours été gardé et observé la coutume que le cours du Rhin le plus profond et le plus plein sépare les dits deux territoires" = Bericht aus der Zeit vor 1780 = AM: VI 552/8.

[9] Daß sich die Herrschaftsgrenzen regelmäßig an die Gemeindegrenzen hielten, ist eine allgemeine Erscheinung; *Knapp*, Marksteine 3; *Bader*, Gemarkungsgrenze 56.

[10] Schrifttum: *Mone*, Rheinfahr (1864); *Beinert*, Rheinfahre (1906); *Ungerer* 8—9 (1952); *Mechler*, Jahre 7 (1960); *Mechler*, Rheinbrücken 241 (1961).

[11] UB I 479 §§ 33—35. Vgl. UB I 207 no 270 (1240 apud transitum).

[12] „passagii siti in superiori parte Reni dicti zu den Hunden" = AM: charte 14 mai 1277 AA 1691 (Original) = UB III 33 no 93 (Regest); siehe auch UB III 71 no 226 (1288 zu den Hunden in Reno versus Kelle).

[13] „in passagio Reni aput Hunesvelt et ad Canes" = AM: charte 4 juillet 1297 AA 1691 (Original) = UB III 119 no 377 (Regest); siehe auch UB III 195 no 635 (1309 zu sante Johannese zu den Hunden unde zu Hunesvelt).

[14] „Ruprehtesowe und dem vare an dem Ryne" = UB V 25 no 10 (Druck).

[15] Irrig: *Mone*, Rheinfahr 129 (obere Fähre zu den Hunden, untere zu Hundsfeld); *Ruppert* 303 (eine bei Hundsfeld, die andere gegenüber); *Kehl* 93 (Hundsfelder und Ruprechtsauer Fähren schon zur Römerzeit, wobei der Autor sich zu Unrecht auf UB I und II beruft) und 94 (Ruprechtsauer Fähre nahm 1333 ihre seit der Römerzeit eingestellte Tätigkeit wieder auf); *Mechler*, Jahre 7 (römische Fähren; Kehler Fähre später als Hundsfelder und Ruprechtsauer).

[16] *Eyer*, Dissertation 144; UB VI 406 no 722 § 28 (1393). Irrig *Mechler*, Kehl 4 (Straßburg errichtete die Kehler Fähre).
Burg Lichtenberg, 43 km NW, Gemeinde Lichtenberg, Kanton Lützelstein; Reichsland III 572—573. Über Familie und Herrschaft: *Lehmann*, Grafschaft I (1862); *Möller* III 230 und Tafel XCV (1936); *Eyer* (1938 und 1943). Die Lichtenberg wurden 1480 von den Grafen von Hanau-Lichtenberg, diese 1736 von den Fürsten von Hessen-Darmstadt beerbt. Über die Hanau-Lichtenberg: *Lehmann*, Grafschaft II 407—515 (1863). Archivalien des 13.—18. Jh. in AM: AA 1690—1792.

[17] UB V 25 no 10 (1333); *Eyer*, Dissertation 190 (vor 1380), 205—207 (1380 bis 1472); UB VI 354 no 668 (1392); *Eyer*, Dissertation 192 (1435—1445), 221 (1461 bis 1470).

[18] *Asbrand* 19—26; *Ruppert* 302 Fußnote **, UB VI 247 n 1 (zuerst Schiff-

Jedenfalls entschädigte es 1392 die früheren Inhaber der unteren Fähre[19] und 1396 die der oberen und mittleren mit einer Geldrente[20]. Bald darauf müssen alle Fähren stillgelegt worden sein.

Brücke[21]. Die 1388 gebaute Rheinbrücke wurde 1393 von König Wenzel genehmigt[22]. Von Anfang an unterstand sie allein der Stadt Straßburg, und zwar auch jenseits des Talwegs und auf dem rechten Rheinufer[23]. Auf dem linken Rheinufer erhob Straßburg einen Brückenzoll[24], mit dem es u. a. die Straßen auf fast acht Kilometer im Umkreis unterhalten mußte[25]. Mit dieser Straßenbaulast war eine Herrschaft über fremdes Gebiet nicht verbunden.

Feste Bann- und Herrschaftsgrenzen. Der Talweg, der die Gemeinde- und Herrschaftsgrenze bezeichnete, verlagerte sich beständig und konnte oft nicht eindeutig festgestellt werden. Er veranlaßte daher immer wieder Streitigkeiten, die zum Teil bis vor das Reichskammergericht getragen wurden. Nach einem dieser Prozesse entschlossen sich Straßburg und die Grafen von Hanau-Lichtenberg 1605 dazu, die Bann- und Herrschaftsgrenzen zwischen Straßburg und Auenheim in der Nähe des Tal-

---

brücke); *Ungerer* 9; *Mechler*, Jahre 7; *Mechler*, Rheinbrücken 242. Irrig: *Rusch* 54; *Kehl* 7; *Eyer*, Dissertation 147; *Mechler*, Kehl 4 (alle 1392).

[19] „herrn Gossen Engelbreht und den von Grostein alle wochen von des vares wegen geben sol 10 schillinge pfenninge... darzu was in versessen ist... sit des tages das in das vare genommen wart" (1392) = UB VI 354 no 668; Zustimmung Johanns von Lichtenberg 1395 = UB VI 354 n 1 (Regest). Irrig *Ungerer* 11 (1393 Strasbourg rachetait leurs droits aux propriétaires du bac de la Robertsau). — Daß Straßburg die Fähre schon vorher besetzt hatte, wurde bisher, soweit ich sehe, nirgends erkannt.

[20] „magistri possessoribus... septimanales redditus duarum librarum et decem solidorum denariorum... tradiderunt. Si magistri passagio civitati Arg. minus utilia fore presumunt restituunt" (1396) = UB VI 660 no 1212 (Regest).

[21] Schrifttum: *Ungerer* (1952); *Mechler*, Jahre (1960); *Mechler*, Rheinbrücken (1961).

[22] „Wir Wenczlaw... Strasspurg... gnade und volle gewalt gegeben... das sie... dieselben brucken... ynne haben bessern und behuten sollen" (1393) = UB VI 464 no 773. Bestätigungen 1413 und 1566; *Ungerer* 23.

[23] „prucken... stat auf meins jungherren eygen" (1393) = UB VI 429 no 6. Gemeint ist Heinrich von Geroldseck-Lahr, der Lehensherr von Kehl.

[24] UB VI 324 n 1 (Tarif um 1390), 429 no 6 (1393), 660 no 1212 (1396), 779—780 no 1518—1519 (1399), 793 no 1569 (1400), 794 n 1 (1405); *Ungerer* 17—25.

[25] „sie fur die pruggen hinaus ein grosse meyl wegs... machen lassen muesten" (Privileg Maximilians II.) = AM: 8 novembre 1570 AA 14 (Original) = VI 297/8 no 9 (Abschrift). Vertrag Rudolfs II. mit Straßburg 1604 = AM: VI 297/2 no 11 = VI 297/8 no 10 (Abschriften). Liste der zu unterhaltenden Brücken in Illkirch-Grafenstaden (7 km SW) und Lingolsheim (6 km SW) aus 16. Jh. = AM: VI 200/1 no 1. Noch 1730 reparierte Straßburg die Straße im hanauischen Bodersweier (9 km O); AM: VI 297/8 no 12. 1753 lehnte es die Unterhaltung in Goldscheuer (9 km SO), Neumühl (7 km O) und Bodersweier mit dem Hinweis ab, daß dafür nach gemeinem Recht der Territorialherr sorgen müsse; AM: VI 297/8 no 7. Über die linksrheinische Seite vgl. *Werner*, ponts 190—195 und carte routière vers 1753 im Anhang.

wegs auf dem festen Land festzulegen und dort durch Steine und besonders gekennzeichnete Bäume zu markieren[26]. In ähnlicher Weise wurden die Grenzen zwischen Straßburg und Leutesheim sowie zwischen dem Neuhof und Altenheim, Goldscheuer und Eckartsweier-Hundsfeld verlegt[27]. Die Bann- und Herrschaftsgrenzen zwischen Straßburg und Kehl verliefen dagegen, von ganz kurzen Strecken abgesehen[28], weiterhin im Talweg[29].

Reichsgrenze[30]. Mit den Gemeindegrenzen stimmen, wie wir schon gesehen haben, die Herrschaftsgrenzen überein, nicht jedoch die Reichsgrenze. Das Elsaß war bei den fränkischen Reichsteilungen 843 an Kaiser Lothar I. gefallen[31], 870 an Ludwig den Deutschen[32]. Erst im 17. Jahrhundert wurde die Reichsgrenze in den Straßburger Raum zurückverlegt. Während des Dreißigjährigen Krieges besetzte Frankreich im Oktober 1633 die ersten elsässischen Orte[33]. 1634 stellte der Heilbronner Bund das ganze Elsaß unter französischen Schutz[34]. Der Westfälische Frieden von 1648 überließ Frankreich u. a. die Landgrafschaften Oberelsaß und Unterelsaß, den Sundgau und die Landvogtei Hagenau mitsamt ihrem rechts- und linksrheinischen Zubehör[35]. 1678 eroberte Frankreich die Kehler Schanze[36], 1680 annektierte es viele elsässische Terri-

---

[26] *Silbermann* 221; *Beyler* 51—53. Über die Lach- oder Lochbäume als Grenzzeichen *Knapp*, Marksteine 6.
[27] AM: VI 201/8 no 2 (Goldscheuer 1563 und 1727); *Reuss*, Neuhof 29 (Goldscheuer 1609); *Beyler* 191 (Leutesheim nach 1738).
[28] AM: VI 564/2 (1532).
[29] „Rhenus separat ... ubi maxima ex parte unitas et profundissimus est" (17. Jh. Mollinger) = *Lienhart* 46.
[30] Das Schrifttum ist für die Zeit vor 1801 wenig zuverlässig: *Bär* 552—607 (1870); *Lederle* (1922); *Neuert* (1924); *Feßler* in Kehl 30—32 (1931); *Lienhart* 15 bis 100 (1936); *Froriep* (1953); *Kirn* (1958).
[31] *Bruckner* 329 no 527 (Regest).
[32] *Bruckner* 357 no 583 (Druck).
[33] *Baustaedt* 106; *Dickmann* 227 u. a.
[34] „XI. Au cas que sa majesté entre en rupture ouverte contre les ennemis communs ... lesdits confederez ... consentent ... que ledit pais d'Alsace au dela du Rhin soit mis en dépost en la protection de sa majesté" (Pariser Vertrag vom 1. 11. 1634) = *Du Mont* 80; *Neuert* 7; *Baustaedt* 143—144; *Dickmann* 228.
[35] IPM §§ 73, 74 und 87. Der Vertrag wurde noch vor wenigen Jahrzehnten von deutschen und frz. Historikern recht unterschiedlich ausgelegt. Heute ist man sich darüber einig, daß der Text bewußt unklar gehalten wurde und Frankreich 1648 tatsächlich nur die ehemals österreichischen Besitzungen erwarb: *Zeller*, Alsace 112—120; *Schnur* 83—89; *Livet*, Intendance 114—124, 383 (Karte) und 658—659; *Kirn* 71—72 und 73 (Karte); *Dickmann* 221—228 und 548—553; wichtige Quellen in *Besitzungen* I—VI; *Pfister*, mémoire 204; *Overmann*, Abtretung 459—460.
[36] Der Nijmweger Frieden von 1679 enthielt über sie keine Bestimmung; *Lünig* 1020—1033 = *Vast* II 100—116; *Kirn* 79. Irrig: *Neuert* 9 (Nijmwegen 1678); *Mechler*, Kehl 5 und 20 (Kehl wurde im Frieden zu Nimwegen 1679 frz.); *Mechler*, Jahre 10 (ebenso).

3. Kap.: Die Rheingrenze

torien[37] und 1681 schließlich Straßburg selbst[38]. Deutschland fand sich damit im Regensburger Waffenstillstand von 1684 vorläufig[39] und im Rijswijker Frieden von 1697 endgültig ab[40]. Nur die rechtsrheinische Kehler Schanze wurde ans Reich zurückgegeben[41].

Der Rijswijker Frieden machte nämlich den Rhein und, genauer gesagt, seinen Talweg zur deutsch-französischen Souveränitäts- oder Hoheitsgrenze[42], und zwar unabhängig davon, wo die Banngrenzen der

---

[37] Arrêt du Conseil souverain d'Alsace vom 22. 3. 1680 = *Boug* I 83—88 (betraf Straßburg nicht). Arrêt vom 9. 8. 1680 = *Boug* I 92—94 = *Legrelle* 456—461 (betraf die Ämter Barr, Wasselnheim, Illkirch und Marlenheim); dazu AM: VI 75/7 (Prozeßakten); *Deduction* (Prozeßschrift). — Marlenheim wurde schon im Mai von frz. Truppen besetzt; *Klock*, Marlenheim 43.
Richtig z. B. *Fallex* 5; *Kirn* 79—80. Irrig: *Fritz*, Territorien 17 und 119 (1681); *Bader*, Südwesten 153 (Territorium von Straßburg ging 1686 in seiner deutschstaatsrechtlichen Form unter).

[38] Capitulation du 20/30 septembre 1681 = AM: AA 24 f 1—2 (Original) = *Boug* I 106—107 = *Turckheim*, Anhang 7—10 = *Hermann* I 76—79 = *Farges* 141—145 = *Notice* XXVII = *Legrelle* 547—567 (Drucke). Ratification du 3 octobre 1681 = AM: AA 24 f 4—6 (Original) = *Boug* I 106—107 = *Hermann* I 76—79 (Drucke). Bestätigungen: Lettre du ministre de la guerre 1698 = BNU: M 4681 und M 4682 (Drucke); Arrêt du Conseil d'Etat 1716 = *Boug* I 108 = *Notice* XL (Drucke); Lettres patentes de Louis XV 1734 = *Boug* II 111 (Druck); Arrêt du Conseil d'Etat 1736 = *Boug* II 143 (Druck). — Der letzte Arrêt nimmt die Besteuerung des Landgebiets aus; vgl. dazu noch die frz. Privilegien 1681—1734 in AM: no 863/1 no 5—27 und das Edit de Louis XV de l'août 1758 = *Boug* II 515 (Druck). — Über die Vorgänge von 1681 siehe *Reuss*, Chronik 102—103. Das zeitgenössische Schrifttum ist bei *Hermann* I 171—172 verzeichnet. — Irrig: *Reichsland* III 1067 (1680 erklärte die Reunionskammer Straßburg für verpflichtet, dem frz. König den Huldigungseid zu leisten); *Borries* 192 (1680 Reunionsurteil).

[39] „(IV) Ideo durante hoc viginti annorum armistitio sacra christianissima majestas permaneat in libera quietaque possessione civitatis Argentinensis cum fortalitio Kehl... et locorum quae... vigore sententiarum tribunalium... occupata sunt... (VIII) Rex christianissimus relinquit dominos proprietarios... in suo statu... ut et exercitio in ecclesiasticis et politicis" = *Lünig* 1063—1068 = *Sammlung* IV 147—149 = *Legrelle* 664—665 = *Vast* II 135—142; *Hermann* I 84. — Irrig *Livet*, Intendance 476 (1685).

[40] „(IV) Restituentur... imperio... occupata loca et jura quae extra Alsatiam sita... (XVI)... sacra caesarea majestas et imperium cedunt... urbem Argentinensem et quicquid ad illam civitatem in sinistra Rheni parte pertinet" = *Lünig* 1069—1095 = *Sammlung* IV 164—174 = *Boug* I XLVI—LII = *Legrelle* 667—668 = *Vast* II 228—253; *Hermann* I 85; *Reichsland* III 1067; *Borries* 194; *Fallex* 10; *Adam*, Stadt 437; *Livet*, Intendance 638; *Ford* 59 und 65. — Irrig: *Lienhart* 25 (Rijswijk traf außer für Straßburg keine Bestimmung über die von Frankreich annektierten Teile des Elsaß); *Rössler* 1246 (1684 nur Annexion Straßburgs, nicht die des Landgebiets anerkannt; Frieden von Nijmwegen 1697).

[41] „(XVIII) Majestas christianissima restituet... munimentum Kehl". Irrig *Lienhart* 25 n 1 (an Österreich).

[42] Richtig: *Hölzle*, Beiwort IX; *Livet*, Intendance 638. — Irrig: *Bär* 553 n 2 und 563 (schon Westf. Frieden); *Neuert* 52—53 (erst Rastatter Kongreß 1798 und Lunéviller Frieden 1801); *Kehl* 30 (1648 Talweg deutsch-frz. Grenze); *Hölzle*, Beiwort XXXVIII (Talweg wurde 1648 deutsch-frz. Hoheitsgrenze); *Lienhart* 28 (erst Lunéville), 45 (Talweg erst in Verträgen zum Vollzug des Westf. Friedens, völkerrechtlich erst in Lunéville) und 52 (mit Talweg änderte

Ufergemeinden verliefen. Staatsgrenzen und Gemeindegrenzen fielen von nun an auseinander[43].

Bann-, Herrschafts- und Reichsgrenzen seit dem 18. Jahrhundert. Im 18. Jahrhundert verlagerte der Rhein sein Hauptbett immer mehr nach Osten, so daß die Straßburger Gemarkung gegenüber Kehl beträchtlich anwuchs[44]. Die festen Gemeindegrenzen gegenüber Altenheim, Goldscheuer-Marlen, Eckartsweier-Hundsfeld, Auenheim und Leutesheim sowie die Reichsgrenze im Talweg blieben bestehen[45]. Die Vermessungen *Noblats* in den siebziger und achtziger Jahren befestigten die überkommenen Grenzen[46]. Auch die Staatsverträge von 1778, 1796 und 1797 brachten für die Straßburger Gegend nicht Neues[47].

Der Lunéviller Frieden von 1801 machte den Talweg[48] vorübergehend zur Staats- *und* Gemeindegrenze[49]; der Pariser Frieden von 1814 stellte den alten Zustand wieder her: Die Staatsgrenze verlief im Talweg, die Gemeindegrenze zwischen Straßburg und Kehl ebenfalls; die andern Gemeindegrenzen verliefen auf dem festen Ufer rechts und links des Rheins[50]. 1817 wurden die Straßburger Gemeindegrenzen am Rhein neu

---

sich Hoheitsgrenze seit Westf. Frieden); *Froriep* 24—25 (seit Westf. Frieden); *Grenacher*, Pläne 13 (Frankreich ließ sich 1648 den Thalweg als ligne de souveraineté bestätigen).

[43] Der Rastatter und Badener Frieden von 1714 (*Faber* 839—882 = *Vast* III 187—192), Art. 3 und 6, bestätigte den Rijswijker Frieden.

[44] *Silbermann* 222 (1745—1758); GLA: 229/22331 f 17—32 (Hanauer Rechtsgutachten 1767).

[45] „Strasbourg a pour voisins... Altenheim... Goldtscheuer... Eckartsouyer... Kehl... Auenheim et Lixheim... Honau... Entre ces six voisins il n'y a que la seigneurie de Kehl qui adopte pour limites le grand cour du Rhin... Les cinq autres voisins ont adoptés la regle de planter des bornes" (1771) = AM: VI 577/8c p 4; ferner VI 564/2 (Memoire 1785) und die Karten vorm Kap. 2 n 1.

[46] Vgl. z. B. den Vertrag Straßburg—Kehl von 1780 = AM: UFW Kehl 135 (1 Original mit Siegel und Unterschrift Noblats). Kurze Bemerkungen über Noblat in AM: VI 577/8; *Bär* 563; *Kehl* 31; *Lienhart* 53; *Rhein* 303; *Froriep* 25. Eine ausführliche Darstellung seines Wirkens wäre sehr erwünscht.

[47] Frz.-badische Übereinkunft 1778; erwähnt bei *Bär* 558; *Lienhart* 53; *Froriep* 14. Pariser Vertrag 1796 (*Martens* VI 679) Art. 6 und 10; Geheimvertrag 1796 (*Martens* VI 684) Art. 3. Geheimvertrag von Campo Formio 1797 (*Martens* VII 215) Art. 1.

[48] Der Lunéviller Frieden (*Martens* VII 538) übernahm in Art. 6 die erste gesetzliche Definition des Talwegs, die auf dem Rastatter Kongreß von 1798 formuliert wurde: „par le Thalweg il faut entendre le milieu du cours principal et navigable du Rhin" = *Lienhart* 47. Spätere Definitionen finden sich in Art. 9 des Straßburger Vertrags von 1827 (Bad. Staats- und Regierungs-Blatt 1827, 263), Art. 2 I des Karlsruher Vertrags von 1840 (Bad. Staats- und Regierungsblatt 1840, 130) und Art. 16 des Pariser Vertrags von 1925 (RGBl. 1927 II 960).

[49] Lunéviller Frieden (*Martens* VII 538 = *Zeumer* 508) Art. 6.

[50] Pariser Frieden von 1814 (*Martens*, Supplément VI 1—12) Art. III § 5. Bestätigt im Pariser Frieden von 1815 (*Martens*, Supplément VI 682—690) Art. I § 2.

3. Kap.: Die Rheingrenze

vermessen und festgelegt[51]. Die Korrektion des Rheins brachte keine rechtlichen Änderungen[52], ebensowenig der Straßburger Vertrag von 1827 und der Karlsruher Vertrag von 1840[53]. Durch den Versailler Vertrag von 1871 wurde die deutsch-französische Reichsgrenze zur innerdeutschen elsässisch-badischen Landesgrenze[54]. Die Gemeindegrenzen wichen noch immer von ihr ab.

Erst im 20. Jahrhundert glich man die Gemeindegrenze der Staatsgrenze an. Die deutschen Gemeinden verloren ihr linksrheinisches Gebiet durch den Versailler Vertrag von 1919[55], die französischen ihr rechtsrheinisches durch den Pariser Vertrag von 1925[56]. Die Staats- und Gemeindegrenzen werden seither durch die Achse des Talwegs bestimmt. „Die Axe des Talwegs ist die ununterbrochene Reihenfolge der tiefsten Sondierungen[57]."

---

[51] GLA: H Rheinstrom 61 (1817 gegenüber Auenheim); H Rheinstrom 62 (1817 gegenüber Goldscheuer-Marlen, Eckartsweier-Hundsfeld und Kehl-Sundheim). Vgl. GLA: H Rheinstrom 52 (Rhein von Meißenheim bis Kehl mit Talweg und Banngrenzen 1818); *Tulla* 12 (Rhein von Altenheim bis Kehl mit Talweg und Banngrenzen 1828).
[52] Verträge von 1821 eingezeichnet in *Tulla* 12 und erwähnt in *Bär* 567. Vgl. vorn n 2.
[53] Straßburger Vertrag (Bad. Staats- und Regierungs-Blatt 1827, 263) Art. 1 und 8. Karlsruher Vertrag (Bad. Staats- und Regierungsblatt 1840, 130 = *Bär* 577—581) Art. 1.
[54] Versailler Vertrag (RGBl. 1871, 215) Art. III 1. Zur Weitergeltung der alten Grenzverträge siehe eine Entscheidung des Reichsgerichts von 1891, abgedruckt in *Bruns* 368.
[55] Versailler Vertrag (RGBl. 1919, 700) Art. 56 II. Zu dem dortigen Begriff „circonscriptions administratives" irrig *Lienhart* 70—86.
[56] Pariser Vertrag (RGBl. 1927 II 960; vgl. RGBl. 1927 II 1070) Art. 26 II 3 und 32 I 1.
[57] Pariser Vertrag (RGBl. 1927 II 960) Art. 16.

Viertes Kapitel

Rechte, die keine Zugehörigkeit zum Landgebiet begründeten

Straßburg stand zu seiner Umgebung in mannigfaltigen Beziehungen. Die Quellen[1] rechnen nicht alle Einflußzonen zum städtischen Landgebiet, sondern unterscheiden mit hinreichender Deutlichkeit drei Gruppen: 1. Orte, die man nicht zum Landgebiet zählte, obwohl Straßburg dort bestimmte Befugnisse ausübte; 2. Orte, die man (nur) in gewisser Beziehung zum Landgebiet rechnete; und 3. Orte, die man in jeder Hinsicht zum Landgebiet zählte. Es gab demnach Rechte, die die Zugehörigkeit eines Ortes zum Landgebiet begründeten, und andere, die es nicht taten. Wie waren die einzelnen Befugnisse beschaffen?

Bannmeile. Das sogenannte 2. Stadtrecht, das spätestens 1202 niedergeschrieben wurde[2], erwähnt zum erstenmal Straßburger Recht außerhalb der Stadt. Wer zu einer Hochzeit mehr als 16 Verwandte und 4 Spielleute einlud oder Ringe schenkte, sollte einen Monat lang eine Meile weit von der Stadt wegbleiben[3]. Die Landesverweisung oder Verbannung, mit der wir es hier zu tun haben, wurde im 13. und 14. Jahrhundert sehr häufig ausgesprochen[4]. Man verbot den Ausgewiesenen oder „Ächtern"[5] in der Regel die ummauerte Innenstadt und eine Meile Land ringsum[6]: genauerhin für die Nacht eine Meile und für den Tag den Burgbann[7]; seltener das ganze Bistum[8] oder das linke Rheinufer[9] oder

---

[1] AM: VI 75/1a (1516); no 853/45 (17. Jh. über Amt Wasselnheim); AA 2073 (17. Jh. über Amt Illkirch); AA 2076 (1720 über Amt Marlenheim); AA 2069 f 153—168 (1769 über Amt Barr) u. a.

[2] Vgl. Kap. 2 n 20.

[3] „... manebit extra civitatem per unum mensem ultra miliare" = 2. Stadtrecht (UB I 477—481) § 48.

[4] 3. Stadtrecht (UB I 482—484); 4. Stadtrecht (UB IV 2 p 5—14); 5. Stadtrecht (UB IV 2 p 19—46); 6. Stadtrecht (UB IV 2 p 56—171); Achtbüchlein (UB VI 809—847); alle passim. Allgemein *Schmidt*, Einführung 59—60; *Conrad* 439.

[5] *Rechtswörterbuch* I 397 no II.

[6] 3. Stadtrecht § 2; 4. Stadtrecht § 19; 5. Stadtrecht § 1; 6. Stadtrecht § 11b u.a.

[7] „Wer by uns zu ohte wurt geton ... die sollent ... nachts ein mile sin von unsser statt und sollent tages nit neher komen dan usswendig an unsser statt burgban" = 6. Stadtrecht § 188; Beispiele im Achtbüchlein UB VI 811 (2. 1. 1389) und öfter.

4. Kap.: Rechte, die keine Zugehörigkeit zum Landgebiet begründeten

eine Meile und das rechte Rheinufer[10] oder eine Meile um Straßburg und Rosheim[11]. Die für die Nacht verbotene Bann-„Meile" und der für den Tag verbotene Burgbann waren, wie sich schon aus ihrer Gegenüberstellung ergibt, nicht identisch[12]. Die „Meile" wurde an den Ausfallstraßen durch sogenannte „Ächterkreuze" gekennzeichnet, die im Süden und Westen innerhalb der Straßburger Gemarkung standen[13], im Norden auf Schiltigheimer Gemarkung[14] und im Osten vermutlich auf Kehler Gemarkung[15]. Da die Stadt Verweisungen aus dem ganzen Bistum aussprechen konnte, erstreckte sich ihre Gerichtsbarkeit — wenigstens insofern — weit über die eigenen Grenzen hinaus. Zum Straßburger Landgebiet hat man den Verbannungsbezirk aber nicht gerechnet.

Kriegspferde. Ebenfalls im 2. Stadtrecht findet sich eine Vorschrift, nach der die Klöster Ebersheimmünster, Marbach, Maursmünster, Neuweiler, Schwarzach, Gengenbach und Schuttern[16] bei einem Kriegszug der Stadt die Pferde für den Fahnenwagen stellen sollten[17]. Ihre Verpflichtung stammte offenbar aus der Zeit der rein bischöflichen Stadtherrschaft und blieb auch dem selbständig gewordenen Straßburg gegenüber noch einige Jahre bestehen. Später hören wir von dieser Verpflichtung nichts mehr. Zu einer längeren und stärkeren Abhängigkeit von Straßburg hat sie nicht geführt.

Verbündete[18]. 1254 schloß Straßburg zusammen mit anderen Städten, Fürsten und Herren den sogenannten Rheinbund zur Wahrung des

---

[8] 5. Stadtrecht § 33; Achtbüchlein UB VI 816 (27. 7. 1391), 817 (19. 1. 1392), 826 (10. 10. 1397) und öfter.
[9] Achtbüchlein UB VI 809 (19. 2. 1388), 810 (16. 5. 1388).
[10] Achtbüchlein UB VI 809 (3. 3. 1388).
[11] Achtbüchlein UB VI 826 (20. 9. 1397).
[12] Mißverständlich: AM: VI 148/2 no 1/4 (banlieu 1776); *Turckheim* 30 Rupertsau et Neuhoff partie de la banlieu. Irrig: *Fritz,* Territorien 113 n 1 (Bannmeile = Allmende). *Eyer,* Dissertation 66 (Stadtgrenze am Ächterkreuz bei der Rotenkirche). — Auch in Köln waren Bannmeile und Burgbann verschieden; *Loesch* 120—132. In Gengenbach stimmten Burgbann und Bannmeile überein, unterschieden sich aber von der Gemarkung; *Kuner,* Gerichtsverfassung 50—52. In Breslau war die Bannmeile ein für Handwerker verbotener Bezirk außerhalb des Stadtgebiets; *Goerlitz* 27. Allgemein zum Begriff *Rechtswörterbuch* I 1218—1219.
[13] Das Ächterkreuz an der Illkircher Straße stand z. B. am „Wighäusel", die Gemarkungsgrenze verlief wie heute weiter südlich im Landgraben an der „Hohen Wart"; *Silbermann* 69 Plan X; *Goehner* Tafel VI und XI. Irrig *Silbermann* 161—162 (Ächterkreuze begrenzen Burgbann). Allgemein zum Begriff *Rechtswörterbuch* I 400.
[14] UB VI 430 no 737 § 14 (1393); *Silbermann* 69 Plan X; *Goehner* Tafel VI und XI.
[15] Vgl. Achtbüchlein UB VI 817 (2. 4. 1392). Bei Gengenbach sind noch drei Ächterkreuze aus dem Jahr 1582 erhalten; *Kuner,* Gerichtsverfassung 50—51.
[16] Die ersten vier Klöster liegen im Elsaß, die andern drei in Baden.
[17] „Hec sunt claustra que in exitu civitatis ministrabunt equos ad plaustrum vexilli..." = 2. Stadtrecht § 57.
[18] Allgemein *Saur* 76—78 unter der Überschrift „Aussöldner". In Straßburg verwendete man den Begriff „Helfer".

4. Kap.: Rechte, die keine Zugehörigkeit zum Landgebiet begründeten

Landfriedens[19]. Jede Stadt sollte einen Angriff möglichst selbst rächen; war sie dazu außerstande, sollte sie die Nachbarn und äußerstenfalls alle Verbündeten herbeirufen[20]. Straßburg konnte nach diesem Vertrag Kriegshilfe in Gestalt von Truppen verlangen, von sich aus aber nicht in fremdem Gebiet operieren. Gerade das wäre aber von besonderem strategischen Wert gewesen. In vielen späteren Verträgen[21] sicherte sich deshalb Straßburg das Recht, die Burgen und Städte der Vertragspartner in Kriegs- und (oder) Friedenszeiten mit zu benutzen[22]. Die Vereinbarungen wurden oft auf Zeit geschlossen, so daß dann auch das sogenannte Öffnungsrecht[23] von vornherein befristet war. Zu einem Herrschaftsverhältnis über die Verbündeten hat es nicht geführt.

Grundbesitz. 1258 beurkundete Straßburg, daß es den Brückenhof bei St. Arbogast und „agrum unum in banno Sultze situm" verkauft habe und die jeweiligen Besitzer dieser Grundstücke die Brücke bei St. Arbogast unterhalten müßten[24]. Straßburg besaß demnach in der Gemarkung

---

[19] Quellen in MG. Const. II 579—596 no 428—437; Schrifttum in *Conrad* 343—344. — Zwei frühere Verträge des Bischofs mit der Stadt verpflichteten Straßburg einseitig zum Schutz des Klerus; UB I 145 no 181 (1220) und 235 no 312 (1247).

[20] So der Kölner Vertrag 1256 (MG. Const. II 586) § 1; allgemeiner noch der 1. Mainzer Vertrag 1254 (MG. Const. II 580) § 3a.

[21] Nicht z. B. in Verträgen von 1261 mit Heinrich von Neuenburg u. a. (UB I 359 no 475), der Stadt Neuenburg (UB I 360 no 476) und der Stadt Colmar (UB I 362 no 478). Irrig *Saur* 77 (immer).

[22] Zum Beispiel:
1316—1318 Fleckensteiner Festen = UB II 293 no 345;
1318 Leininger Festen = UB 328 no 372;
1321 Dorsweiler Festen = UB II 359 no 410;
1322—1323 Landsberg und Niederehnheim = UB II 368 no 419;
1370—1380 Turm bei Hornberg = UB V 694 no 896;
1371—1373 Württemberger Gebiet = UB V 737 no 950;
1380—1383 Luxemburger Gebiet = UB V 1003 no 1370;
1383 Limburg = UB VI 74 no 124;
1383 Kagenfels = UB VI 87 no 141;
1383 Homburg = UB VI 88 no 144;
1388—1398 Saarburg = UB VI 232 no 451;
1388 Schauenburg = UB VI 239 no 463;
1390 Bistum Straßburg = UB VI 302 no 573;
1393—1398 Österreicher Gebiet = UB VI 456 no 767; vgl. dazu UB VI 537 no 899;
1395 Bistum Straßburg = *Wencker*, De pfalburgeris II 200 (Druck) = UB VI 590 no 1012 (nichtssagendes Regest);
1396—1399 Badener Gebiet = UB VI 602 no 1041;
1459—1464 Saarburg = AM: charte 11 novembre 1459 GUP 45—46 (Original);
1461—1467 Maursmünster und Willstätt = AM: charte 25 mai 1461 AA 1792 (Original); Bestätigung für Willstätt = AM: charte 18 juillet 1464 AA 1792 (Original);
1465 Dambach und Ebersheimmünster = AM: charte 16 mars 1465 AA 1517 (Vollmacht zur Vereidigung der Einwohner).

[23] Allgemein *Saur* 77; *Conrad* 266.

[24] UB I 318 no 422 (Druck). Über St. Arbogast Kap. 2 n 51.

4. Kap.: Rechte, die keine Zugehörigkeit zum Landgebiet begründeten 37

Sulz(-bad)[25] bis 1258 einen Acker. Wann und wie es ihn erworben hatte, wissen wir nicht. Ein „Acker" ist im Elsaß ein Grundstück von ungefähr 0,2 Hektar Größe[26]. Daß mit ihm irgendwelche Herrschaftsrechte verbunden gewesen wären, ist nicht anzunehmen. Die Quellen rechnen jedenfalls derartigen Grundbesitz nie zum Straßburger Landgebiet.

Der Grundbesitz der Stadt war später in fremden Gemeinden ebenso umfangreich wie in untertänigen[27]. Auch die Straßburger Einwohner kümmerten sich bei ihren Grundstückskäufen nicht um die Herrschaftsgrenzen; im 17. Jahrhundert scheinen sie sogar nicht von Straßburg abhängige Gemeinden bevorzugt zu haben[28].

Vorübergehende Eroberungen. Der Straßburger Bischof Walter[29] klagte 1261 während seines Krieges mit der Stadt darüber, daß die Straßburger seinen Nachschub beschlagnahmt und seine Dörfer, öffentliche Straßen und seine Fähre über den Rhein besetzt hätten[30]. Der Friedensvertrag von 1263 ging auf diese Geschehnisse mit keinem Wort mehr ein[31], wahrscheinlich deshalb, weil die Stadt ihre Beute schon vorher wieder freigegeben hatte.

In ähnlicher Weise eroberte Straßburg bei seinen vielen Kriegszügen immer wieder weite Ländereien, die es seinem Gebiet nicht einverleibte und nicht vertraglich absicherte, sondern nach kurzer Besetzung bald wieder räumte[32]. Man rechnete diese vorübergehenden kriegerischen

---

[25] „Sultze" ist wohl identisch mit Sulzbad, 19 km W, Kanton Molsheim, und nicht mit Sulz, 40 km N, gleichnamiger Kanton; fragend UB I 568.
[26] *Martin* I 25. Die älteren Bodenmaße wurden nur geschätzt. Das erste gemessene Bodenmaß habe ich auf einer Burgheimer Bannkarte des 17. Jh. gefunden; AM: Plan C IV 29. Im Burgheimer Bannbuch von 1732 heißt es ausdrücklich, daß man „bis hiehero kein eigentlich sonderen nur ein vermuthliches acker mes" gehabt habe und daß „die acker in allen dreyen feldern ungleich... ja öffters in einer nemblichen gewand (sic!) nicht gleich seyn"; AM: VI 69 f 18. Der geschätzte Acker schwankte in Burgheim 1732 zwischen 1012 und 3456 qm; AM: VI 69 f 314 (1 Zweitel = 1 Zweidrittelacker = 63,96 frz. Quadratruten zu je 10,55 qm) und f 300—301 (1 Vierzel = 1 Viertelacker = 81,90 frz. Quadratruten). Die Literatur verkennt diesen Sachverhalt fast immer; so irrig z. B. *Hecker*, Herrschaft 50 (15. Jh. Acker = 20 Ar).
[27] Listen in AM: IV 85.
[28] Tabelle in *Fuchs*, Bourgeois 102.
[29] Walter I. von Hohengeroldseck 1260—1263; *Bloch* II 177—220.
[30] „proventus... detinent occupatos et... transitum villarum nostrarum quarum dominium ad nos spectat... hominibus ac fautoribus nostris prohibentes... vias communes stratasque publicas ac nostrum passagium prohibuerunt" (4. 6. 1261) = UB I 352 no 467; ähnlich UB I 356 no 471 (etwas später; deutsch).
[31] UB I 394 no 519 (Druck) = *Bloch* II 226 no 1724 (Regest).
[32] Zum Beispiel:
1292 Sermersheim und Krax = UB II 140 no 181—182; vgl. dazu Closener in *Hegel* 96—97 und Königshofen in *Hegel* 791;
1292 Gemar = UB 142 no 185; vgl. *Hegel* 97 und 789;
1314 Berwartstein, Sulz und Beinheim = UB II 266—267 no 316—317; vgl. *Hegel* 97 und 795;

38 4. Kap.: Rechte, die keine Zugehörigkeit zum Landgebiet begründeten

Erwerbungen nicht zum Landgebiet. Nur Herrenstein, Illkirch und Rheinau wurden von Straßburg gewaltsam erobert und auf die Dauer behalten[33].

Oberhof. Der schon erwähnte Friedensvertrag von 1263 bestätigte die Stadt Straßburg als oberes Gericht für das ganze (weltliche?) Gebiet des Straßburger Bistums[34]. Es kann nicht zweifelhaft sein, daß diese Zuständigkeit ein Überbleibsel aus der Zeit der rein bischöflichen Stadtherrschaft war. Sie ist später nicht mehr nachweisbar und wohl 1348 zu Ende gegangen[35]. Zu einer Eingliederung des Gerichtssprengels in das Straßburger Landgebiet hat sie nicht geführt.

Währungshoheit. Ein wirtschaftspolitisches Recht ersten Ranges ist und war die Währungshoheit. In Straßburg wurde um 590 das erste Geld geprägt[36]. Kaiser Otto II. schenkte die Münze 974 dem Bistum zu Eigen[37]. Die Bischöfe verpachteten sie mehrfach, zuerst 1296 an sieben Straßburger Einwohner[38], 1306 zum erstenmal zur Hälfte an die Stadt

---

1318 Staufenberg = UB II 323 no 366;
1329—1330 Staufenberg = UB II 458 n 2 und 470 no 516;
1333—1334 Schwanau, Erstein und Schuttern = UB V 26 no 12, 33—38 no 24—30, 49 no 36;
1370 Turm bei Hornberg = UB V 694 no 896;
1371—1373 Windeck = UB V 763—769 no 990—997, 820 no 1080;
1373 Herlisheim = UB V 806—834 no 1055—1097 passim;
1382 Wittenheim = UB VI 46 no 70, 49 no 74;
1382—1387 Chatillon = UB VI 47 no 73, 201 no 380;
1382 Ochsenstein = UB VI 69 n 1;
1383 Hornberg = UB VI 86 n 1;
1383 Kagenfels = UB VI 87 no 141;
1383 Homburg = UB VI 88 n 1;
1386 Löwenstein = UB VI 180 n 1;
1389 Brumath = UB VI 269—272 no 510—512;
1392 u. a. Dachstein und Börsch = UB VI 414 no 723;
1398 Wasenburg = UB VI 743 no 1434, 751 no 1447;
1448 Wasselnheim = AM: no 954 f 225—227.

[33] Näheres Kap. 7 nach n 85.
[34] „so ist ouch ir reht: swenne der stette oder der dorfer deheinz die daz bistum anhorent an einer urteil zwivelnt daz sie daz urteil vur sie ziehen unde stete habent alse die burger von Strazburg sprechent" = UB I 395 no 519 § 9.
[35] Wir Karle... Berhtolten bischofen zu Straspurg... die gnade und die fryheit gegeben... das uber alle sin lutte die in sinen stetten dorfferen twingen bennen und gerichten sitzent und ime und siner stifft zu gehorent... kein ander gericht... zu riechtende oder zu gebiettende habent denne sin weltlichen riechtere" (Privileg Karls IV.) = UB V 156 no 162.
[36] *Forrer*, Strasbourg 765; *Wielandt* 4. Irrig *Cahn* 2 (seit Karl dem Großen).
[37] AD: G 482 (Abschrift) = *Schoepflin-Lamey* I 125 = UB I 34 no 42 = MG. DD. Otto II. 88 no 72 (Drucke) = *Bloch* II 251 no 164 (Regest); vgl. *Cahn* 2—5; *Büttner*, Geschichte 209.
[38] AM: charte 4 janvier 1296 AA 43 (Abschrift) = *Hegel* 990 = UB II 159 no 201 (Drucke) = *Bloch* II 381 no 2390 (Regest); vgl. *Cahn* 20.

4. Kap.: Rechte, die keine Zugehörigkeit zum Landgebiet begründeten

selbst[39] und 1334 schließlich der Stadt allein[40]. Auf die Währung hatte Straßburg schon vorher Einfluß gewonnen, als ihm Bischof Konrad[41] 1298 versprach, die damals gültige Währung zehn Jahre lang nicht zu verändern[42]. Im Laufe des 14. Jahrhunderts ging die Gesetzgebung über das Geldwesen völlig auf Straßburg über[43]. Nachdem die Stadt 1309 noch die Reichsmünze in Offenburg erworben[44] und für immer geschlossen hatte[45], galt das in Straßburg geprägte Geld, die sogenannte Straßburger Währung[46], im ganzen geistlichen Sprengel des Bistums[47]. Alle dort gelegenen Territorien hingen daher in währungspolitischer Hinsicht von Straßburg ab[48], ohne allein deswegen zum Straßburger Landgebiet gezählt zu werden. — Frankreich hat die städtische Münze 1690 geschlossen[49].

Zustimmungsrechte. Die Herren von Falkenstein[50] versprachen 1316, daß sie aus ihrer Burg Straßburg keinen Schaden zufügen und die Burg nicht veräußern würden[51]. Die Herren von Landsberg[52] verpflichteten

---

[39] AM: charte 29 novembre 1306 AA 43 (Original) = no 953 f 198 (Abschrift) = *Schoepflin-Lamey* II 83 = UB II 208 no 257 (Drucke); vgl. *Cahn* 24.

[40] AM: charte 31 octobre 1334 AA 43 (Original) = no 953 f 201 (Abschrift) = UB V 46 no 34 (Druck); vgl. *Cahn* 34.

[41] Konrad III. von Lichtenberg 1273—1299; *Bloch* II 279—406.

[42] AM: charte 4 mars 1298 AA 43 (Original) = no 953 f 195 (Abschrift) = *Schoepflin-Lamey* II 68 = UB II 166 no 210 (Drucke) = *Bloch* II 392 no 2437 (Regest); dazu *Cahn* 22.

[43] *Cahn* 22—35. Die älteste Münzordnung von 1292 wandte sich noch an die Straßburger Bürger allein = UB II 145 no 187. — Der Reichstag machte 1570 die Ausgabe neuer Zahlungsmittel von einer kaiserlichen Einwilligung abhängig; *Hanauer*, Etudes I 53.

[44] AM: charte 7 décembre 1309 AA 43 (Original) = UB II 221 no 273 (Druck); vgl. *Keyser* 335.

[45] *Schaaf* 49; Kähni in *Offenburg* 54.

[46] Sie wird als „Argentinensis moneta" 1089 zum erstenmal urkundlich erwähnt = UB I 49 no 58. — Schrifttum: *Nelckenbrecher* 217—219 (1769); *Hegel* 987—1012 (1870); *Hanauer*, Etudes I (1876); *Hanauer*, Guide (1894); *Cahn* (1895); *Wielandt* (1955); *Livet*, Intendance 487—503 (1956).

[47] „sol iederman dem andern gantze gute unde unbesnittene Stroszburger pfennige geben und wider von ime nemmen" = Vertrag zwischen Bischof, Reich und Stadt 1393 = AM: charte 18 octobre 1393 AA 1417 (Original) = *Hegel* 996—1001 = UB VI 482 no 802 (Drucke); dazu *Cahn* 65—66.

[48] Daß sich der Umfang der südwestdeutschen Münzbezirke (Umlaufgebiete, Währungskreise) im wesentlichen mit den Diözesangrenzen deckte, stellt auch *Wielandt* 6 fest.

[49] *Livet*, Intendance 503; irrig *Metzenthin* 159 (1701). — Frankreich übernahm die Münze 1693 zur Prägung frz. Geldes: *Hanauer*, Etudes I 58—59.

[50] Burg Falkenstein, 43 km N, Gemeinde Philippsburg, Kanton Bitsch; *Reichsland* III 281.

[51] AM: charte 7 septembre 1316 VCGF (Original) = no 953 f 128 (Abschrift) = UB II 297 no 348 (Druck).

[52] Burg Landsberg, 30 km SW, Gemeinde Heiligenstein, Kanton Barr; *Reichsland* III 550; *Tillmann* 556.

4. Kap.: Rechte, die keine Zugehörigkeit zum Landgebiet begründeten

sich 1382, in ihrem Dorf Lingolsheim ohne Zustimmung Straßburgs keine Schafe zu halten[53]. Graf Jakob von Lichtenberg[54] versprach 1471, sein Gebiet nicht ohne Zustimmung Straßburgs zu veräußern[55]. Diese und ähnliche Verträge sollten kriegerischen Auseinandersetzungen vorbeugen und verhindern, daß (Straßburg) benachbarte Ländereien an Feinde der Stadt veräußert würden. Die der Stadt eingeräumten Zustimmungsrechte haben die betroffenen Orte nicht zu Teilen des Straßburger Landgebiets gemacht.

Herrschaftliche Abgaben. 1350 „verkauften" Bischof Berthold und das Domkapitel der Stadt Straßburg 155 Mark Geld — 72 Mark Einkünfte aus Ettenheim und den Dörfern Kappel am Rhein, Trisloch, Grafenhausen, Reichenweier und Adelnhofen, 20 aus Rheinau, 40 aus der Stadt Molsheim und 23 aus der Rußlach, dem Holzwerder, dem halben Schlag, dem halben Wolfwerder und aus fünfzig Viertel Weizengeld Bede des Dorfes Reichstett — alles für 1860 Mark Silber und unter Vorbehalt des „Wiederkaufs"[56]. Die Stadt Ettenheim, die Dörfer Kappel am Rhein usw., die Stadt Rheinau, die Bürger von Molsheim und Johann Völtsch, der Lehensmann der Rußlach usw., versprachen, ihren jeweiligen Anteil jährlich in die Stadt zu zahlen[57]. 1352 hat Johann Völtsch die 23 Mark Silber auf der Rußlach usw. Straßburg „wieder abgekauft"[58].

Das Rechtsgeschäft des „Kaufs auf Wiederkauf" interessiert uns an dieser Stelle nicht[59]. Es kommt uns hier nicht darauf an, wie, sondern was Straßburg erwarb. Gegenstand des Vertrages waren 155 Mark Silber aus verschiedenen Orten, d. h. jährliche Einkünfte, die der Bischof dort als Landesherr bezog. Seine Untertanen sollten diese Abgaben künftig nicht mehr an ihn, sondern an Straßburg leisten. Das war alles; irgendwelche Befugnisse, die Ortschaften zu besetzen und dort die allgemeinen Herrschaftsrechte auszuüben, etwa die Steuern zu erhöhen, neue Steuern einzuführen, zum Kriegsdienst aufzurufen oder Recht zu sprechen, gingen auf Straßburg nicht über. Straßburg hat auf ähnliche

---

[53] AM: charte 4 octobre 1382 GUP 168 (Original) = UB VI 62 no 105 (Regest).
[54] Über Lichtenberg Kap. 3 n 16.
[55] *Eyer*, Regesten no 1116.
[56] AM: charte 5 avril 1350 PfThG 8—12 (Original) = no 953 f 157 (Abschrift) = UB V 213 no 226 (Regest). Gegenurkunde = UB V 214 n 3 (Regest).
[57] UB V 213 n 1—2 und 214 n 1—2 (Regesten). Die dort mit UB II 168 n 1 geäußerte Vermutung, die Rußlach habe „auf der Nordseite der Stadt, etwa im Schiltigheimer Bann" gelegen, kann ich nur halb teilen. Ich vermute, daß die Rußlach mit dem Rauchwerder identisch ist, der 1544 im Bann Honau und 1590 im Bann Wanzenau genannt wird; AM: VII 74/9 f 1 (1590) und 2 (1544). Honau und Wanzenau bildeten damals noch einen einzigen Bann; vgl. *Reichsland* III 1180.
[58] UB V 248 no 257 mit Fußnoten (Regest).
[59] Näheres zur „Ewigsatzung" in Kap. 7.

4. Kap.: Rechte, die keine Zugehörigkeit zum Landgebiet begründeten

Weise noch viele herrschaftliche Gefälle erworben[60]. Die Quellen rechnen die betroffenen Orte nicht zum Straßburger Landgebiet[61].

Besitzloses Pfandrecht. Heinrich und Konrad von Lichtenberg haben Straßburg 1369 die Burg und den Flecken Neuburg a. Rhein sowie die halben Städte Brumath und Buchsweiler „zu einem rehten pfande versetzet". Neuburg a. Rhein sollte in den Mitbesitz Straßburgs übergehen, Brumath und Buchsweiler nicht[62]. — Bischof Wilhelm hat Straßburg 1394 „gesetzet und ingegeben in pfandeswise unsers bystumes stat Benefelt ... und ... zu merer sicherheit zu rehtem underpfande darzu gesetzet und geben unsere vestin und burg Kochersperg ... mit sollicher bescheidenheit daz wir dieselbe vestin Kochersperg ... die wile wir lebent und byschoff zu Straszburg sint inne haben besitzen nutzen und niessen sollent"[63].

Wir haben es offenbar in beiden Fällen sowohl mit einem Besitzpfand als auch mit einem besitzlosen Pfand zu tun, die im rechtsgeschichtlichen Schrifttum gewöhnlich „ältere und neuere Satzung" genannt werden[64]. Das Besitzpfand ging in die tatsächliche Gewalt und

---

[60] Zum Beispiel:
1351 in Sennheim und Steinbach = UB V 231 no 242;
1357 in den Städten Molsheim, Dachstein, Mutzig und Börsch und der Pflege Molsheim = AM: charte 10 juin 1357 PhThG 8—12 (Original) = UB V 364 no 425 (Regest); vgl. dazu Zahlungsversprechen der vier Städte 1357; wiederholt 1400, 1423 und 1459 = AM: charte 1 mai 1459 PhThG 8—12 (Originale) = UB V 364 n 1 (Regest für 1357);
1395 (?) in den Pflegen Zabern, Molsheim, Bernstein und Ortenberg; Bestätigung des Domkapitels über 10 000 Pfund 1395 = UB VI 592 no 1016 dort in der Überschrift irrig 10 000 Gulden); Zahlungsversprechen der Stadt Zabern über 1000 Pfund 1395 = UB VI 586 no 997 (dort irrig 1000 Gulden); der Pflege Molsheim über 2000 Pfund 1395/96 = UB VI 861 no 1624; der Pflege Ortenberg über 4000 Pfund 1395/96 = UB VI 861 no 1626;
1423 in den Städten Molsheim, Börsch, Dambach, Mutzig und Dachstein und den Dörfern Ergersheim, Ernolsheim bei Molsheim, Rosenweiler bei Rosheim, Sulzbad, Altdorf und Bischofsheim; Zahlungsversprechen der genannten Orte 1423 und 1459 = AM: charte 7 juin 1459 PhThG 8—12 (Originale);
1442 in Schuttern; Zahlungsversprechen des Gerichts 1510 = AM: III 201/1 no 1.
[61] In der Literatur abweichend nur *Knobloch* nach 152 (Karte).
[62] AM: no 953 f 164—166 (Abschrift) = UB V 654 no 839 (Regest) = *Eyer*, Regesten no 445. Brumath und Buchsweiler sind zu keinem Zeitpunkt als Straßburger Besitz nachweisbar; *Eyer*, Regesten no 506 (1377 Brumath lichtenbergisch), 508 (1377 Buchsweiler lichtenbergisch), 522 (Lichtenberg verkauft 1378 halb Brumath an Ulrich von Finstingen), 575 (Finstingen übergibt 1383 halb Brumath seinem Schwiegersohn Graf Emich V. von Leiningen), 606 (Lichtenberg versetzt 1388 halb Brumath an die Straßburger Johann Bock und Peter Museler).
[63] AM: no 954 f 80—82 (Abschrift) = UB VI 526 no 877 (Druck).
[64] *Albrecht*, Gewere 142 und 147 (ältere und neuere Satzung); *Meibom* 264 und 402 (Satzung als Tauschgeschäft und Satzung als Anweisung von Exekutionsgegenständen); *Heusler* II 134 und 143 (Satzung mit und ohne Gewere

4. Kap.: Rechte, die keine Zugehörigkeit zum Landgebiet begründeten

damit in den Herrschaftsbereich des Gläubigers über[65]. Das besitzlose Pfand verblieb dem Schuldner; der Gläubiger erhielt nur das Recht, im Falle seiner Zahlungsunfähigkeit das Pfandgut anzugreifen und sich an ihm schadlos zu halten[66]. Solange der Schuldner dagegen zahlte, war das Pfandgut der Einwirkung und dem Zugriff des Gläubigers entzogen[67]. Der besitzlose Pfandgläubiger übte also keine Herrschaftsrechte aus und konnte das Pfandgut nicht zu seinem Landgebiet rechnen.

Planitz hat behauptet, daß das Besitzpfand noch 1350 die Reichs- und Territorialpfandschaften „restlos" beherrschte[68]. Mit dieser — allerdings vielleicht zu allgemein formulierten — These stimmt überein, daß Straßburg besitzlose Pfandrechte erst seit 1369 erwarb[69].

Schuttergericht[70]. Die Schutter ist ein Bach, der aus dem Schwarzwald durch die Stadt Lahr an der Gemeinde Schutterwald vorbei nach Kehl in die Kinzig fließt. Straßburg hatte auf dem Gewässer seit alters her ein Floßrecht[71]. Die an der Schutter liegenden Herrschaften und Gemeinden beschlossen 1478, sie künftig gemeinsam zu verwalten. Einmal jährlich sollten sie sich in Offenburg zu einem sogenannten Schuttergericht zusammenfinden, um alle notwendigen Maßnahmen zu treffen und alle an der Schutter begangenen strafbaren Handlungen abzuurteilen. Einer der Vertragspartner war die Stadt Straßburg als Inhaberin der Herrschaft Ettenheim. Sie war künftig auf allen „Schuttertagen" vertreten, nach 1528, als sie Ettenheim verloren hatte[72], wahr-

---

des Gläubigers); *Planitz* 129 und 147 (Besitzpfand und besitzloses Pfand); *Mitteis*, Privatrecht 94—95 (ältere und neuere Satzung).

[65] Näheres zum Besitzpfand in Kap. 6.

[66] Näheres zur Zwangsvollstreckung durch gerichtliche Entscheidung in Kap. 7.

[67] Heute entspricht dem bei Grundstücken die Hypothek, BGB § 1113. An beweglichen Sachen und Rechten gibt es kein besitzloses Pfandrecht mehr, BGB §§ 1205 und 1274.

[68] *Planitz* 189 mit p VII.

[69] 1369 Brumath und Buchsweiler = oben n 62;
1394 Kochersperg = oben n 63;
1399 Ämter Lichtenau und Willstätt = AM: charte 1489 PhThG 80 (Original);
1457 Stutzheim = AM: charte 1457 GUP 168—169;
1526 Herrschaft Barr = AM: VI 3/18 (Entwurf); *Hecker*, Herrschaft 120—121; erwähnt in AM: charte 25 avril 1566 f 2 und 16 sowie charte 6 novembre 1568 f 33;
1619 Ämter Lichtenau und Willstätt = AM: AA 1750 (Entwurf 1618) = charte 1619 AA 1751 (Original).

[70] Schutterordnung 1478 = Schutterwald: Urkunde no 3 (1 Original) = AM: no 955 f 202—203 = VII 72/3 = GLA: 154/123 = 229/95331 (Abschriften) = *Seigel* 278—282 (Druck); nicht erwähnt *Bulst* 298.
Schuttergerichtsprotokolle = GLA: 154/123—125 (1514—1672 mit Lücken); AM: UFW Kehl 59 (1552); VII 72/5 (1613—1624); III 201/11 (1650—1664); GLA: 229/95331 (1669—1674). Die Originale wahrscheinlich im Stadtarchiv Offenburg.

[71] GLA: 229/95416 hinten (Bericht 18. Jh.).

[72] AM: no 954 f 84 (Notiz); VI 452/3 cahier f 28; *Krieger* I 547; *Bender* 16; *Heizmann*, Amtsbezirk Lahr 20; vgl. auch GLA: 33/13 (Urkunde 17. 6. 1529).

4. Kap.: Rechte, die keine Zugehörigkeit zum Landgebiet begründeten

scheinlich als Eigentümerin des 1501 gekauften Schutterwaldes[73]. Vertreter war ein von den XV gewählter „Schutterherr"[74].

Das Schuttergericht tagte bis 1674[75] oder 1678[76] und trat dann wegen allgemeiner Interesselosigkeit nicht mehr zusammen. — Die Schutter wurde nie zum Straßburger Landgebiet gezählt.

Kirchenpatronate und Zehnten[77]. Der Vollständigkeit halber ist darauf hinzuweisen, daß Straßburg und die in Straßburg ansässigen Klöster und Stiftungen viele Patronats- und Zehntrechte innerhalb und außerhalb[78] des Straßburger Gebiets besaßen. Diese Befugnisse waren jedoch ebensowenig wie in der Schweiz[79] und Österreich[80] dazu geeignet, eine weltliche Herrschaft und damit die Zugehörigkeit zum Straßburger Landgebiet zu begründen. Dementsprechend stellte die Stadt 1548 in anderem Zusammenhang fest, es sei in der Straßburger Gegend allgemein „bekandt das öffters die zehenden gantz andern zuständig als denen so die obrigkeit des orts haben"[81].

Zusammenfassung. Nach alledem wurden zum Straßburger Landgebiet nicht gerechnet:

1. Orte, deren Betreten Straßburg verboten hatte;
2. Klöster, die Kriegspferde stellten;
3. die Gebiete der Verbündeten;
4. bloßer Grundbesitz;
5. vorübergehende Eroberungen;
6. Bezirke, für die Straßburg obere Gerichtsinstanz war;
7. der Bereich, in dem Straßburg die Währungshoheit besaß;
8. Orte, die nur mit Zustimmung Straßburgs veräußert oder in denen nur mit Zustimmung Straßburgs Schafe gehalten werden durften;
9. Orte, aus denen Straßburg nur herrschaftliche Abgaben bezog;
10. Orte, an denen Straßburg nur ein besitzloses Pfandrecht hatte;
11. die Schutter;
12. Orte, in denen Straßburg nur Patronats- oder Zehntrechte ausübte;
13. der rechtsrheinische Brückenkopf[82];
14. Orte, in denen Straßburg die Straßen unterhalten mußte[83].

---

[73] AM: no 956 f 166—168 = VII 72/11c (Abschriften); *Seigel* 129—130.
[74] *Regimentsverfassung* 1673 p 51.
[75] GLA: 229/95331 (Bericht 1764).
[76] AM: VI 200/14 no 8 (Bericht 18. Jh.).
[77] Allgemein zum Kirchenpatronat: *Gönner* (1904); zum Zehnt: *Pfleger*, Pfarrei, passim (1936); *Gmür*, Zehnt (1954); *Barth*, Rebbau, passim (1958).
[78] In Hermolsheim, 22 km W, Stadt Mutzig, kaufte Straßburg 1576 Einkünfte und Zehntrechte (redditus census et decimas); AM: no 957 f 202—205 (Abschrift). In Krastatt, 26 km W, Kanton Maursmünster, besaß Straßburg 1778 das Patronat und den halben Zehnten; *Reichsland* III 535.
[79] Vgl. für Bern *Gmür*, Zehnt 112—113.
[80] *Brunner* 354—355 (Patronat) und 357 n 8 (Zehnt).
[81] AM: III 111/3 no 1 = UFW Niederweiler 36.
[82] Kap. 3 n 23.
[83] Kap. 3 n 25.

Fünftes Kapitel

Rechte, welche die Zugehörigkeit zum Landgebiet begründeten

Besitz der Bürger. „Cune von Bercheim der alte ein burgere von Strasburg" schwor dem Meister und Rat 1286, daß er auf ihren Wunsch nach Straßburg ziehen und sonst außerhalb wohnen wolle, und gelobte, ihnen im Krieg zu helfen und sie in seine Festen zu lassen[1].

Über das Bürger- und das Ausbürgerrecht im allgemeinen ist hier nicht zu handeln[2]. Es genügt festzustellen, daß die Straßburger Bürger und Ausbürger[3] gleichermaßen unter dem Schutz der Stadt standen[4] und deren Privilegien genossen[5], ihr andererseits Steuern zahlten[6] und

---

[1] AM: charte 27 août 1286 VDG 112 (Original) = no 953 f 253 (Abschrift) = *Wencker*, De pfalburgeris II 123 = *Hegel* 1035 = UB II 68 no 110 (Drucke).

[2] Allgemeine Literatur in *Conrad* 331. Straßburger Schrifttum: AM: no 863/66—78 (gedruckte Bürgerordnungen); *Wencker*, De pfalburgeris (1698); *Hegel* 921—986 (1870); *Overmann*, Reichsritterschaft (1896/97); *Dettmering* (1903); *Winckelmann*, Verfassung 504—522 (1903); *Achtnich* (1910); *Saur* 47—53 (1911); *Nagel* 56—78 (1916); *Crämer*, Verfassung 16—18 und 28—31 (1931); *Dollinger*, Patriciat (1951); *Dubled*, bourgeoisie (1953); *Maschke*, Verfassung (1959); *Wittmer-Meyer* (1948—1961); *Wittmer*, Bürgerrecht (1962); *Fuchs*, droit (1962).

[3] Das Wort Ausbürger erscheint zuerst im 5. Stadtrecht vor 1311 (UB IV 2 p 19—46) § 49. Gleichbedeutend sind gewöhnlich die Ausdrücke ausgesessener Bürger (6. Stadtrecht 1322 = UB IV 2 p 56—171 § 386), Pfahlbürger, Erbbürger (beides in einer Aufzeichnung von 1389 = UB VI 280 no 535) und Landbürger (Bürgerbuch 1446 = *Wittmer-Meyer* I 51 no 491); richtig *Fuchs*, droit 23. Irrig z. B. *Goehner* 13 (als Pfahlbürger bezeichnete man Untertanen anderer Landesherren, als Ausbürger freie Herren); *Wittmer*, Bürgerrecht 243—244 (ebenso).

[4] Zum Beispiel:
1346 Kloster St. Georgen im Schwarzwald = UB V 138 no 138;
1382 Ausbürger in Lingolsheim = UB VI 62 no 104;
1387 ein jüdischer Mitbürger = UB VI 207 no 396.

[5] Insbesondere waren die Straßburger Bürger im ganzen Elsaß steuerfrei; Privileg von 1205 = UB I 119 no 145 (Druck); eingeschränkt durch Sonderverträge, so in Molsheim 1300 = UB II 177 no 223 (Druck; mißverstanden bei *Saur* 48 n 6); im Bistum 1368 = UB V 615 no 786 (Druck); in Westhofen und Balbronn 1368 = UB V 622 no 791 (Druck) = *Eyer*, Regesten no 440. Praktische Fälle: Barr 1576 = *Hecker*, Herrschaft 225; Flexburg 1589 = AM: VI 190/3 no 4. Bestätigt durch Arrêt du Conseil d'Etat 1721 (*Boug* I 563) Art. VII: „tous les biens-fonds possédés en 1681 par les bourgeois de Stras-

5. Kap.: Rechte, welche die Zugehörigkeit zum Landgebiet begründeten

im Kriegsfall mit Leib und Gut dienten[7], d. h. in eigener Person Waffendienst leisteten, Truppen, Pferde und Wagen stellten[8] und gegebenenfalls die eigenen Gebiete und Untertanen zur Verfügung hielten.

In der Tat besaßen viele Straßburger Bürger eigene Gebiete und Untertanen. Im Unterelsaß und Mittelbaden gab es eine ganze Reihe kleiner und kleinster Herrschaften, deren Reichsunmittelbarkeit schon im Mittelalter anerkannt war. Ihre Inhaber wurden gern Bürger zu Straßburg, manche Familien regelmäßig[9], andere wie die vornehmen Andlau, Landsberg, Rathsamhausen und Wangen nur gelegentlich[10]. Ausnahmsweise erwarben sogar größere Landesherren, die die Reichsstandschaft besaßen[11], das Straßburger Bürgerrecht, z. B. 1383 Johann von Lichtenberg[12] und Bruno von Rappoltstein[13] und 1457 Jakob von Moers-Saarwerden[14].

Alle Bürger wurden, wenn sie mit der Stadt nichts besonderes vereinbarten[15], gleich behandelt: Straßburg gewährte ihnen Schutz und Schirm für ihr Territorium, während dieses der Stadt im Kriegsfall offen stand (d. h. von ihr besetzt werden durfte), Truppen, Pferde und Wagen stellte und außerordentliche Hand- und Spanndienste leistete[16]. Im übrigen beherrschten die Bürger ihren Besitz selbständig: Straß-

---

bourg, lesquels biens pour lors n'étaient pas compris dans les rôles des impositions, ... continuent"; ebenso *Krug-Basse* 37 (für 1789).

[6] 5. Stadtrecht (UB IV 2 p 19—46) § 49; 6. Stadtrecht (UB IV 2 p 56—171) §§ 22b, 22c und 507.

[7] Schrifttum: *Engel* (1901); *Crämer*, Wehrmacht (1932). Auf militärischem Ungehorsam standen zehn Jahre Verbannung; UB VI 824 (Achtbüchlein 1397/98).

[8] 6. Stadtrecht (UB IV 2 p 56—171) § 8a; Ratsbeschluß 1360 = UB V 442 no 531; Stellungsbefehl an adlige Ausbürger 1382 = UB VI 57 no 91; an adlige und geistliche Ausbürger 1384 = UB VI 114 no 193; an Adlige 1386 = UB VI 166 no 312; an Adlige 1387 = UB VI 210 no 411; an verbannte Straßburger und alle Ausbürger 1392 = UB VI 356 no 673.

[9] Vgl. *Lehr*, Alsace; *Kindler; Kindler-Stotzingen* und *Wittmer-Meyer* passim.

[10] *Wittmer-Meyer* II no 3641 (1484 Arnolt von Andelo), 4881 (1492 Hans von Wangen), 5101 (1501 Ulrich von Ratsamhusen zum Steyn), 5302 (1503 Wolff und Wernher von Landesberg), 5377 (1504 Wendeling von Landesberg), 5935 (1509 Hans von Landsperg), 6545 (1516 Jacob von Landtsperg).

[11] Vgl. dazu die Reichsmatrikel von 1521 in *Zeumer* 313—317.

[12] *Wencker*, De pfalburgeris II 125 = UB VI 75 no 125 (Drucke). Über die Lichtenberg Kap. 3 n 16.

[13] UB VI 94 no 150 (Regest). Schrifttum über die Rappoltstein in *Reichsland* III 858—864. Zu ihrer Reichsunmittelbarkeit *Müller*, Landstände 66 n 2—67.

[14] AM: charte 1457 GUP 272 (Original). Über Moers-Saarwerden *Wunder*, Kap. 11.

[15] Vgl. diesbezüglich oben n 12—14.

[16] „uszburger ... sol swern an den heiligen meister und rote gehorsam zu sinde mit sinen vesten" = 5. Stadtrecht 1319 (UB IV 2 p 19—46) § 60; Mobilmachung 1356 = UB V 347 no 406; Mobilmachung 15. Jh. = *Eheberg* I 504 no 258; Fronarbeit der Untertanen 15. Jh. = *Eheberg* I 522 no 276; Mobilmachung 1507 = *Wencker*, De pfalburgeris I 121—122.

5. Kap.: Rechte, welche die Zugehörigkeit zum Landgebiet begründeten

burg beanspruchte weder ordentliche Steuern noch die Gerichtsbarkeit noch eine allgemeine Oberhoheit[17]. Insbesondere wurden auch die in Straßburg verbürgerten kleinen Herren immer als reichsunmittelbar anerkannt[18].

Dementsprechend kann man den Besitz der Bürger zum Straßburger Landgebiet rechnen, aber nur in gewisser Hinsicht. Eine Liste aus dem Jahr 1516, welche die Personen und Wagen aufführt, die von den einzelnen Ortschaften gestellt werden, drückt diesen Vorbehalt so aus, daß sie erst 27 „der stat Strasburg dorffer" und dann 57 „der burger dorffer" verzeichnet[19]. Eine andere Liste aus den Jahren 1608/33 erwähnt 26 „der statt Strasburg dorffer" und 31 „burger unnd der schirmsverwandten dorffer" ohne nähere Erläuterung[20].

Im 16. Jahrhundert schloß sich der reichsunmittelbare niedere Adel zur unterelsässischen und Ortenauer Ritterschaft zusammen[21]. Die Straßburger Patrizier beteiligten sich fast vollzählig[22]. Seitdem sie sich an ihre Standesgenossen anlehnten, benötigten sie die Hilfe der Stadt nicht mehr in gleichem Umfang wie früher. Die ohnehin schwachen Beziehungen zwischen ihren Territorien und Straßburg rissen vollständig ab. Man bezog den städtischen Schutz künftig nur noch auf die Person des Bürgers, nicht mehr auf seinen ländlichen Besitz, und gewährte andererseits aus dem ländlichen Besitz der Stadt auch in Kriegszeiten keine Hilfe mehr. Wer sein Gebiet weiterhin unter städtischen Schutz stellen wollte, mußte einen besonderen Vertrag abschließen und regelmäßige Schirmgelder zahlen. Als Straßburg gegen 1644 eine Liste zusammenstellte, um einen französischen Schutzbrief zu erhalten, nannte

---

[17] Anders z. B. Lübeck, das über den Besitz seiner Bürger immer die Hoheit beanspruchte; *Fink* 285.
[18] *Overmann*, Reichsritterschaft 587 und 622. Ausführlich über ihre Zwitterstellung *Overmann*, Reichsritterschaft 630—637.
[19] AM: VI 75/1a. Siehe dazu jetzt ausführlich Gerhard *Wunder:* Ein Verzeichnis des Straßburger Landgebiets aus dem Jahr 1516, in: ZGO 1964.
[20] AM: no 852/24. Die Datierung ergibt sich daraus, daß das 1608 erworbene Mittelbergheim schon und das 1633 erworbene Wanzenau noch nicht erwähnt wird.
[21] Über die südwestdeutsche Ritterschaft im allgemeinen *Bader*, Südwesten 160—173 (1950); über die unterelsässische im besonderen *Overmann*, Reichsritterschaft (1896/97); über den Besitz der Ritter: *Fritz*, Territorien (1896); *Hölzle*, Beiwort 65—69 (1938). Die unterelsässische Ritterschaft organisierte sich zwischen 1547 und 1550; *Overmann*, Reichsritterschaft 597; *Reichsland* III 874. Vgl. dazu die Formulierungen der unterelsässischen Fruchtordnungen von 1545 (die von der ritterschafft) in AD: G 217 f 184 (Druck) und 1552 (*gemeine* ritterschafft) ebd. f 185—188 (4 Drucke).
[22] Die unterelsässische Ritterschaft hatte 1547 105 Mitglieder, darunter 29 Straßburger, 1602 153 Mitglieder, darunter 28 Straßburger; *Overmann*, Reichsritterschaft 599—600. Nach andern Quellen hatte Straßburg 1541 24 adlige Bürger, 1548 14 und 1589 41; *Overmann* 633 und 635. 1789 zählte die unterelsässische Ritterschaft 28 Mitglieder, die Ortenauer Ritterschaft 15, während andere Adlige außerhalb der Verbände standen; *Hölzle*, Beiwort 65—69.

5. Kap.: Rechte, welche die Zugehörigkeit zum Landgebiet begründeten

es darin 45 Orte, die angeblich der Stadt gehörten, und 16 „der statt angehorige auch dero burgeren zustandige dorffer", von denen wieder 13 „zum ritterstand contribuieren" und nur 3 in der „special protection der statt" stehen und ihr „contribuieren"[23]. Nur diese letzteren kann man in gewisser Hinsicht zum Straßburger Landgebiet rechnen[24].

Besitz der Klöster und Stiftungen[25]. Das Straßburger Kloster St. Markus[26] verpachtete 1356 mit Zustimmung seiner zwei „Pfleger" mehrere Anwesen[27]. Die Pfleger waren von der Stadt eingesetzt worden, um das Kloster bei der Ausübung seiner weltlichen Rechte zu überwachen. Zu diesen Rechten gehörte die Hoheit über den Herderhof, einen selbständigen Gutsbezirk in der heutigen Gemeinde Goldscheuer[28]. Straßburg hat also über die Herrschaft jenes Klosters eine Art Oberherrschaft ausgeübt.

Der Einfluß der Stadt auf die in Straßburg ansässigen Körperschaften und Stiftungen reicht bis ins 12. Jahrhundert zurück. Bischof Kuno schenkte dem Spital zwischen 1100 und 1127 „ex communi peticione burgensium" zwei Grundstücke und „consentientibus omnibus canonicis et burgensibus" mehrere Einkünfte[29]. Bischof Heinrich[30] überließ 1263 das Spital völlig der Gewalt der Stadt[31]. 1276 beschlossen die Bürger, daß kein Kloster von außerhalb der Ringmauer in die Innenstadt umziehen dürfe[32]. 1311 waren die Nonnen von St. Agnes Bürgerinnen von Straßburg[33]. 1318 wurde das Kloster St. Markus vor dem Rat beklagt, ohne daß es dessen Zuständigkeit anzweifelte[34]. 1322 hatte der Rat die

---

[23] AM: II 126/36 no 10 und 11. Vorlage zu AM: II 126/36 no 12, 13, 15 und 16; VI 75/1c sowie Bibliothèque Nationale Paris: Clairambault 399 f 107—108. Die letztere frz. Fassung ist wieder Vorlage zu AM: II 126/36 no 7 (gedruckter frz. Schutzbrief von 1645).

[24] Es handelt sich um Wangen und Eckbolsheim, die eigentlich keinem Bürger, sondern dem Straßburger Frauenstift St. Stephan bzw. dem Kollegiatstift St. Thomas gehörten, sowie um Fürdenheim, das im Besitz Straßburger Familien stand.

[25] Vgl. zur Straßburger Kirchenpolitik: *Kothe* 53—75 (1903); *Hahn* (1940); *Schelp* (1965); *Rapp* (in Vorbereitung).

[26] Über das Dominikanerinnenkloster St. Markus oder St. Marx: *Winckelmann*, Fürsorgewesen I 111—112 (1922); *Barth*, Handbuch 1384—1386 (1963).

[27] UB VII 232 no 789 (Regest).

[28] UB III 269 no 885 (1318).

[29] Bericht 1143 = UB I 70 no 90 (Druck) = *Bloch* I 306 no 407 (Regest); dazu *Reicke* I 243. Bischof Kuno regierte 1100—1123; *Bloch* I 298—308. *Reicke* I 36 datiert die Schenkung ohne Grund 1100—1116.
Schrifttum über das Spital: *Winckelmann*, Fürsorgewesen I 5—27 und 122 bis 141 (1922); *Reicke* passim (1932); *Escholier* (1941); *Weill* (1950); *Office* II 347 bis 422 (1957); *Barth*, Handbuch 1479—1485 (1963).

[30] Heinrich IV. von Geroldseck am Wasichen 1263—1273; *Bloch* II 222—277.

[31] Friedensvertrag 1263 (UB I 394 no 519) § 11; dazu *Reicke* I 244.

[32] 4. Stadtrecht (UB IV 2 p 5—14) § 77.

[33] Erwähnt im Ratsurteil UB III 209 no 686 (Druck).

[34] Urteil 1318 = UB III 269 no 885 (Druck); ähnlich St. Thomas 1327 = UB III 352 no 1176 (Regest).

5. Kap.: Rechte, welche die Zugehörigkeit zum Landgebiet begründeten

Dombaustiftung, das sogenannte Frauenwerk, in seiner Gewalt[35]. Wenig später setzte er über die meisten Frauenklöster und einige Männerklöster „gubernatores" oder „Pfleger" ein[36], die insbesondere die Vermögensverwaltung zu beaufsichtigen hatten[37]. Sofern die Klöster irgendwelche Herrschaftsrechte ausübten, unterstanden damit auch diese der Aufsicht der Stadt; denn Herrschaftsrechte waren gleichzeitig vermögenswerte Rechte. Das älteste Beispiel ist, wie schon gesagt, der abgesonderte Bann Herderhof. Er gehörte dem Kloster St. Markus, dessen Pfleger 1356 zum erstenmal erwähnt werden.

Straßburgs Oberherrschaft über die Gebiete seiner Klöster und Stiftungen äußerte sich unmittelbar darin, daß es ihre Interessen nach außen vertrat und sie in Kriegszeiten zu Wehrdienst[38] und Steuerleistungen heranzog, und mittelbar darin, daß es vermittels der städtischen Pfleger bei allen Regierungsgeschäften mitredete. Die Quellen rechnen die betroffenen Ortschaften mit Vorbehalt zum Straßburger Landgebiet[39].

Alleinherrschaft. Die Brüder Kurnagel verkauften der Stadt Straßburg 1351 „villam dictam Kunigeshofen... cum districtu banno hominibus judicio seu jurisdictione aquis et pascuis vulgariter dicendo und wunne und weide almendis cum omnibus bonis et juribus... omne jus possessionem proprietatem et dominium vel quasi"[40]. Wie schon die Formulierung zeigt, gingen durch dieses Rechtsgeschäft nicht nur einzelne Hoheitsrechte, sondern das ganze Dorf oder die Herrschaft schlechthin auf Straßburg über. In der Tat hatte sich in vielen elsässischen und badischen Orten schon im 11. bis 13. Jahrhundert eine fast einheitliche obrigkeitliche Gewalt entwickelt[41], die man gemeinhin

---

[35] 6. Stadtrecht (UB IV 2 p 56—171) §§ 389 no 7 (1322), 508 (später) und 523 (1363). Nach *Barth*, Handbuch 1433, sicherte sich die Stadt schon im 13. Jh. den überragenden Einfluß über das Frauenwerk. Schrifttum über dasselbe: *Blumstein* (1900); *Bredt* (1903).
[36] Nachweisbar in St. Elisabeth 1333 = UB VII 9 no 27;
St. Klara am Roßmarkt 1335 = UB VII 27 no 84;
St. Klara auf dem Werder 1336 = UB VII 43 no 132;
St. Katharina 1340 = UB VII 71 n 2;
St. Agnes 1341 = UB VII 91 no 307;
St. Markus 1356 = UB VII 232 no 789;
St. Magdalena 1363 = UB VII 317 no 1078;
St. Margaretha und Johanniterkommende 1372 = UB VII 445 no 1533;
Kartause 1525 = *Schelp* n 1293;
St. Stephan 1532 = *Schelp* n 795.
[37] Vgl. die Ratsordnung von 1367 = *Bruckner* 294 = UB V 588 no 751 (Drucke), eingefügt in das 6. Stadtrecht (UB IV 2 p 56—171) als § 387.
[38] Eckbolsheim, das St. Thomas gehörte, stellte 1354 einen Wagen = UB V 286 no 318.
[39] Vorn n 19 und 20.
[40] AM: charte 31 juillet 1351 GUP 148—151 (Original) = *Schoepflin-Lamey* II 200 (Druck) = UB V 242 no 248 (Regest); erwähnt *Knobloch* 7; *Braun* 49.
[41] Siehe z. B. eine Stelle des Chronicon Ebersheimense aus dem 12. Jh. bei *Bruckner* 25 no 67 und eine im 12. Jh. gefälschte Urkunde bei *Bruckner* 274

5. Kap.: Rechte, welche die Zugehörigkeit zum Landgebiet begründeten

„Zwing und Bann" nennt[42]. Die Quellen bevorzugen pleonastische Ausdrücke[43], sprechen aber auch von Herrlichkeit und Bannherrschaft[44], Hals- und Eigentumsherren[45], Herrschaft, Bann- und Grundherrschaft[46], von hoher, mittlerer und niederer Gerichtsbarkeit[47], von Dorfherrschaft und Landesherrschaft[48].

Der Inhalt dieser Gewalt schwankte von Ort zu Ort und von Zeit zu Zeit[49]. Am schwächsten war sie in Niederhausbergen ausgebildet. Straßburg bezog dort als einzige ordentliche Abgabe zunächst nur ein jährliches Schirmgeld von zehn Gulden Straßburger Währung[50] — nicht einmal ein Zehntel dessen, was andere Dörfer zu leisten hatten[51]! 1530 beanspruchte Straßburg die Religionshoheit[52], in Notzeiten erhob es außerordentliche Steuern[53], und 1685 führte es als zweite ordentliche Abgabe das Ungeld ein[54]. 1736 schließlich glich es das Herrschaftsverhältnis dem in andern Dörfern weitgehend an[55].

Das Ittenheimer Bannbuch von 1749 nennt als Straßburger Rechte die hohe, mittlere und niedere Gerichtsbarkeit, Frevel, confiscationes, Bede, Bannwein, Schultheißenamtsgeld, Frongeld, Reisegeld, Ungeld, Salzakzise, Fleischakzise, Pfundzoll, Fastnachtshühner, Jagd, Schirm-

---

no 442. Aus dem Schrifttum: *Dubled*, Herrschaftsbegriff 82—87 (1959); *Dubled*, Taille (1960); *Dubled*, notion (1961). Auch *Bader*, Volk 278—279, betont, daß sich die Territorien weithin schon vor der Confoederatio cum principibus ecclesiasticis von 1220 und dem Statutum in favorem principum von 1231/32 bildeten.

[42] Über Zwing und Bann zuletzt: *Dubled*, notion 53—57 (1961); *Bader*, Dorfgenossenschaft 94—97 (1962); beide mit weiteren Hinweisen.

[43] Siehe das Beispiel oben n 40.

[44] „nyesen allein die herrlichkeit ... als ein banherr" (Marlenheim 1508) = AM: no 956 f 121—123 = VI 90/1c.

[45] Die Untertanen der Herrschaft Barr wurden auf Straßburg als ihren „hals und eigentums herren" vereidigt; AM: VI 21/1 no 1 l, m und n (16. und 17. Jh.); Mittelbergheim: Articul Buch f 5 (17. und 18. Jh).

[46] „Strasburg als dis orts genadige herrschaft bann und grund herren" (Dorlisheim 1747) = AM: VI 104/23 f 1; ähnlich AM: no 1131 f 11 (Ittenheim-Handschuhheim 1749); no 1162 f 10 (Zehenacker 1749); vgl. auch *Dubled*, Herrschaftsbegriff 78 (Grundherr scheint ein modernér Ausdruck zu sein).

[47] AD: C 307/67 (Illkirch-Grafenstaden und Hönheim 1735).

[48] *Dubled*, Herrschaftsbegriff 77 (seit 13. Jh.).

[49] Allgemein über die Landeshoheit ebenso *Hölzle*, Beiwort XXXIII; *Bader*, Volk 266 und 281—282.

[50] AM: VI 242/9 no 1 (um 1736).

[51] Kaufvertrag über Ittenheim-Handschuhheim = AM: charte 9 septembre 1507 (Original) = no 956 f 116—117 = VI 112/31 no 3 (Abschriften).

[52] AM: VI 242/13; *Reichsland* III 768.

[53] AM: VI 242/2 no 3 (1649 Soldatengeld).

[54] 3 s 4 d für jedes bei den Wirten ausgeschenkte Ohm Wein; AM: VI 242/15 no 1 (1737).

[55] Dekret der Räte und XXI 1736 = AM: no 214 p 460—461 (Protokoll) = VI 76/1b p 6—7 (Druck). Weigerung Niederhausbergens vom 21. 9. 1736 = AM: VI 242/15 no 2. Zustimmung Niederhausbergens, nachdem zwei angesehene Einwohner verhaftet worden waren, im Februar 1737 = AM: VI 242/15 no 3 (Original).

5. Kap.: Rechte, welche die Zugehörigkeit zum Landgebiet begründeten

geld, Abzugsgeld, Bürgergeld, Siegel- und Kapselgeld, Bodenzins, Allmende und Schildgerechtigkeiten[56], also eine (mit den kommunalen Kompetenzen konkurrierende) Gerichtshoheit, eine (konkurrierende) Abgabenhoheit, die Jagdhoheit, die Zuständigkeit für Zuzugs- und Wegzugsgenehmigungen sowie öffentliche Beurkundungen, die Verwaltung herrschaftlicher Güter, das Verfügungsrecht über gemeindlichen Grundbesitz im Gemeingebrauch und die Zuständigkeit zu Gewerbegenehmigungen für Übernachtungsbetriebe.

In manchen Fällen ernannte Straßburg den Dorfschultheißen, in anderen nicht[57]; manchmal nahm Straßburg die neuen Untertanen auf, manchmal nicht[58]; manchmal verfügte es über die dörflichen Allmenden, manchmal nicht[59]: die Beispiele ließen sich beliebig vermehren.

---

[56] AM: no 1131 f 49—50.

[57] Barr 1690: Gemeinde wählt, Landpfleger bestätigen; AM: VI 424/2; *Livet*, Intendance 446;
Burgheim 1574: Amtmann wählt, Straßburg bestätigt; AM: VI 70/7 no 1;
Friedolsheim 1703: Bürgerschaft schlägt nach alter Gewohnheit drei Männer vor, aus denen die Amtleute einen auswählen; AM: VI 187/20 no 1;
Gertweiler: 1587, 1601 und 1622 wählt die Gemeinde und bestätigen die Landpfleger, 1679 und 1686 wählen die Landpfleger, 1729 schlägt die Gemeinde drei Kandidaten vor; AM: VI 62/2;
Goxweiler 1623: Gemeinde wählt, Straßburg bestätigt; AM: VI 66/7;
Heiligenstein 1636: Gemeinde wählt, Straßburg bestätigt; AM: VI 70/6 no 5;
Kehl: 1639, 1669, 1679 und 1781 wählt die Gemeinde, 1695, 1705, 1740 und 1771 die Herrschaft; AM: UFW Kehl 92 no 3, 5, 6, 7, 8 und 11; UFW Kehl 119; VI 378/15 no 11;
Marlenheim: 1633 wählen Rat und XXI; AM: no 114 f 101; 1656 wählt Gemeinde, XXI bestätigen; *Klock*, Marlenheim 45.

[58] Amt Barr: 1562 nahm der Amtmann die Untertanen auf; AM: VI 1/2 f 27; ebenso 1605; VI 79/2 f 6; 1702 die Landpfleger; VI 71/4 no 7 (Goxweiler und Heiligenstein);
Amt Illkirch: bis 1639 das Gericht, dann der Amtmann; AM: VI 75/2c; 1737 die Landpfleger; VI 230/14 no 15 (Ittenheim-Handschuhheim);
Nonnenweier: im 15. Jh. der Schultheiß; *Knobloch* 28 n 1;
Amt Wasselnheim: 1717 der Amtmann; AM: VI 234 f 1; 1746 die Landpfleger; VI 235 f 145 und 146.

[59] Vgl. dazu den Rechtsspruch von 1291 = MG. Const. III 442 no 458 (Druck) = *Böhmer* VI 521 no 2428 (Regest).
Barr: 1687 verkaufen Amtmann und Gericht zusammen ein Allmendstück = AM: VI 424/2 (Abschrift);
Burgheim: 1585 verpachtet das Gericht ein Allmendstück; AM: VI 70/10 no 1 f 13; 1670 fallen die Zinsen an die Gemeinde; AM: VI 70/10 no 3;
Illkirch-Grafenstaden: 1564 fallen die Zinsen an Straßburg; AM: VI 193/3a;
Ittenheim-Handschuhheim: bis 1616 fallen die Zinsen an die Gemeinde, dann an Straßburg; AM: VI 193/3a; 1738 veräußern die Landpfleger ein Allmendstück; AM: VI 230/8 no 2;
Marlenheim: 1772 verkauft das Gericht ein Allmendstück = AD: G 5249 hinten (Abschrift);
Ostwald: 1616 veräußern die Straßburger Allmendherren einen Platz; AM: VI 193/3;
Romansweiler: 1659 nutzt die Herrschaft ein Allmendstück und zahlt dafür Zins an die Gemeinde; AM: VI 191/11 no 1;
Wasselnheim: bis 1720 erhält die Gemeinde die Allmendzinsen, dann der herrschaftliche Abgabenpächter; AM: AA 2079 f 4—6; 1767 tauscht die Ge-

5. Kap.: Rechte, welche die Zugehörigkeit zum Landgebiet begründeten

Alle diese Fälle haben nur das eine gemeinsam, daß die Herrschaft alle oder doch fast alle Hoheitsrechte umfaßte[60], die einerseits nicht dem Reich und andererseits nicht den Gemeinden zustanden[61], daß sie also kein einzelnes Herrschaftsrecht und keinen Ausschnitt aus der Herrschaftsgewalt darstellte, sondern die Mehrheit aller Herrschaftsrechte, eine allgemeine, allseitige und umfassende Hoheitsgewalt oder die Herrschaft schlechthin. Sie war zudem, und hier liegt der entscheidende Punkt, reichsunmittelbar, also durchaus das, was man gewöhnlich Landesherrschaft oder Landeshoheit nennt[62].

Die einheitliche Herrschaftsgewalt Straßburgs erstreckte sich freilich nicht über große zusammenhängende Landstriche, sondern blieb auf wenige, verstreut liegende Ortschaften beschränkt. Man scheut sich, diese kleinen Gebilde „Land" oder „Landesherrschaft" zu nennen und spricht stattdessen lieber von Bann- oder Gerichtsherrschaft[63]. Wir selbst wollen den Ausdruck „Herrschaft" verwenden und zwar, wenn diese Straßburg allein gehörte, genauerhin von „Alleinherrschaft" reden zum Unterschied von der gleich zu besprechenden „Gemeinherrschaft". — Eine Straßburger Alleinherrschaft wurde immer und ohne Einschränkung zum Straßburger Landgebiet gerechnet.

Gemeinherrschaft. Die Burg Herrenstein und ihr Zubehör gehörten 1399 zu drei Vierteln der Stadt Straßburg und zu einem Viertel den Adligen Dietrich Kämmerer und Konrad Landschaden[64]. Die Herrschaft war hier offenbar nicht sachlich in mehrere einzelne *Rechte*, sondern personell auf mehrere *Herren* verteilt. Wir finden diesen Sachverhalt in der Straßburger Gegend häufig. Die Teilhaber nennen sich Gemeine[65],

---

meinde ein Allmendstück aus = AM: AA 2079 f 40—42 (Original); 1782 schließt Straßburg mit der Gemeinde einen Vertrag, wonach die Gemeinde die Zinsen erhält und frei verfügen darf, während Straßburg von verkauften Grundstücken den Kaufpreis erhält = AM: AA 2079 f 11—14 (Abschrift).

[60] Ähnlich *Bader*, Volk 280 (Landesherr war, wer auf umgrenztem Raum die Fülle hoheitlicher Rechte in sich vereinte); *Dubled*, notion 42 und 56—57 (le twing und bann est le nom global que l'on a donné aux droits du seigneur, le pouvoir entier du seigneur).

[61] Ganz ähnlich schon *Seckendorff* 15—31 (landesfürstliche Hoheit einerseits beschränkt durch Kaiser und Reich, andrerseits durch die Rechte der Untertanen); auch *Bader*, Südwesten 93 (herrschaftliche und genossenschaftliche Formen der „Herrschaft" treten in reiner Form selten auf); *Dubled*, notion 57 (les seules limites sont d'une part la coutume, d'autre part la haute justice).

[62] *Bader*, Volk 265—267; *Brunner* 165—170; *Conrad* 309—313.

[63] *Gasser* 73—85 (Bannherrschaft = Gerichtsherrschaft), 174—175 (Gerichtsherrschaft kann „keineswegs" als Landesherrschaft angesprochen werden, weil räumlich viel zu klein). Anders dagegen *Gasser* 176 (Gerichtsherrschaft, die am Ende des 15. Jh. unabhängig fortbesteht, kann „ohne weiteres" als Landesherrschaft bezeichnet werden).

[64] UB VI 771 no 1496 (irrig die Überschrift „zu einem Drittel" statt drei Viertel).

[65] UB VI 771 no 1496 (Herrenstein 1399); AM: no 955 f 310—311 = no 956 f 184—187 (Nonnenweier 1493).

Teilherren[66], Mitgemeiner[67], Mitobrigkeiten[68], Gemeinschafts-Bannherren[69], co-seigneurs[70], condomini, gemeine Bannherren und ähnlich; die gemeinsame Herrschaft selbst bezeichnet man als Gemeinschaft[71], Kondominat oder Gemeinherrschaft[72]. Sie entspricht im heutigen bürgerlichen Recht der Gemeinschaft nach Bruchteilen[73]. An den gemeinsamen Herrschaftsrechten hatte jeder Teilhaber nur einen ideellen Anteil. Für eine Änderung der bestehenden rechtlichen Verhältnisse war Einstimmigkeit erforderlich; die Einnahmen und Ausgaben wurden im Verhältnis der Anteile umgelegt. Nur ausnahmsweise waren die Untertanen auf die verschiedenen Herren aufgeteilt, die dann für ihre jeweiligen Untertanen eigene örtliche Organe bestellen und eigene Steuergesetze erlassen konnten[74]. — Die Quellen rechnen die Gemeinherrschaften immer zum Straßburger Landgebiet.

Besitz unter österreicher Oberhoheit. 1503 kaufte Straßburg das Dorf Niederhausen „cum ... superioritate ... (venditores asseruerunt quod) non sit dotalis nec feodalis"[75]. Niederhausen hatte enge rechtliche Beziehungen zu Oberhausen, das bis 1515 ebenfalls straßburgisch war und dann von Österreich mehrfach verpfändet wurde[76]. 1541 ist zum erstenmal davon die Rede, in Niederhausen sei „die hoch oberkeit on alles mittel dem haus Osterreich gehorig"[77]. Nachdem Österreich 1564 Oberhausen ausgelöst hatte[78], scheint es seine Ansprüche auf Niederhausen verstärkt zu haben. Straßburg als „Eigentumsinhaber" räumte ihm jedenfalls 1573 „die hohe landesfürstliche Oberkeit" ein, die zu Steuer, Landschatzung, Maß- oder bösen Pfennig sowie Reisen in Fällen gemeiner Landsrettung berechtigte[79]. Damit war Straßburg in Niederhausen nicht mehr reichsunmittelbarer Landesherr, sondern nur noch reichsmittelbarer österreichischer Landsasse. Es behielt eine konkurrierende Steuerhoheit („Fronen, Atzung, Abzug, Hühnergeld, beständige Steuer, Contributionen, Schatzungen"), die Justizhoheit („Gericht,

---

[66] AD: Andlau 203 (Blienschweiler 1495).
[67] GLA: 229/22366 (Neuhof 1544).
[68] AM: VI 441/1 Mémoire CCC (Mittelbergheim 1662).
[69] GLA: 29/24 (Allmannsweier 1671).
[70] AM: VI 441/1 Mémoire no 2 (Mittelbergheim 1777).
[71] AD: G 1372 (Amt Marlenheim und Dorf Nonnenweier 1597).
[72] Beides in *Hölzle*, Beiwort XLII.
[73] BGB §§ 471—748, 1008—1011.
[74] So in Flexburg, Mittelbergheim und Blienschweiler; Näheres *Wunder*, Kap. 13 und 15.
[75] AM: no 956 f 51—53 = VI 297/3 (Abschriften) = *Krieger* I 872 (Regest).
[76] Näheres *Wunder*, Kap. 10.
[77] GLA: 229/77598 (Brief der Stadt Kenzingen an die österreichische Regierung in Ensisheim).
[78] *Wellmer* 290; *Hölzle*, Beiwort 6.
[79] Vertrag Österreich — Straßburg 1573 = AM: VI 305/6 (1 Original und Abschrift) = VI 303 f 412—413 = GLA: 229/77691 (Abschriften); *Beiträge* 75. Irrig AM: VI 303 f 79 (1574).

5. Kap.: Rechte, welche die Zugehörigkeit zum Landgebiet begründeten

Frevel") und eine allgemeine Zuständigkeit auf allen Gebieten des täglichen Lebens („Bezirk, Bann, Gericht, Botmäßigkeit, Steuer, Wasser, Weidgang, Allmende, Acker, Weide, Matten"). Die Einwohner waren gleichzeitig österreichische „Untertanen und Landsassen" und Straßburger Herrschaftsangehörige[80]. Das Dorf wurde weiterhin zum Straßburger Landgebiet gerechnet.

Einzelne Herrschaftsrechte. Es wurde schon gesagt, daß Straßburg 1369 den Mitbesitz an Burg und Flecken Neuburg a. Rhein erwarb[81]. Genauerhin sollten die Hälfte aller „gevelle und nucze" von Burg und Flecken der Stadt Straßburg zustehen, Burg und Flecken „der burgere gemeinliche von Strazburg offen hus sin zu allen iren notdurften und kriegen", die Burg in die „hant und gewalt" Straßburgs übergehen, die Herren von Lichtenberg für die Baukosten und Bewachung aufkommen, die Straßburger „ir gesinde und die iren verkostigen", Straßburg einen Zoll nach Neuburg legen dürfen und die Lichtenberger Vögte und Amtleute schwören, Straßburg „getruweliche zu wartende und gehorsam zu sinde"[82]. Straßburg erhielt also die halben Nutzungen, das Öffnungsrecht[83], den Mitbesitz, das Recht, eigene Bedienstete anzustellen, Zoll zu erheben und den vorhandenen Bediensteten Weisungen zu erteilen. Das sind zwar umfangreiche, aber doch begrenzte Herrschaftsrechte[84], so daß man nicht von Allein- oder Gemeinherrschaft schlechthin sprechen kann, sondern nur von gewissen einzelnen Herrschaftsrechten.

Ähnlich ist ein anderer Fall. 1448 überließ Bischof Ruprecht dem Domkapitel und der Stadt Straßburg den Mitbesitz an allen seinen Schlössern und Städten, behielt sich jedoch die Gefälle vor und versprach, Amtleute nur mit Zustimmung des Domkapitels und der Stadt Straßburg ein- und abzusetzen[85].

---

[80] Vertrag 1573 oben n 79; AM: IV 68/5 no 4/3 (1652).
[81] Kap. 4 n 62.
[82] AM: no 953 f 164—166 (Abschrift) = UB V 654 no 839 (Regest).
[83] Öffnungsrecht ist der Fachausdruck für die Befugnis, einen (befestigten) Ort jederzeit (auch mit militärischen Verbänden) zu betreten und als Operationsbasis zu benutzen; vgl. *Conrad* 266.
[84] Irrig *Knobloch* 8 (nur Einkünfte, keine landesherrlichen Rechte).
[85] „Wir Rupreht ... cappittel und meister und rat der stat Strasburg in alle und ieglich unserer und unsers stiffts slosse und stette und namlich in Zabern burg und stat in Barre dz slosz in Dachstein burg und stat in Molsheim burg und stat in Berse die stat in Eppfich das slosz in Marckoltzheim die stat in Rinowe die stat in Reimheim (Renchen) das slosz und in Sasbach das slosz zu uns in gesetzet habent ... doch das uns bischoff Ruprehten die sturen betten und gevelle ... bliben ... Strasburg ... (hat) bar geluhen acht tusent guter Rinischer guldin ... ein iegelich bischoff ... Strasburg ... by solichem obgemelten insatz ... bliben lossen sol ... bitz ... die aht tusent guldin wider geben und bezalt werden.... Wir bischoff Ruppreht sollent und wellent ouch keinen amptman setzen noch entsetzen dann mit rate dechanns und cappittels und meister und ratz der stat Straszburg" = AM: no 954 f 217—218 (Abschrift).

1510 erwarb Straßburg das „Gericht" Odratzheim[86], 1566/68 das „Oberschultheißenamt" und den „Blutbann" in Oberehnheim-Bernhardsweiler, Mittelbergheim und Blienschweiler-Nothalten-Zell[87]. Hinter jenen Begriffen verbergen sich beschränkte Befugnisse zur Erzeugung materiellen Rechts, in der Gerichtsorganisation, im Gerichtsverfahren und bei der Vollstreckung[88], also Ausschnitte aus der allumfassenden Hoheitsgewalt.

Die Quellen rechnen alle genannten Orte einerseits zum Straßburger Landgebiet, betonen aber andererseits, daß die Stadt dort nicht die gewöhnliche volle Herrschaft, sondern nur bestimmte und beschränkte Einzelrechte ausübte[89].

Nutzungsgebiet von Gemeinden. 1511 erwarb Straßburg das Dorf Flexburg[90]. Flexburg nutzte zusammen mit den Dörfern Balbronn und Still, die nicht straßburgisch waren, den gemeindefreien Wald Geißhecken[91]. Straßburg übte in diesem Wald gemeinsam mit den Landesherren von Balbronn und Still eine lockere Oberhoheit aus[92].

Wie Flexburg nutzten noch andere Gemeinden des Straßburger Landgebiets gemeinsam oder allein abgesonderte Wälder und Weiden. Daß sie auch dort von Straßburg bevormundet wurden, erscheint selbstverständlich. Es muß jedoch betont werden, daß sie in den abgesonderten Marken vielfach unabhängiger walteten als in ihrem eigenen Bann, eine Erscheinung, auf die für die Pfalz schon Regula und Werle aufmerksam gemacht haben[93]. Es mag dies damit zusammenhängen, daß sich Straßburg bis ins 18. Jahrhundert für die Holz- und Weidewirtschaft nicht sonderlich interessierte und daß die abgesonderten Bänne oft von mehreren Dörfern gemeinsam genutzt wurden, die nicht alle unter Straßburger Hoheit standen. Sie spielten dann mitunter ihre verschiedenen Herren so geschickt gegeneinander aus, daß sich in ihrem gemeinschaftlichen Bann keiner von ihnen durchsetzen konnte. Diejenigen Marken, in denen Straßburg eine wenn auch noch so schwache Herrschaft ausübte, sind indes zum Straßburger Landgebiet zu rechnen.

Zusammenfassung. Das Landgebiet setzte sich demgemäß aus folgenden Teilen zusammen:

1. dem Besitz der Bürger, der in städtischem Schutze stand;

---

[86] AM: no 956 f 123—125 = VI 159/13 = AD: G 1367 (Abschriften).
[87] AM: chartes 25 avril 1566 und 6 novembre 1568 (Originale).
[88] Näheres *Wunder*, Kap. 12 und 15.
[89] AM: VI 3/25 (Amt Barr 1684); AA 2076 (Amt Marlenheim 1720); AA 2069 f 153—168 (Amt Barr 1769).
[90] AM: VI 76/7 f 3; VI 189/1; VI 190/1 no 4 c; *Schoepflin* 210; *Reichsland* III 297 und 1184.
[91] AD: G 1186/6 (Karte 1785).
[92] So 1547 durch seinen Schultheißen in Flexburg; AM: VI 190/3 no 3/15.
[93] *Regula* 8 (1927); *Werle* 750 (1954).

5. Kap.: Rechte, welche die Zugehörigkeit zum Landgebiet begründeten

2. dem Besitz der Straßburger Klöster und Stiftungen;
3. Orten, in denen Straßburg die Herrschaft allein ausübte;
4. Orten, in denen Straßburg die Herrschaft gemeinschaftlich mit anderen Herren ausübte;
5. einem Dorf, in dem Straßburg unter Österreicher Oberhoheit stand;
6. Orten, in denen Straßburg nur einzelne Herrschaftsrechte ausübte;
7. Gebieten, in denen untertänige Gemeinden die Nutzungen zogen und Straßburg Herrschaftsrechte ausübte.

Mittelbares und unmittelbares Landgebiet. Bei den Gruppen 1 und 2 wurde die städtische Herrschaft durch die Straßburger Bürger, Klöster und Stiftungen vermittelt. Man kann sie deshalb das „mittelbare Landgebiet" nennen. Bei den Gruppen 3 bis 7 stand zwischen Straßburg und dem Herrschaftsobjekt kein Mittler. Wir fassen sie deshalb unter dem Begriff „unmittelbares Landgebiet" zusammen[94].

---

[94] Ähnlich schon *Seckendorff* 5: „Da bey aber diese unterschied zu mercken, daß unter solchen Aemptern zwar eigentlich diejenigen Orter begrieffen sind, welche dem Lands Herrn ohne Mittel zu stehen und darüber Er die alleinige Oberste und nieder Botmässigkeit hat: Im Fall aber, wie in gar vielen Fürstenthumen in Teutschland gebräuchlich, auch unter dem Landsherrn und dessen Hoheit andere Stände von Praelaten Graffen, Herrn, Ritterschaften, und Städten begrieffen sind, die ihre Unterthanen und darüber Gericht und Gebot haben, pflegt man deroselben Herrschaften, Schlösser, Städte, und Dörffer nit mit unter die Aempter zu rechnen"; noch deutlicher *Moser*, Regiments-Verfassung 124: „Derer Reichsstätte Angehörige auf dem Land seynd aber nicht von einerley Beschaffenheit: Einige seynd 1. unmittelbare, 2. Andere mittelbare, und 3. noch Andere nur gewisser massen Unterthanen .."

Sechstes Kapitel

Eigen, Lehen, Pfand, Pachtgut und Schutzgut

Die unmittelbaren Straßburger Herrschaftsrechte gehörten der Stadt als Eigen, Lehen, Pfand oder Pachtgut. Diese Rechtsformen wurden mitunter ausdrücklich oder stillschweigend geändert. Die mittelbaren Straßburger Herrschaftsrechte beruhten auf einem persönlichen Treueverhältnis.

Eigen. 1501 erwarb Straßburg Rechte in Nonnenweier „als allod"[1], 1503 das Dorf Niederhausen „non sit dotalis nec feodalis"[2], 1566 die halbe Herrschaft Barr „zu eygen" und das Oberschultheißenamt Oberehnheim „so eygenthumb"[3], 1608 Rechte in Mittelbergheim als „frei ledig und eigen kein widemb lehen noch morgengaab"[4]. 1659 veräußerte Straßburg von den Dörfern Romansweiler und Koßweiler zwei Drittel „gantz frey ledig und eigen" sowie ein Drittel „jure antichreseos und pfandtweise", alles zusammen „iure respective proprietatis et hypothecae vel pignoris"[5].

Das Eigen (Allod, Eigentum, proprietas) wurde also dem Wittum und der Morgengabe (beides dos), dem Lehen (feudum) und dem Pfand (antichrese, hypotheca, pignus) gegenübergestellt. Im Unterschied zu letzteren war das Eigen Objekt (Gegenstand) eines *vollen*, nicht abgeleiteten Bestimmungsrechts[6], eines Rechts, das man heute bei Sachen Eigentum[7] und bei Rechten Inhaberschaft nennt[8]. Im Elsaß gab es viel freies Eigen, so daß der Satz „nulle terre sans seigneur" dort zu keiner Zeit galt[9].

Lehen. Das Lehen war demgegenüber ein Gegenstand, den der Lehensmann frei besitzen und nutzen, aber regelmäßig nur mit Zustim-

---

[1] AM: no 956 f 185—187 = GLA: 229/75608 (Abschriften).
[2] AM: no 956 f 51—53 = VI 297/3 (Abschriften).
[3] AM: charte 25 avril 1566 (Original).
[4] AM: VI 76/5 f 46—48 (Abschrift).
[5] AM: no 853/46 = VI 191/11 no 1 und 2 (Abschriften).
[6] Vgl. *Heusler* II 47—48; *Mitteis*, Privatrecht 71—72.
[7] Überschrift vor BGB § 903.
[8] Das BGB kennt den Begriff der Inhaberschaft nicht; vgl. §§ 398, 413.
[9] Richtig *Livet*, Intendance 830—831.

6. Kap.: Eigen, Lehen, Pfand, Pachtgut und Schutzgut

mung des Lehensherrn veräußern durfte[10]. Die Belehnung begründete anfänglich ein besonderes Schutz- und Treueverhältnis zwischen Lehensherrn und Lehensmann, begann aber schon seit dem 13. Jahrhundert zu einer bloßen Formalität zu erstarren[11]: Der Lehensmann mußte dem Lehensherrn einen allgemeinen Treueid leisten[12], der Lehensherr den Lehensmann durch Übergabe eines „Lehenbriefes" investieren[13] und der Lehensmann die Investitur in einem „Lehenrevers" bestätigen[14]. Beim Tod des einen oder andern mußte der Lehensmann bzw. sein Erbe binnen Jahr und Tag um Erneuerung des Lehens nachsuchen[15]. Daß er dem Lehensherrn für die erste Belehnung und (oder) die Erneuerung einen Ehrschatz zahlen mußte, ist für das Straßburger Gebiet nicht nachweisbar. Es gab dort auch keine besonderen Lehenshöfe und kein besonderes Lehenrecht.

Die Stadt erwarb im Laufe der Zeit fünf Lehen: 1496 das Schloß Wasselnheim mit Zubehör, ein Lehen vom Reich; gleichzeitig die Vogtei über das Hornbacher Klostergut in Wasselnheim, ein Lehen vom Kloster Hornbach[16]; 1498 Einkünfte in Wasselnheim, ein Lehen vom Reich[17]; 1566 den halben Blutbann in Barr und Umgebung, „welches alleynig vonn dem heyligen reych zu lehen rurt"[18]; 1568 die andere Hälfte des Blutbanns, ebenfalls ein Reichslehen[19].

Als juristische Person war Straßburg relativ lehensunfähig[20], d. h. es mußte sich bei der Eidesleistung und Investitur durch eine natürliche Person, den sogenannten Lehenträger (porteur de fief), vertreten lassen[21]. Als König Maximilian 1495 in den Kauf des Schlosses Wasselnheim mit Zubehör einwilligte, verlangte er als Lehenträger „einen

---

[10] Vgl. *Heusler* II 163; *Mitteis*, Rechtsgeschichte 119; *Planitz-Eckhardt* 156; *Conrad* 255.
[11] *Heusler* II 162 meint, das Lehensverhältnis habe sich nicht „jedes persönlichen Bandes" entledigt, sondern seine „sittliche Höhe" bewahrt. *Bader*, Südwesten 49, stellt dagegen fest, daß man sich seit dem Interregnum von einer besonderen Treuepflicht frei sah. Vgl. zur geringen verfassungsrechtlichen Bedeutung des Lehens auch *Brunner* 355—356 und 370—372; *Bader*, Volk 274 sowie neuerdings ausführlich *Goez* (1962).
[12] Vgl. *Conrad* 254.
[13] Vgl. *Heusler* II 156.
[14] AM: VI 173/5 (Lehenreverse für das Kloster Hornbach 1496—1561).
[15] *Paetz* 208; *Heusler* II 165; *Schröder* 435—436; *Conrad* 255.
[16] AM: charte 6 février 1496 (Original).
[17] AM: VI 76/7 f 3 (Notiz 18. Jh.).
[18] AM: charte 25 avril 1566 (Original).
[19] AM: charte 6 novembre 1568 (Original).
[20] *Paetz* 128; *Schröder* 430; *Mitteis*, Rechtsgeschichte 119.
[21] *Albrecht*, Gewere 231—257, besonders 239 und 255; *Paetz* 135; *Schröder* 702; *Mitteis*, Rechtsgeschichte 119. Unklar *Knobloch* 10 (Straßburg nur als Korporation lehensfähig, daher Lehenträger), 71 (Stadt nicht lehensfähig, deshalb adliger Bürger Lehenträger), 75 (adliger Bürger als Lehenträger). Der Lehenträger hieß auch Lehenprobst (*Schoepflin* 323; *Crämer*, Verfassung 19) oder Gewaltträger (AM: charte 20 mars 1567 betr. Barr).

6. Kap.: Eigen, Lehen, Pfand, Pachtgut und Schutzgut

edlen rittermäßig geborenen mann"[22]. Im Kaufvertrag von 1496 wurde vereinbart, daß Straßburg auch dem Kloster Hornbach „ein mann und edelman" als Lehenträger stelle[23]. Daraufhin wurde noch im selben Jahr der erste Straßburger Adlige vom Hornbacher Abt[24] und von König Maximilian belehnt[25]. Beim Tod des Abtes, des Königs oder des Lehenträgers[26] wurde die Belehnung (Lehenbrief und Treueid) erneuert (acte de reprise des fiefs)[27]. Über die Reichslehen wurden zur deutschen Zeit die Lehenbriefe vom Kaiser ausgestellt und der Treueid vor einem kaiserlichen Sonderbeauftragten abgelegt. Zur französischen Zeit geschah beides beim Conseil souverain d'Alsace[28] in der hergebrachten Form[29].

Pfand. 1351 verkauften die Brüder Kurnagel der Stadt Straßburg das Dorf Königshofen mit allen Rechten „ipsis fratribus ab imperio obligatos et obligatas titulo pignoris vulgariter dicendo die in pfandes stant von dem ryche ... omne jus possessionem proprietatem et dominium vel quasi"[30]. 1369 haben die Herren von Lichtenberg Burg und Flecken Neuburg a. Rhein „zu einem rehten pfande versetzet"; die Hälfte aller „gevelle und nucze" sollte der Stadt Straßburg werden und die Burg in die „hant und gewalt" Straßburgs übergehen[31]. 1388 versprach Bruno von Rappoltstein, bis 24. Juni bestimmte Schulden zu bezahlen und andernfalls seine zwei Unterstädte Rappoltsweiler den Straßburgern zu überlassen: „usque ad satisfaccionem omnium premissorum ... dicta opida fuerint obligata"[32]. 1399 übertrug Graf Heinrich

---

[22] AM: charte 2 mars 1495 (Original) = *Schoepflin-Lamey* II 434 (Druck). Ein Privileg für die Straßburger Bürger, auch als Nichtadlige Lehen zu tragen, kann man darin nicht sehen; irrig *Krug-Basse* 231.
[23] AM: charte 6 février 1496 (Original).
[24] AM: charte 7 mars 1496 (Original).
[25] AM: charte 19 mars 1496 (Original).
[26] Irrig: *Crämer*, Verfassung 19 (der jeweils drei Monate regierende Stettmeister war auch Lehenprobst); *Streitberger* 26 (regierender Stettmeister empfing die Lehen).
[27] Für die Hornbacher Rechte AM: VI 173/5 (Lehenreverse 1496—1561) und *Neubauer* 146 no 581 bis 200 no 871 passim (Regesten 1499—1545). Für Wasselnheim AM: chartes 17 mars 1521, 26 mars 1555, 20 mai 1559, 7 novembre 1577, 3 février 1604, 15 mars 1613, 11 avril 1617, 23 mars 1646, 22 novembre 1666, 23 décembre 1677 (Lehenbriefe im Original). Für Barr AM: charte 20 mars 1567 (erste Hälfte), 16 décembre 1569 (zweite Hälfte), 7 novembre 1577, 17 octobre 1580, 3 février 1604, 15 mars 1613, 11 avril 1617, 23 mars 1646, 18 septembre 1659, 22 novembre 1666, 23 décembre 1677 (Lehenbriefe im Original). Zwischendurch fehlen einige Urkunden, die wahrscheinlich verloren sind.
[28] Schrifttum über ihn bei *Streitberger* 357 n 19 (1961); ferner *Metzenthin* 144—149 (1914) und *Livet*, Conseil (in Vorbereitung).
[29] AM: VI 424/3 (Bericht). Lehenbriefe über Barr und Wasselnheim gemeinsam AD: C 307/63 (1683, Abschrift); C 307/64 (1742, Abschrift); AM: VI 148/1 (1774 und 1787, Originale).
[30] Kap. 5 n 40.
[31] Kap. 5 n 81.
[32] *Albrecht*, Urkundenbuch II 250 no 295 (Druck).

von Zweibrücken „alle die reht eygenschaft herschaft und besitzunge" an der Feste Herrenstein und den Dörfern Dettweiler und Dossenheim, die er „in pfandes wise innegehept... von dem bystum zu Metzen", in gleicher Pfandeigenschaft auf Straßburg[33].

Nach diesen und früher zitierten Quellen[34] war das Pfand (pignus, antichrese, hypotheca[35]) ein Gegenstand, den der Pfandgeber für eine vorher (Fall Rappoltsweiler) oder gleichzeitig begründete Schuld (Fälle Königshofen, Neuburg a. Rhein und Herrenstein) dem Pfandnehmer versetzte oder obligierte und an dem der Pfandnehmer Besitz (possessio, hant und gewalt, besitzunge) und Nutzung (gevelle und nucze), ja sogar eine eigentümerähnliche Stellung (proprietas et dominium vel quasi, eygenschaft herschaft) hatte, den aber der Pfandgeber durch Tilgung seiner Schuld jederzeit wieder an sich ziehen konnte[36]. Die Nutzung ersetzte entweder die Schuldzinsen und wurde auf das geschuldete Kapital nicht verrechnet (Fälle Königshofen, Neuburg a. Rhein und Herrenstein) oder sie diente an Zahlungs statt zur Tilgung der Schuld (Fall Rappoltsweiler). Die Rechtslehre bezeichnet diese beiden Untergruppen der älteren Satzung[37] als „Ewigsatzung" (französisch mortgage) und „Totsatzung" (frz. vifgage)[38].

Wie schon gesagt, konnte der Pfandgeber das Pfand jederzeit einlösen, wenn nichts Besonderes vereinbart war. Eine wichtige Ausnahme galt indes für die Reichspfandschaften. Schon Karl V. versprach in seiner Wahlkapitulation von 1519, alle Reichsstände im Besitz ihrer Pfänder zu bestätigen[39]. Die späteren Kaiser wiederholten das Versprechen[40], bis der Westfälische Frieden bestimmte, daß die an Reichsstände gegebenen Pfandschaften nur noch mit Zustimmung des Reichstags zurückgelöst werden dürften[41]. Praktisch war damit die Stellung der Pfandnehmer unangreifbar geworden.

Pachtgut. 1398 „versetzte" Otteman von Ochsenstein seine sämtlichen Burgen auf drei Jahre an Bischof Wilhelm von Straßburg und die Stadt Straßburg gegen die in bestimmten Raten und Terminen zahlbare Summe von 1000 Gulden[42]. Da der Vertrag auf zeitweise Gewährung des

---

[33] UB VI 755 no 1461 (Druck).
[34] Vorn n 5.
[35] Gewöhnlich wird pignus als Besitzpfand, antichrese als Nutzpfand und hypotheca als besitzloses Pfand aufgefaßt. Die Straßburger Quellen treffen eine solche Unterscheidung nicht.
[36] Über den Pfandverkauf und die Lösungserlaubnis Kap. 7 unter „Kauf".
[37] Kap. 4 n 64.
[38] *Meibom* 399—400; *Heusler* II 143; *Mitteis*, Privatrecht 95. Die Straßburger Quellen kennen die Ausdrücke Ewigsatzung und Totsatzung nicht.
[39] Wahlkapitulation 1519 (*Zeumer* 309—313) § 4.
[40] Für Ferdinand III. (1637—1657) erwähnt in *Zeumer* 408 n 1.
[41] IPO V 26 und 27; *Schröder* 922; angedeutet in *Hermann* I 43.
[42] „Ich Otteman . . . versetzen . . . in eines rehten pfandes wise alle myne vesten . . . Disse . . . versatzunge . . . sol ausgen . . . dri gantze jar . . . sollent

Besitzes und der Nutzung gegen ein einmaliges Entgelt gerichtet war, entsprach er der Sache nach unserer heutigen Pacht[43].

Das Pachtgut unterschied sich vom Eigen und vom Lehen vor allem dadurch, daß es nicht zu dauernder, sondern nur zu zeitweiser Nutzung berechtigte[44], vom Lehen auch dadurch, daß die Formalitäten der Belehnung entfielen[45], und vom Pfand u. a. dadurch, daß der Gegenstand (Pfand) nicht wegen des Geldes (Forderung), sondern das Geld (Pachtzins) wegen des Gegenstandes (Pachtgut) überlassen wurde[46].

Vertragliche Änderungen. Die an einem Gegenstand Berechtigten änderten mitunter die Rechtsform ihrer Berechtigung durch Vertrag ab, ohne daß der Besitzer wechselte. Diese Verträge waren ihrer eigenen Form nach meist Kaufverträge, seltener Tauschverträge oder Schenkungen. Einige Beispiele mögen das verdeutlichen:

Die Reichslehen Fürsteneck und Oberkirch wurden 1286 Eigen[47];

die Pfänder Fürsteneck und Oberkirch 1303 ebenfalls Eigen[48];

Eigengüter in Illkirch-Grafenstaden und Ostwald 1420 Lehen[49];

das Lehen Schiltigheim 1501 Eigen[50];

das Lehen Zehnacker 1503 Eigen[51];

das Reichspfand Barr 1518 Reichslehen[52];

das Reichslehen Barr 1522 Eigen[53];

Pfandrechte in Dorlisheim 1554 Pachtrechte[54];

Pachtrechte in Dorlisheim 1576 Eigen[55];

das Pfand Stadelhof 1581 Eigen[56];

die gepachteten Dörfer Illkirch-Grafenstaden 1735 Eigen[57].

---

mir ... tusent ... gulden geben ... virhundert gulden zu dissem ersten jare ... die andern zwei jar ... des jares driihundert gulden" = AM: charte 9 juillet 1398 AA 1421 (Original) = UB VI 734 no 1401 (Regest). Gegenurkunde = UB VI 734 no 1402 (Regest). Erwähnt in UB VI 736 no 1409 (die dort genannte Quelle befindet sich aber in AM: AA 122 f 8).

[43] BGB § 581.
[44] Heute BGB § 581 I 1.
[45] Vgl. vorn n 12—15.
[46] Heute BGB § 581 I 2.
[47] *Mone*, Kaiserurkunden 430 (Druck) = *Fester* I 53 no 553 (Regest). Allgemein zur Lehenallodifikation *Mitteis*, Rechtsgeschichte 213—214; *Planitz-Eckhardt* 252.
[48] *Mone*, Urkunden 285 = UB III 162 no 519 = *Bloch* II 430 no 2578 (Regesten).
[49] *Fester* I 330—331 no 3186—3187 (Regesten).
[50] AM: no 956 f 82—84 (Abschrift).
[51] AM: no 956 f 46 = VI 76/4 f 6 (Abschriften).
[52] *Hecker*, Herrschaft 101.
[53] AM: VI 76/5 f 2—4 (Abschrift) = *Hecker*, Herrschaft 102—104 (Regest). Irrig: *Schoepflin* 208 (1521); *Reichsland* I 283 (später noch Reichslehen); *Hekker*, Stadt 212 (1521).
[54] AM: no 957 f 164—166 (Abschrift).
[55] AM: no 957 f 202—205 = AA 2071 f 3—11 (Abschriften).
[56] AD: G 1367 (Abschriften).
[57] AD: C 307/67 (Abschrift).

6. Kap.: Eigen, Lehen, Pfand, Pachtgut und Schutzgut

Faktische Änderungen. Einige Gegenstände blieben von Rechts wegen Lehen oder Pfand, wurden aber in Wirklichkeit Eigen genannt und wie Eigen behandelt. Die Familie von Hohengeroldseck verkaufte z. B. schon 1391 die Dörfer Allmannsweier, Wittenweier und Nonnenweier an Wilhelm von Burne und beteuerte dabei, daß sie „eigen gewesenn sindt und nit widem noch lehen"[58]. Wilhelms Rechtsnachfolger verkauften Anteile dieser Dörfer 1501 „als allod" an Straßburg[59]. Obwohl die Dörfer also tatsächlich wie Eigen behandelt wurden, waren und blieben sie von Rechts wegen Reichslehen; denn die Familie von Hohengeroldseck wurde von 1379 bis 1754 in ununterbrochener Reihenfolge mit ihnen belehnt[60]. — Ein ähnlicher Fall ist das Dorf Marlenheim und Umgebung: König Rudolf versetzte es 1276 als Reichspfandschaft[61]; trotzdem verkaufte Graf Eberhard von Württemberg 1480 bestimmte Anteile „eigenthumblich" dem Straßburger Marx Kernlin[62]. — Dorlisheim war 1456 eindeutig ein Pfand[63], wurde aber von den Pfandnehmern zwischen 1496 und 1727 mehrfach als „Eigen" verkauft[64].

Schutzgut. Die Hoheitsrechte Straßburgs über den Besitz seiner Bürger, Klöster und Stiftungen waren ihrer Rechtsform nach weder Eigen, Lehen, Pfand noch Pachtgut. Sie konnten nicht wie Eigen frei veräußert werden und nicht wie Lehen, Pfand und Pachtgut an einen Eigentümer zurückfallen. Da die Rechte und Pflichten Straßburgs hier im wesentlichen in einer gegenseitigen Hilfe bestanden[65], nenne ich die betroffenen Ortschaften „Schutzgut"[66]. Geltungsgrund des Schutzverhältnisses war die enge politische und räumliche Beziehung der Stadt zu ihren Bürgern, Klöstern und Stiftungen. Von dieser Beziehung her ist es als „höchstpersönliches" Verhältnis zu charakterisieren. Im Bereich des bürgerlichen Rechts entspricht ihm etwa die Mitgliedschaft in einem Verein[67].

Der Herrschaft Straßburgs über das Dorf Niederhausbergen beruhte auf einem gegenseitigen Vertrag zwischen beiden Gemeinden; auch sie war deshalb höchstpersönlicher Natur.

---

[58] GLA: 229/75608 (Abschriften).
[59] AM: no 956 f 185—187 = GLA: 229/75608 (Abschriften).
[60] Lehenbriefe 1379—1754 in *Reinhard* II passim (Drucke); Lehenbriefe 1432—1621 = GLA: D 687a und 44/160—164 (Originale). Näheres bei *Wunder*, Kap. 14.
[61] *Böhmer* VI 1 p 156 no 583 (Regest).
[62] AM: VI 90/6 (Regest).
[63] AM: charte 1456 PhThG 57—60 (Original).
[64] *Wunder*, Kap. 9.
[65] Vgl. Kap. 5.
[66] Entsprechend „Pachtgut" vorn n 42—46.
[67] BGB § 38.

Siebentes Kapitel

Der Erwerb der Herrschaftsrechte

Überblick. Ein Staatsgebiet vergrößert sich nach dem heutigen Völkerrecht[1] durch natürliche Anwachsung (Akzession)[2], Aneignung herrenlosen Landes (Okkupation)[3], Ersitzung (Präskription)[4], Vertrag (Zession)[5], internationale Entscheidung (Adjudikation)[6] oder gewaltsame Einverleibung (Annexion)[7]. Straßburg erwarb sein Landgebiet durch Vertrag — Schenkung, Tausch, Kauf, Ewigsatzung, gepachtete Satzung, Totsatzung, Pacht und Schutzvertrag —, durch gerichtliche Entscheidung und durch gewaltsame Einverleibung.

Schenkung. Schenkung war die Überlassung eines Gegenstandes ohne Entgelt und ohne Vorbehalt einer Rückgewähr[8]. Die Straßburger Geschichte bietet dafür nur ein Beispiel. 1632 eroberten die Schweden mit Hilfe der Stadt das weltliche Gebiet des Bistums Straßburg. Zum Dank haben sie ihr „cedirt abgetretten ubergeben... das ampt Kochersperg undt Wantzenaw mit allen ihren obrigkheitlichen unndt anderen pertinentien"[9]. Durch die Schenkung allein erlangte Straßburg freilich noch nicht die tatsächliche Gewalt über die Ämter: Kochersberg besetzte es nie[10], Wanzenau erst 1634[11]. Nur dort und erst ab diesem Zeitpunkt kann man von einer Straßburger Herrschaft sprechen.

---

[1] *Sibert* 857—936 (1951); *Dahm* 581—615 (1958); *Reuter* 110—115 (1958); *Schätzel* 13—15, 43—46 und 257—261 (1959); *Berber* 335—351 (1960); *Menzel* 169—180 (1962); *Wengler* II 974—985 (1964).
[2] Vgl. *Grotius* II 8 und Einführungsgesetz zum Bürgerlichen Gesetzbuche (RGBl. 1896, 604) Art. 65.
[3] Vgl. *Grotius* II 2; BGB § 928; Einführungsgesetz zum Bürgerlichen Gesetzbuche, Art. 129, 190.
[4] Vgl. *Grotius* II 4 und BGB §§ 900, 927.
[5] Vgl. *Grotius* II 6 und BGB §§ 873, 925.
[6] Vgl. *Sibert* 898—936 (mandat international et régime international de tutelle); *Dahm* 602 (Zuteilung durch internationale Organe); *Reuter* 115 (acquisition fondée sur un titre juridique); *Berber* 348 (völkerrechtliche Entscheidung); *Menzel* 175 (Zuerkennung durch internationales Organ).
[7] Vgl. *Grotius* III 6.
[8] Vgl. *Mitteis*, Privatrecht 130—131; heute BGB § 516.
[9] Urkunde Feldmarschall Horns = AM: charte 15 décembre 1632 (Pergamentoriginal) = AA 1655 no 3 (Papieroriginal); Bestätigung Kanzler Ochsenstirns vom 5. 4. 1633 = AM: AA 1009 f 52—59 = no 853/150 (Abschriften).
[10] Vgl. AM: no 115 f 98, 155, 189 und 248 (1634); no 117 f 4 (1636).
[11] AM: no 498 f 101.

Tausch. Tausch war die Überlassung eines Gegenstandes gegen einen andern Gegenstand, mit oder ohne Vorbehalt einer Rückgewähr[12]. 1410 tauschten der Bischof und Straßburg wahrscheinlich die Städte Börsch und Dachstein aus[13], 1735 Franz-Joseph von Klinglin und Straßburg die Dörfer Hönheim und Illkirch-Grafenstaden[14].

Kauf. Kauf war die Überlassung eines Gegenstandes gegen Geld, bei der sich die Parteien für sich selbst keine Rückgewähr vorbehielten[15]. Gegenstand des Vertrags konnten sowohl Eigen[16] als auch Lehen[17] und Pfänder[18] sein. Lehen durften regelmäßig nur mit Zustimmung des Lehensherrn verkauft werden[19].

Pfänder[20] waren als solche, d. h. ohne Änderung ihrer rechtlichen Natur und unter Vorbehalt des Auslösungsrechts des Pfandgebers[21], frei veräußerlich[22]. Der Pfandgeber wurde an dem Rechtsgeschäft zwischen altem Pfandnehmer und neuem Pfandnehmer höchst selten beteiligt. Nur in einem Fall genehmigte er einen bereits abgeschlossenen Kaufvertrag hinterher ausdrücklich[23].

Häufiger „erlaubte" der Pfandgeber einem neuen Interessenten die „Lösung" des Pfandes, noch bevor dieser mit dem Pfandnehmer in Verbindung trat[24]. Diese Lösungserlaubnis gab dem Interessenten einen

---

[12] Vgl. *Mitteis*, Privatrecht 131—132; heute BGB § 515.
[13] „Wir Wilhelm ... versetzent ... hern Johanse von Mulnheim ... burg und stat Dabichenstein ... umb sechtzehen hundert pfund ... pfennige" (1411) = AM: AA 1435 f 7—9 rückwärts (Entwurf). Da also Bischof Wilhelm Dachstein schon 1411 anderweitig versetzte und andererseits Börsch vor 1422 im Besitz Straßburgs war, scheint der Tausch vor 1411 zustande gekommen zu sein; vgl. dazu *Knobloch* 21. Irrig jedenfalls: *Reichsland* III 194 (Dachstein 1410 an Müllenheim versetzt); *Knobloch* 20 (Börsch 1407 an Straßburg) und 21 (Tausch nach 1411).
[14] AD: C 307/67 (Abschrift).
[15] Vgl. *Heusler* II 253—257; *Mitteis*, Privatrecht 131—135; heute BGB § 433.
[16] Kauf des Eigens Schiltigheim 1501 = AM: no 956 f 92—93 = VI 76/3 f 14—16 (Abschriften).
[17] Kauf des Lehens Wasselnheim = AM: charte 6 février 1496 (Original) = *Weiss* 54 no 234 (Regest).
[18] Kauf des Pfandes Herrenstein = AM: charte 14 février 1399 VCGK 38 (Original) = charte 4 août 1466 VCGK 38 (Vidimus) = no 954 f 96 (Abschrift) = UB VI 755 no 1461 (Druck, falsches Datum 7. 1.) = *Eyer*, Regesten no 691 (falsches Datum 1. 1.).
[19] Kap. 6 n 10.
[20] Vgl. Kap. 6.
[21] So verkaufte Heinrich von Zweibrücken den Straßburgern das Pfand Herrenstein mit der Klausel, daß sie „sollent ouch ... Herrenstein ... inne haben besitzen nutzen und niessen ... so lange bitz derselbe halbe teil von eime byschofe von Metze ... geloset wirt" = oben n 18.
[22] Ebenso *Meibom* 347—353; heute BGB §§ 398, 433, 1250.
[23] Kauf des Pfandes Kürnberg am 20. 11. 1423 = GLA: 21/280 (Original) = AM: no 954 f 133—134 (Abschrift). Genehmigung Österreichs am 8. 3. 1424 = GLA: 21/280 (Original) = AM: no 954 f 134—135 (Abschrift).
[24] „Wir Karl ... gunnent in daz sie daz dorf zu Kungeshoven ... an sich mugent gewinnen und losen" = AM: charte 25 novembre 1347 GUP 150 (Ori-

Anspruch, vom Pfandnehmer die Herausgabe des Pfandes gegen die Pfandsumme zu verlangen, war also etwas anderes als die bloße Einwilligung des Pfandgebers in ein Veräußerungsgeschäft zwischen Pfandnehmer und Interessenten. Andererseits beließ sie dem Pfandgeber das Recht, auch selbst weiterhin die Rückgewähr des Pfandes vom jeweiligen Pfandbesitzer zu fordern, bewirkte also keinen Übergang des Auslösungsrechts vom Pfandgeber auf den Interessenten, sondern eine Verdoppelung des Auslösungsrechts in der Person des Pfandgebers *und* in der des Interessenten. Der Interessent, also der zweite Lösungsberechtigte, konnte sogar noch einem Dritten und Vierten die Lösung erlauben — und zwar kostenlos[25] oder gegen ein geringes Entgelt[26] —, ohne daß er sein eigenes Lösungsrecht verlor[27]. Unter diesen Umständen kann man die Lösungserlaubnis weder als „Übertragung"[28] noch als „Verpfändung" des Einlösungsrechts[29], sondern nur als einen Vertrag besonderer Art qualifizieren. Die von einem Lösungsberechtigten erzwungene Pfandlösung war dagegen ihrem Inhalt nach ein Zwangskauf. Die Quellen bezeichnen sie als luitio, redemptio[30], Wiederkauf oder Lösung.

Von dem obligatorischen Verpflichtungsgeschäft des Kaufs ist das dingliche Erfüllungsgeschäft, die tatsächliche Übergabe, zu unterscheiden[31]. Es heißt in den Quellen „Aufgabe"[32], in der allgemeinen rechts-

---

ginal) = *Schoepflin-Lamey* II 188 = UB V 147 no 153 = *Braun* 48 (Drucke); erwähnt *Knobloch* 7.

[25] Der König hatte den Pfalzgrafen bei Rhein erlaubt, die Reichspfandschaft Marlenheim an sich zu lösen. Pfalzgraf Ludwig hat das Lösungsrecht 1485 „Hans Rudolfen von Endingen frey ubergeben" = AM: VI 90/6 = VI 398/1 no 1 R (Regesten). Kaiser Friedrich bestätigte dieses Rechtsgeschäft 1487 = AM: VI 90/1a (Abschrift).

[26] Hans Rudolf von Endingen erlaubte Straßburg 1491 für 70 fl. die Lösung = AM: no 955 f 309—310 = VI 76/4 f 15—16 (Abschriften). Straßburg löste 1498, 1508 und 1520 fünf Neuntel für zusammen 4400 fl. aus; AM: no 955 f 375 bis 377 = VI 90/1b (Abschriften von 1498); charte 9 mars 1508 (Original von 1508); VI 398/1 no 1 R (Regest von 1520).

[27] Nachdem der Pfalzgraf 1485 Hans Rudolf von Endingen die Lösung erlaubt hatte (oben n 25), gestattete er sie 1537 neuerlich Ludwig von Eshenau = AD: G 1369 charte 13 (Vidimus von 1539).

[28] So mißverständlich *Planitz* 89—90, 94—95 und 98. Unter Übertragung oder Abtretung versteht man heute die endgültige Aufgabe; vgl. BGB §§ 398, 413. Demgegenüber wurde das Lösungsrecht des Pfandgebers durch die „Lösungserlaubnis" des Dritten gerade nicht geschmälert.

[29] So mißverständlich *Meibom* 298.

[30] „dicti Kurnagil . . . Kunigeshofen . . . dant . . . ad luendum seu redimendum . . . asseruerunt huiusmodi luitionem factam esse de consensu . . . regis" = Kap. 5 n 40.

[31] Heute für Rechte BGB §§ 398, 413 und für Sachsen §§ 873, 929.

[32] „dederunt et dant . . . ad luendum seu redimendum . . . Transtulerunt etiam . . . et transferunt scripto presenti" (Königshofen 1351) = Kap. 5 n 40.
„Wir . . . hant verkoft . . . Wir gent ouch uff" (Herrenstein 1399) = vorn n 18;
„Wir . . . gebent auch zukauffen . . . gewalt und gewere uffgeben" (Wasselnheim 1496) = vorn n 17;

geschichtlichen Literatur Auflassung[33]. Die „Aufgabe" wurde gewöhnlich durch bloße Erklärungen der Parteien[34] oder durch Übergabe eines Symbols wie Strohhalm[35] und Schreibfeder[36] vollzogen und zusammen mit dem Kaufvertrag beurkundet[37]. Immerhin ist uns aus dem Jahre 1790 auch eine selbständige „Aufgabe" überliefert. Der Verkäufer schildert sie folgendermaßen:

„Hierauf schnitt ich eine spahn aus dem hauspfosten und stellte solche gleichfalls dem hoch freyherrlichen herrn cessionario als ein zeichen der immission zu mit den worten das ich hochdenselben damit in den wurcklichen besitz des mayer hauses einsetze worauf hochgedachter herr sich auch gleich in die kuche begab und als herr vom hause auf dem heerd feur anmachte. Diesemnach begaben wir uns auch auf die zum freyhoff zugehorige guther allwo ich mit der schauffel etwas grund ausstach und solchen dem freyherrn von Turckheim mit denen worten zustellte das ich hochdenselben hiemit in den wurcklichen besitz und genus des cedirten guths einsetze welche schauffel grunds hochwohlersagter herr cessionarius als wurcklicher guts herr alsdann in die hofe warff[38]."

Ewigsatzung. Die sogenannte Ewigsatzung[39] richtete sich auf die Überlassung eines Gegenstandes gegen Geld und enthielt die Abrede, daß beide Leistungen auf Wunsch des Veräußerers zurückzugewähren seien[40]. Mit andern Worten: Der Pfandgeber überließ dem Pfandnehmer für eine früher[41] oder gleichzeitig[42] begründete Schuld ein Pfand, dessen Nutzungen der Gläubiger ziehen durfte, ohne sie auf die Schuld anzurechnen. Gegenstand der Ewigsatzung waren sowohl Eigen[43] wie Lehen[44].

„Wir ... verkauffen ... inn ... possession besitz gewehr und gewalt gesetzt" (Hornbacher Rechte in Wasselnheim) = AM: charte 3 mai 1563 (Original) = VI 173/1 (Abschrift);
„Ich ... verkauffe ... so thue ich ... cedirn tradirn ubergeben" (Barr) = AM: charte 25 avril 1566 (Original).
[33] *Heusler* II 74; *Mitteis*, Privatrecht 79—80; *Planitz-Eckhardt* 215.
[34] Oben n 32.
[35] „mit ubergebung des hallmen als sitt und gewonheit ist" (Neuhof) = AM: charte 19 juin 1544 (Original).
[36] „mit uffgabe der federnn wie sitt unnd gewonheit ist" (Neuhof) = AM: charte 3 juin 1550 (Original).
[37] Allgemein über die Straßburger Kaufurkunden UB III p XXXIII bis XXXIX.
[38] GLA: 229/22437 f 29 (betr. Margarethenhof bei Kehl).
[39] Kap. 6 n 38.
[40] Heute Code civil Art. 1659 (pacte de rachat); im BGB einerseits § 497 (Kauf auf Wiederkauf), andererseits §§ 607, 1214 III (Darlehen und nicht abgeltendes Nutzungspfand).
[41] Beispiel Benfeld 1394 = Kap. 4 n 63.
[42] Johann und Ludwig von Lichtenberg versetzten am 17. 10. 1399 die ganze Burg und halbe Stadt Lichtenau, ihr Eigen, an Straßburg = AM: no 954 f 115—119 (Abschrift) = UB VI 777 no 1511 (Regest, falsches Datum 28. 10.); erwähnt *Knobloch* 25—26 (falsches Datum 28. 10.); *Batzer* 165; *Eyer*, Regesten no 1284 (1399—1400).
[43] Oben n 42.
[44] Versetzung des halben Blutbanns Barr = AM: charte 6 novembre 1568 (Original).

7. Kap.: Der Erwerb der Herrschaftsrechte

Die Ewigsatzung war ein sehr häufiger Vertrag. Die Quellen belegen das gleiche Rechtsgeschäft bzw. das gleiche Rechtsobjekt mit folgenden Ausdrücken: Pfand in Gewalt und in Gewere[45], Verkaufen zu einem Wiederkauf[46], venditio cum pacto revenditionis[47], Kauf[48], Verkauf[49], antichrese, Pfand, hypotheca (!) und pignus[50]. Auch in andern Quellen wird die Ewigsatzung bald Verpfändung und bald Kauf auf Wiederkauf genannt[51].

Inhaltlich stimmte die Ewigsatzung weder mit dem heutigen Kauf auf Wiederkauf[52] noch mit dem heutigen Nutzungspfand[53] überein. Der Kauf auf Wiederkauf enthält als obligatorisches Rechtsgeschäft erst die Verpflichtung zur Rechtsverschaffung[54], die Ewigsatzung richtete sich dagegen schon auf die Rechtsverschaffung selbst. Das heutige Wiederkaufsrecht kann nur innerhalb einer vereinbarten oder gesetzlichen Frist ausgeübt werden[55], die Ewigsatzung war regelmäßig unbefristet[56]. Das Nutzungspfand für ein Darlehen kann vom Gläubiger oder vom Schuldner gekündigt werden[57], die Ewigsatzung konnte es nur vom Schuldner.

Man sah in dem „Pfand" weniger die Sicherheit für eine Geldforderung als vielmehr eine vollwertige Gegenleistung für einen gezahlten Preis[58]. Der Erwerber betrachtete sich andererseits nicht als Eigentümer des Pfandes, sondern als eine Art Treuhänder eines im Grunde genommen fremden Rechts[59]. Die Ewigsatzung unterschied sich deshalb auch der Idee nach sowohl vom Kauf auf Wiederkauf wie vom Nutzungspfand des heutigen Rechts. Um Verwechslungen zu vermeiden, verwendet man daher am besten die quellengemäßen Ausdrücke Versetzen und Versatzung (anstelle von Verpfändung und Kauf auf Wiederkauf).

---

[45] 6. Stadtrecht 1322 (UB IV 2 p 56—171) § 326.
[46] 6. Stadtrecht 1322 (UB IV 2 p 56—171) § 322a.
[47] UB V 112 no 113 (1343).
[48] UB V 125 no 120 (1343).
[49] UB V 213 no 226 (1350).
[50] Kap. 6 n 5.
[51] Nach *Meibom* 358—360 unterscheiden sich beide dadurch, daß beim Kauf auf Wiederkauf die Sache und bei der Satzung das Nutzungs- und Gebrauchsrecht verkauft wurden. Nach *Heusler* II 136—141 ist zwischen der älteren Satzung und dem Kauf auf Wiederkauf „ein juristischer Unterschied kaum mehr aufzufinden". Irrig m. E. *Planitz* 8 n 2 und 177, nach dem das Grundpfandrecht und der Kauf auf Wiederkauf zwei völlig selbständige Institute waren. *Busse* wird in seiner demnächst erscheinenden Dissertation dieses Problem ausführlich erörtern.
[52] BGB §§ 497—503.
[53] BGB §§ 1213—1214.
[54] BGB § 433.
[55] BGB § 503.
[56] *Planitz* 97.
[57] BGB §§ 609, 1252.
[58] Ebenso *Meibom* 265—269.
[59] Vgl. *Planitz* 99.

7. Kap.: Der Erwerb der Herrschaftsrechte

Wie beim Kauf wurde auch bei der Versatzung das Rechtsobjekt „mit dem Halme" oder anderen Symbolen „aufgegeben"[60]. In der rechtsgeschichtlichen Literatur wird das gelegentlich bestritten[61].

Gepachtete Satzung. Die sogenannte gepachtete Satzung ist mit der Ewigsatzung eng verwandt: bei dieser erhielt der Pfandnehmer den Alleinbesitz und die ausschließliche Nutzung des Pfandguts, bei der gepachteten Satzung nur den Mitbesitz und einen Teil der Nutzungen[62]. Beispiele sind die Versatzung Neuburgs a. Rhein 1369 und die der bischöflichen Schlösser und Städte 1448[63].

Totsatzung. Die Totsatzung war ein Vertrag, durch den ein Schuldner seinem Gläubiger vorübergehend einen Gegenstand zur Nutzung und Tilgung seiner Schuld überließ[64]. Die Nutzungen sollten nicht wie bei der Ewigsatzung nur die Zinsen, sondern mit der Zeit auch das geliehene Kapital abdecken. Straßburg hat nur zwei derartige Verträge geschlossen, 1388 über die Unterstädte Rappoltsweiler[65] und 1407 über das Straßburger Bistum[66].

Pacht. Pacht war die zeitweise Überlassung eines Gegenstandes zu Gebrauch und Nutzung gegen Geld[67]. In den Quellen heißt das Rechtsgeschäft überwiegend Leihe, vereinzelt auch Satzung[68]. So „versetzte" Ottemann von Ochsenstein 1398 seine Burgen auf drei Jahre an Bischof Wilhelm von Straßburg und die Stadt Straßburg gegen die in bestimmten Raten und Terminen zahlbare Summe von 1000 Gulden[69]. Das Kloster Hohenforst verpachtete Straßburg 1529 das Patronat und Zehntrechte in Dorlisheim[70].

Schutzvertrag. Die Schutzverhältnisse zwischen Straßburg und dem auswärtigen Besitz seiner Bürger, Klöster und Stiftungen wurden (ausdrücklich oder stillschweigend) durch eine besondere Vertragsart be-

---

[60] Versatzung Lichtenaus 1399: „gebend ouch uff ... mit dem halme alse es site ist ... alle reht besitzunge eigenschafft herrschafft und des glich" = vorn n 42;
Versatzung Marlenheims 1498: „Undt daruff so habent wir ... uffgeben ... in ihr hand gewalt und gewehre" = AM: no 955 f 375—377 = VI 90/1b (Abschriften).
[61] So z. B. *Heusler* II 76—77 und 138—139; wie hier dagegen *Meibom* 360.
[62] *Planitz* 134; *Mitteis*, Privatrecht 95; zur Sache auch *Meibom* 345. Heute BGB §§ 1206, 1213 II.
[63] Kap. 5 n 80—84.
[64] Vgl. *Meibom* 399—400; *Heusler* II 142—143; *Mitteis*, Privatrecht 95. Heute Code civil Art. 2085 (antichrèse); BGB § 1214 II (abgeltendes Nutzungspfand).
[65] *Albrecht*, Urkundenbuch II 250 no 295 (Druck) = UB VI 218 no 425 (Regest); dazu *Knobloch* 11—12.
[66] AM: charte 26 mars 1407 AA 1431 (1 Original); *Kaiser*, Anklageschriften 391; *Knobloch* 8 und 19.
[67] Vgl. *Heusler* II 167—188; *Mitteis*, Privatrecht 89. Heute BGB § 581.
[68] Vgl. *Heusler* II 168 n 2.
[69] Kap. 6 n 42.
[70] AM: no 957 f 84—85 (Abschrift).

gründet, die dem Tausch insofern ähnelte, als beide Vertragspartner bestimmte gegenseitige Leistungen versprachen: Straßburg seinen Schutz und Schirm, die Bürger, Klöster und Stiftungen Kriegshilfe oder regelmäßige Geldzahlungen[71]. In einem Punkt unterschied sich aber dieser Vertrag vom Tausch: Er begründete Ansprüche, die an die Person der Vertragspartner gebunden waren und von ihnen nicht frei veräußert werden konnten, also eine Art personenrechtliches Dauerverhältnis. Insoweit hat er im heutigen bürgerlichen Recht keine Parallele. Seinem Inhalt nach war er ein Schutzvertrag.

Auch die (Allein-)Herrschaft Straßburgs über das Dorf Niederhausbergen wurde durch einen Schutzvertrag begründet. Niederhausbergen war altes Eigen des Straßburger Kollegiatstifts St. Thomas[72]. Als sich dessen Herrschaft gelockert hatte[73], stellte sich das Dorf im allseitigen Einvernehmen 1489 unter den Schutz und Schirm der Stadt[74]. Die freiwillige Unterwerfung der Bevölkerung unter einen Herrn war für das Straßburger Landgebiet einmalig[75]. Niederhausbergen wurde daher lange Zeit entsprechend bevorzugt behandelt[76].

Gerichtliche Entscheidung. Durch gerichtliche Entscheidung hat Straßburg drei Dörfer erworben. Auf den halben Dörfern Flexburg und Orschweiler wurde ihm zunächst 1504 ein besitzloses Pfandrecht bestellt. Als der Schuldner zahlungsunfähig wurde, betrieb Straßburg vor dem königlichen Hofgericht in Rottweil[77] die Zwangsvollstreckung. Das Gericht wies Straßburg durch ein erstes Urteil von 1511 in den vorläufigen[78] und durch ein zweites Urteil von 1512 in den endgültigen Besitz der Dörfer ein[79]. Dieses Verfahren entsprach der üblichen Form der Zwangsvollstreckung aus einem besitzlosen Pfandrecht[80].

---

[71] Kap. 5.
[72] Schenkung Bischof Richwins 913—933, erwähnt in einem Bericht nach 1007 = *Schoepflin-Lamey* I 143 = UB I 43 no 52 (Drucke) = *Bloch* I 244 no 130 (Regest). Irrig: *Schoepflin* 270; *Reuss*, Alsace I 443; *Reichsland* I 283 und III 768; *Knobloch* 69; *Goehner* 15 (alle Reichsgut).
[73] Nach *Schmidt*, Histoire 80 wußte man nicht einmal mehr, ob die Herrschaft St. Thomas, dem Reich oder Straßburg zustand.
[74] *Schoepflin* 270; *Hermann* I 43; *Schmidt* 80; *Reuss*, Alsace I 443; *Reichsland* I 283 und III 768; *Knobloch* 69; *Kocher, Ortschaften* 20; *Goehner* 15.
[75] Nicht jedoch im Elsaß: Die Bauern von Melsheim, 26 km NW, Kanton Hochfelden, stellten sich 1318 freiwillig unter den Schutz der Herren von Lichtenberg; *Eyer*, Dissertation 232—233. Die Lichtenberg kauften erst 1342 die dortigen Rechte der Herren von Falkenstein auf; *Reichsland* III 281. — Die Stadt Soest in Westfalen schloß sich 1444 freiwillig dem Herzogtum Kleve an; *Diekmann* 14.
[76] Kap. 5 n 50—55.
[77] Schrifttum: *Ordenung* (1523); *Bader*, Dorfgenossenschaft 417, mit weiteren Angaben (1962).
[78] AM: VI 76/7 f 3; VI 190/1 no 4 c; *Schoepflin* 210; *Reichsland* III 297 und 1184.
[79] AM: VI 189/1.
[80] Über die sog. Immissionsurteile *Meibom* 97—126, insbesondere 113—115, und 433—436. Ein Beispiel des Rottweiler Gerichts auch in AM: III 123/16

1735 tauschte Straßburg seine Dörfer Illkirch-Grafenstaden gegen das Dorf Hönheim aus[81]. Ein französisches Gericht verfügte 1753, daß dieses Geschäft vorläufig rückgängig zu machen sei[82], und erklärte es 1765 endgültig für nichtig[83].

Gewaltsame Einverleibung. Im Laufe der Zeit eroberte Straßburg immer wieder weite Landstriche, ohne sie seinem Gebiet endgültig einzuverleiben. Von dieser Regel gibt es auf den ersten Blick scheinbar drei Ausnahmen: Herrenstein, Illkirch und Rheinau[84].

Die Burg Herrenstein und die zwei Dörfer Dossenheim und Dettweiler gehörten als Metzer Bistumslehen seit 1389 zu einem Viertel Dietrich Kämmerer und Konrad Landschaden, zu einem Viertel Siegmund von Zweibrücken-Bitsch und Johann von Lichtenberg, zu einem Viertel Hannemann von Zweibrücken-Bitsch (und Siegelmann von Windeberg), zu einem Achtel Heinrich von Zweibrücken-Bitsch und zu ebenfalls einem Achtel Johann von Lothringen[85]. Straßburg führte mit Siegmund, Hannemann und deren Bruder Friedrich 1396 einen Krieg, in dessen Verlauf es Ende des Jahres Herrenstein eroberte[86]. Siegmund starb 1397 und wurde von seinen Brüdern Hannemann und Friedrich je zur Hälfte beerbt[87]. Mit ihnen schloß Straßburg 1398 einen Friedensvertrag, in dem es unter anderem hieß:

„Ouch hant wir... beredt und betedinget... daz die von Strazburg den obgenanten herren von Bitsche und iren erben von des teiles wegen daz dieselben von Bitsche an derselben vesten in pfantschaft inne gehebet hant geben beczalen und antwurten sollen subenhundert und nuncig guter geber

---

(Straßburger Domkapitel gegen Nordheimer Bürger 1613). Vergleichbar heute Zivilprozeßordnung (BGBl. 1950 I 533) §§ 825, 844.
[81] AD: C 307/67 (Abschrift).
[82] *Reuss,* Alsace I 444 n 1; *Streitberger* 164.
[83] AM: AA 2074 (Prozeßakten); *Memoire* Strasbourg — Klinglin (Prozeßschrift 1763); *Reichsland* III 443; *Notizen* 20; *Hölzle,* Beiwort 67; *Ford* 86. Nach *Kocher,* Geschichte 71, wurden die Dörfer am 9. 3. 1765 feierlich ausgewechselt. Irrig *Reichsland* III 480 (Tausch 1753 annulliert).
[84] Kap. 4 n 33.
[85] Näheres *Wunder,* Kap. 5.
[86] Brief Ruprechts II. von der Pfalz an Straßburg 26. 12. 1396 = AM: III 167/5 no 1 (Original) = *Koch* 401 no 6785 (Regest); *Knobloch* 32 n 4; *Goehner* 14. Brief Straßburgs an Kämmerer 11. 1. 1397 = UB VI 671 no 1224 (Regest); ähnlich am 10. 2. 1397 = UB VI 673 no 1231.
Irrig: Koenigshofen in *Hegel* 813 = UB VI 673 n 3; *Fritz,* Territorien 118; *Wolff,* Chronik 17; *Reichsland* I 283 und III 428—429; *Müller,* Landstände 96 n 1; *Wolff,* Burgen 115; *Clauss* 463; *Eyer,* Regesten no 1182; *Tillmann* I 389 (alle 1397). Auch UB VI 673 no 1232 ist nicht in das Jahr 1397, sondern in 1396 zu datieren.
[87] „daz selbe vierde teil zugehorte halber dem edeln Symunt... das ietze gevallen ist an die edeln hern Hanneman und Friderichen gebrudere" (12. 1. 1399) = UB VI 758 no 1463; *Lehmann,* Grafschaft II Stammtafel 3. Irrig *Knobloch* 32 (erst Friedrich, dann Siegmund, dann Hannemann und Siegmund).

7. Kap.: Der Erwerb der Herrschaftsrechte

Rinscher guldin die sie uf dasselbe teil geluhen hattent. Und als danne sollent die von Strazburg dasselbe teile... haben und halten[88]."

Die Formulierung „als danne . . . dasselbe teile . . . haben" drückt meines Erachtens deutlich aus, daß Straßburg von *Rechts* wegen erst *nach* der Zahlung einer bestimmten Geldsumme herrschen sollte und auch dann nur über das eine Viertel, das 1389 und 1398 Hannemann (und Siegelmann) gehörte, und das halbe Viertel, das 1389 Siegmund gehörte und nach seinem Tod an Hannemann und Friedrich gefallen war[89]. Als entscheidend für den Übergang der Herrschaft im Rechtssinne sah man also wohl nicht die Eroberung an, sondern erst den Friedensvertrag oder gar erst die Erfüllung des (erzwungenen) Kaufvertrags. Erfüllt wurde der Kaufvertrag im Jahre 1399[90].

Illkirch-Grafenstaden und Ostwald gehörten als Reichspfand seit 1370 gemeinsam den Familien Zorn und Erbe[91]. 1418 gab es König Siegmund „in pfandes wise" der Stadt Straßburg[92]. Da es sich noch in den Händen der Zorn und Erbe befand, erwarb Straßburg nicht mehr als das Recht, es von diesen auszulösen[93]. Weil jedoch die Zorn und Erbe die Herausgabe verweigerten[94], nahm Straßburg es 1421 mit Gewalt in Besitz[95]. Die Umstände lassen keinen Zweifel daran, daß die Eroberung und Einverleibung in den städtischen Herrschaftsbereich endgültig sein sollten und auch endgültig waren. Die „Kaufverträge", die Straßburg später mit den Zorn und Erbe schloß[96], konnten daher die durch die Annexion geschaffene Rechts- und Sachlage nur noch bestätigen.

---

[88] AM: charte 19 novembre 1398 VCGK 38 (Original) = no 955 f 60 = III 136/5 (Abschriften) = UB VI 748 no 1446 (Druck) = *Fester* I 193 no 1844 (Regest); erwähnt *Knobloch* 34 (irrig, daß die Stadt die Gulden bereits geliehen hatte).

[89] Irrig *Knobloch* 34 (Straßburg erwarb das Achtel, das Johann von Lichtenberg Friedrich von Bitsch abgetreten hatte).

[90] Kaufvertrag vom 19. 1. 1399 = AM: no 954 f 251 (Abschrift). Für das mit Lichtenberg gemeinsame Viertel noch einmal gesondert = AM: charte 7 mars 1399 VCGK 38 (Original) = charte 4 août 1466 VCGK 38 (Vidimus) = no 954 f 100 (Abschrift) = UB VI 760 no 1469 (Regest). — Quittung über 540 Gulden = AM: charte 10 mars 1399 VCGK 38 (Original) = no 954 f 100—101 (Abschrift) = UB VI 761 no 1472 (Regest). Quittung über 250 Gulden vom 10. 3. 1399 = AM: no 954 f 101 (Abschrift); bisher dem Schrifttum unbekannt. Irrig *Schoepflin* 219 (Bipontino 1390 florenos pro dodrante numerarunt).

[91] Vertrag vom 2. 8. 1370 = UB V 692 no 892 (Druck). Zu seiner Durchführung vgl. UB V no 899, 1019, 1029, 1095, 1097, 1310, 1311, 1332, 1337, 1344, 1349, 1350, 1351, 1353, 1357, 1376; UB VI no 54 (August 1370 — Dezember 1381); UB VII no 1505, 1506 und 1845 (1372 und 1378); *Knobloch* 42—43.

[92] AM: charte 19 juin 1418 (Vidimus von 1420) = no 953 f 275—276 = AA 2073 f 1—4 = VI 76/3 f 8—10 = VI 112/31 no 2 (Abschriften) = *Schoepflin-Lamey* II 329 (Druck) = *Böhmer* XI 1 p 232 no 3273—3275 (Regesten).

[93] Über das Auslösungsrecht vorn Kap. 7 unter „Kauf".

[94] *Böhmer* XI 1 p 285 no 4055—4056.

[95] *Knobloch* 60 (vor dem 10. 3.). Irrig: *Reichsland* III 479 (Ostwald gehörte Straßburg nur zum Teil), 480 (Illkirch ab 1418 im Besitz der Stadt).

[96] Näheres *Wunder*, Kap. 9.

Das bischöfliche Rheinau wurde 1428 erobert[97] und 1429 vom Bischof an Straßburg versetzt[98]. Die Parallele mit Herrenstein ist deutlich: Entscheidend für den Übergang der Herrschaft war im Rechtssinne nicht die Eroberung, sondern die Versatzung.

[97] *Reichsland* III 890.
[98] AM: no 954 f 139—141 (Abschrift); *Reichsland* III 890.

Achtes Kapitel

Der Verlust der Herrschaftsrechte

Straßburg hat von seinem Landgebiet zwei Teile, nämlich Königshofen und Neuhof, in die städtische Gemarkung eingemeindet und bis heute behalten. Alle übrigen Teile gingen im Laufe der Zeit verloren, und zwar durch Auflösung des Schutzverhältnisses, Vertrag, gerichtliche Entscheidung, gewaltsame Entziehung und durch die revolutionäre Gesetzgebung.

Auflösung des Schutzverhältnisses. Wir haben gesehen, daß die Straßburger Bürger, Klöster und Stiftungen in einem Schutzverhältnis zur Stadt standen, auf Grund dessen sie mit ihrem eigenen Gebiet zu gewissen Kriegsdiensten und finanziellen Abgaben verpflichtet waren[1]. Diese Verpflichtung endete bei einem befristeten Bürgerrecht durch Zeitablauf[2], im übrigen durch einseitige Kündigung des Bürgerrechts, die jederzeit möglich war[3], durch Kündigung des Schutzverhältnisses, soweit es den ländlichen Besitz betraf, eine Kündigung, die das Bürgerrecht als solches nicht berührte[4], oder durch Fehdeerklärung unter Beibehaltung des Bürgerrechts[5], die die genannte Verpflichtung für die Dauer der Fehde suspendierte.

Vertrag. Die Veräußerungsverträge entsprechen völlig den Erwerbsgeschäften. Wir zählen eine Schenkung[6], einen Tausch[7], sieben Ver-

---

[1] Vorn Kap. 5.
[2] 1383—1393 Johann von Lichtenberg = vorn Kap. 5 n 12;
1383—1393 Bruno von Rappoltstein = ebd. n 13;
1457—1467 Jakob von Moers-Saarwerden = ebd. n 14.
[3] 6. Stadtrecht (UB IV 2 p 56—171) §§ 35 und 519; Schwörbrief von 1420 = Hegel 945; Ratsbeschluß von 1680 = AM: no 863/72. Ein Jacob Beger kündigte zwischen 1481 und 1499 fünfmal (!) sein Bürgerrecht auf und kaufte es viermal wieder; siehe die Nachweise in *Wittmer-Meyer* III 10.
[4] „kann man die protection (jederzeit) aufkunden und bei wiedereintretendem (bedarfs-) fall sich entweder wieder unter die stadt oder ritterstand begeben" (Fürdenheim 1661) = Reuss, Geschichte des Dorfes 8. Vgl. auch vorn Kap. 5 nach n 22.
[5] Kuno von Bergheim wurde 1286 Straßburger Bürger und führte 1287—1292 gegen die Stadt Krieg; UB II 68 no 110, 85 no 124, 96 no 137, 140 no 181—182. Walter von Schlettstadt, „civis Argentinensis", schloß mit Straßburg 1319 Frieden; UB II 339 no 385.
[6] Wanzenau 1648. Näheres hierzu und zum folgenden in *Wunder* passim.
[7] Dachstein 1410; Kap. 7 n 13.

käufe[8], eine Ewigsatzung[9] und zwei Verpachtungen[10]. Die Rückgewähr von Pfandgut an den Eigentümer (Pfandlösung) kommt mehr als ein dutzendmal vor[11], die Rückgewähr von Pachtgut einmal[12].

Gerichtliche Entscheidung. Durch gerichtliche Entscheidung hat Straßburg zwei Gebiete verloren. Der französische Conseil d'Etat sprach ihm 1710 den Zellweiler Bruch ab[13], ein anderes französisches Gericht 1753 das Dorf Hönheim[14].

Gewaltsame Entziehung. Zwei Stadtteile von Rappoltsweiler, die sogenannten Unterstädte, gingen Straßburg durch Annexion verloren. Bruno von Rappoltstein eroberte sie 1390 oder 1391 und gab sie nicht mehr zurück[15].

Revolutionäre Gesetzgebung. Ein Großteil der Herrschaftsverhältnisse erlosch während der französischen Revolution. Die Revolution wurde organisatorisch vorbereitet durch ein Edikt vom Juni 1787, das neben den alten Gemeinde-, Herrschafts- und Staatsorganen neue Gemeinde-, Distrikts- und Provinzversammlungen (municipalités, assemblées de districts, assemblées provinciales) schuf[16], und durch ein Edikt vom 8. 8. 1788, das die französischen „Reichsstände" (Etats généraux)[17] für das nächste Jahr zusammenrief[18]. 1789 überstürzten sich dann die Ereignisse: am 17. 6. erklärte sich der dritte Stand zur Nationalversammlung[19], am 14. 7. stürmte der Pariser Pöbel die Bastille[20], am 21. 7. der Straßburger Pöbel das Rathaus[21], vom 4.—11. 8. beschloß die Nationalversammlung die Abschaffung der Feudalrechte[22], am 6. 8. meuterten in

---

[8] Orschweiler 1524, Fürsteneck 1606, Amt Herrenstein 1651, Koßweiler und Romansweiler 1659, vier rechtsrheinische Dörfer 1663, Oberehnheim 1669, Schutterwald 1748.
[9] Mutzig 1459.
[10] Ittlenheim 1694, Illkirch-Grafenstaden 1733.
[11] Zuerst Neuburg a. Rhein 1383.
[12] Ochsensteiner Burgen 1401.
[13] Mittelbergheim: Urkunden über das Zellweiler Bruch N 14; *Hecker*, Stadt 235—236.
[14] Kap. 7 n 82.
[15] *Reichsland* III 861 (1391); *Knobloch* 12 (1390).
[16] Allgemein *Olivier-Martin* 414 und 574; für das Elsaß *Oberlin* 306—317; *Kirchner*, Elsass im Jahre 1789 (Karte); *Krug-Basse* 103; *Fallex* 14; *Ford* 235—236; für Barr *Hecker*, Stadt 8.
[17] Beide Ausdrücke im Straßburger Ausführungsgesetz vom 10. 3. 1789 = BNU: M 40.527 no 2 (frz.) und 3—4 (deutsch).
[18] Allgemein *Olivier-Martin* 671—672; für das Elsaß *Eimer*, Verhältnisse 28—31; *Fallex* 14; *Ford* 236—237; für Straßburg BNU: M 40.527; *Ford* 237—238.
[19] *Olivier-Martin* 675.
[20] *Olivier-Martin* 676.
[21] AM: no 270 (Schöffenprotokoll 1789) p 1; *Eimer*, Verhältnisse 67—80; *Ford* 246—247.
[22] Allgemein *Olivier-Martin* 676—677; Text und Kommentar für Straßburg *Turckheim* 35—62.

8. Kap.: Der Verlust der Herrschaftsrechte

Straßburg französische Truppen[23], am 10. 8. traten das Beständige Regiment zurück, am 11. 8. der Rat und am 12. 8. die Schöffen[24], am 13. und 14. 8. wählten die Zünfte neue Schöffen, am 14. 8. die Schöffen einen neuen Rat und vom 26. bis 28. 8. ebenfalls die Schöffen ein neues Beständiges Regiment, das man jetzt „Beständige Räte" nannte[25].

Die Gemeinden des Amtes Barr hatten die Straßburger Landpfleger[26] schon am 27. 7. 1789 gebeten, die herrschaftliche Verwaltung in fünfzehn verhältnismäßig nebensächlichen Punkten zu ändern[27]. Am 30. 7. entsprachen die Landpfleger diesen Wünschen. Sie verweigerten nur die Übereignung des hinteren Barrer Waldes[28]; doch wurde auch er am 11. 8. den Dörfern geschenkt[29]. Die Straßburger Herrschaft war aber damit noch nicht beendet. Sie überdauerte sogar das Gesetz vom 4. bis 11. 8. (das übrigens erst mit der Registrierung beim Conseil souverain d'Alsace in Kraft trat[30]): Dieses Gesetz stellte nämlich nur ein Programm auf, das späterer Ausführungsgesetze bedurfte[31], und hätte die international garantierte Rechtslage Straßburgs sowieso nicht einseitig beeinträchtigen können[32]. Am 1. 10. 1789 beschlossen jedoch die Straßburger Schöffen, auf die städtischen Vorrechte von sich aus zu verzichten und das Schicksal Straßburgs in die Hände der Nation zu legen[33].

---

[23] *Ford* 247.
[24] AM: no 270 p 2—3 und 12; *Eimer*, Verhältnisse 104—105. Irrig: *Hecker*, Stadt 179 n 2 (beständiges Regiment und Schöffen am 11. 8.); *Ford* 248 (beständiges Regiment und Rat am 10. 8., Schöffen am 11. 8.).
[25] AM: no 270 p 13, 35 und 125; no 269 (Protokoll des „gesamten Rats" 1789) p 1. Irrig: *Hecker*, Stadt 179 n 2 (gewählt wurde eine Municipalität und ein Maire); *Ford* 249 (ganze Neuwahl am 13. 8.). Über die neue Gerichtsverfassung *Oberlin*, Almanach, Supplémens 22—23.
[26] Über die Landpflegereien Kap. 10.
[27] *Hecker*, Stadt 10: Ermäßigung der Gerichtsgebühren, Ermäßigung der Frongelder, Übereignung des hinteren Barrer Waldes, Zustimmung bei Verleihung des Bürgerrechts, Aufhebung der Reisegelder für die Landpfleger, Aufhebung einer Mühlenabgabe, Bezahlung der Ackerzinsen wie früher in mehreren Getreidearten, Rückerstattung einiger Zinsen an Heiligenstein, Überlassung der Feldfrevel und Handwerksgelder an die Gemeinden, Ermäßigung der Fahrpreise auf der Postkutsche, Ermäßigung der Gebühren des Gerichtsvollziehers, Ermäßigung der Gebühren des Gerichtsboten, Abschaffung aller Neuerungen in Rechtsprechung und Verwaltung, Aufhebung einer Heiratsabgabe, Ernennung des Ausrufers für Versteigerungen durch die Gemeinden.
[28] *Hecker*, Stadt 10.
[29] *Peucer* 37; *Hecker*, Stadt 9—15; *Hecker*, Herrschaft 178—185.
[30] *Wehrhahn* 236—249, insbesondere 249 n 112.
[31] Ebenso für den Zehnten *König* 170.
[32] Schrifttum: *Turckheim* (1789). Strasburg protestierte vorsorglich gegen die Anwendbarkeit des Gesetzes; *Reichsland* I 286, *Ford* 250 (Ende September). Unklar: *Hecker*, Stadt 12 (der am 7. 8. eingesetzte Bürgerausschuß aus 40 Mitgliedern billigte mit den Bürgern den Protest der Straßburger Abgeordneten nicht) und 15 (Straßburg protestierte am 1. 10. 1789).
[33] *Werner*, rattachement 33. Vgl. auch oben n 32.

8. Kap.: Der Verlust der Herrschaftsrechte

Das Gesetz vom 2. 11. 1789 verstaatlichte zunächst die weltlichen Rechte der katholischen Geistlichkeit[34]. Eo ipso endete die Oberherrschaft Straßburgs über den Besitz der katholischen Klöster, nämlich über die Stadt Wangen und den Margarethenhof. Das Gesetz vom 15.—28. 3. 1790 beseitigte dann die auf Gewalt beruhenden Herrschaftsrechte (féodalité dominante), zu denen man ohne weiteres z. B. die Leibeigenschaft, die Gerichtsbarkeit und die Fronen zählte. Die auf Vertrag beruhenden Herrschaftsrechte (féodalité contractante) wurden für ablösbar erklärt; zu ihnen rechnete man u. a. die Umsatzsteuer (Pfundzoll, lods et ventes) und das Entgelt für die Nutzung von Grundstücken[35]. Die Herrschaft Straßburgs über sein Landgebiet ging durch dieses Gesetz im wesentlichen verloren[36]. Das Gesetz vom 14.—20. 4. 1790 beseitigte dann noch den Zehnten mit Wirkung vom 31. 12. 1790[37], und das Gesetz vom 17. 7. 1793 hob die letzten Herrschaftsrechte, die vorher schon ablösbar geworden waren, nunmehr ohne Entschädigung auf[38]. Straßburg behielt in seinem ehemaligen Landgebiet nur noch das reine Grundeigentum, dieses allerdings zum Teil bis heute[39].

Die französischen Gesetze galten für das rechte Rheinufer, das nach wie vor zum Deutschen Reich gehörte[40], selbstverständlich nicht. Das Straßburger Frauenwerk besaß dort noch das halbe Dorf Kehl und den abgesonderten Bann Niederweiler, das Straßburger Spital den abgesonderten Bann Herderhof[41]; die Stadt selbst übte über diese drei Gebiete die Oberherrschaft aus[42]. Infolge der deutsch-französischen Spannun-

---

[34] Allgemein *Olivier-Martin* 677; für Barr *Hecker*, Stadt 23—24. Die Rechte der evangelischen Kirche wurden durch Gesetz vom 1. 12. 1790 bestätigt = Notice XLII—XLIII; irrig: *Erichson* 140 (10. 12. 1790); *Hecker*, Stadt 23 (17. 8. 1790). Professor Koch von der Straßburger Universität setzte es auch durch, daß das Straßburger Spital und das Frauenwerk ihre Rechte behalten durften; *Buech* 11.
[35] *Olivier-Martin* 680—681. Vgl. dazu *Traité*.
[36] Die Straßburger Landpfleger amtierten noch Ende 1789; *Oberlin*, Almanach, Supplémens 31—37. Die alten Steuern wurden 1789 noch bezahlt; *Hecker*, Herrschaft 243—244. Der Barrer Amtmann verließ seinen Posten erst im Dezember 1790; *Hecker*, Stadt 15 und 28. Die meisten Forscher setzen den Zusammenbruch der städtischen Herrschaft zu früh an, so irrig: *Reichsland* I 331 (4.—11. 8. und 2. 11. 1789); *Hecker*, Herrschaft 209 (4. 8. 1789); *König* 171 (20. 11. 1789); *Goehner* 16 und 22 (14. 12. 1789); *Huber*, Verfassungsgeschichte 20—21 (4. 8. 1789); *Dubled*, Herrschaftsbegriff 91 (Dorfherrschaft verschwand am 4. 8. 1789 gänzlich).
[37] *König* 170—171. In Wasselnheim wurde der Zehnt am 5. 7. 1790 zum letztenmal meistbietend verkauft; AM: VI 475/70 no 5 (1791?).
[38] *Olivier-Martin* 681.
[39] Es behielt insbesondere den Ödenwald und den hinteren Barrer Wald, dessen Verschenkung die Cour de cassation 1838 für nichtig erklärte; *Office* I 376. Das Barrer Schloß wurde 1791 an die Gemeinde verkauft; *Hecker*, Stadt 28. Äcker in Romansweiler waren 1802 verpachtet; AM: VI 158 f 97.
[40] Kap. 3 n 36—42.
[41] Näheres *Wunder*, Kap. 2. Über den Margarethenhof vorn bei n 34.
[42] Über den Besitz der Klöster und Stiftungen Kap. 5. Irrig *Haeringer*, Strasbourg (en 1681, le rattachement de Strasbourg à la France fait perdre à la ville ses dépendances de la rive droite de Rhin, notamment Kehl).

8. Kap.: Der Verlust der Herrschaftsrechte

gen[43] riß die Verbindung über den Rhein 1791 ab. Die Straßburger Rechte wurden zunächst treuhänderisch verwaltet, in Kehl und dem Niederweierhof bis 1793 von Nassau[44] und dann nach einigem Hin und Her seit 1794 gemeinsam von Baden, Nassau und der Familie Böcklin[45], im Herderhof seit 1793 von Hanau[46]. Im Luneviller Frieden von 1801 verzichtete Frankreich auf alle Eigentums- und Hoheitsrechte auf dem rechten Rheinufer[47]. Da sich Straßburg schon 1789 in jeder Beziehung dem Willen der gesamten Nation unterworfen hatte[48], erfaßte der Verzicht Frankreichs auch die Rechte der Stadt. Das letzte Stück Straßburger Landeshoheit war damit auch von Rechts wegen beseitigt[49].

---

[43] Vgl. *Huber*, Verfassungsgeschichte 21—24.
[44] „Seitdem der pas mit Strasburg gesperrt ist hat der furstl. nassau-usingische rath und amtmann Langsdorf die einkunfte von dem halben antheil des stift Frauenhauses zu Strasburg an dem dorf Kehl wie auch von dem sogenandten Rappenhof in dessen nahmen eingezogen" (1793) = GLA: 149/31 vorne.
[45] GLA: 149/31 Mitte.
[46] „Auf dem Horder oder Spitalhof und dem Margarethenhof ist seit 2 jahren nichts in justiz und policey sachen vorgenommen auch ist nur einiges geld von ersterm in diesem jahr durch anweisung an das deutsche Spital zu Strasburg ubermacht worden" (1793) = GLA: 149/31 vorne; 229/95441 (Schutterwald von Hessen-Darmstadt-Hanau 1793 sequestriert); 149/31 Mitte (1794 hat die landvogtey Ortenau st. Margarethen guth in beschlag spitalzinse renten aber Hanau).
[47] Luneviller Frieden (*Martens* VII 538 = *Zeumer* 508) Art. 6.
[48] Vorn n 33.
[49] Irrig *Beinert*, Geschichte 127 (Kehl bis 1802).

Neuntes Kapitel

Der Zweck des Landerwerbs und der Veräußerungen

Warum Straßburg sein Landgebiet erwarb, ist in den wenigsten Fällen deutlich zu erkennen. Die Quellen sagen über die Beweggründe überhaupt nichts ausdrücklich, und aus dem Zusammenhang der geschichtlichen Ereignisse darf man nur vorsichtige Rückschlüsse ziehen. Trotz dieser Vorbehalte meinen wir, in der Straßburger Territorialpolitik vier Motive erkennen zu können.

Kriegspolitik. Ein erstes Motiv war das der militärischen Stärkung. Wenn Straßburg sich 1347 bemühte, das an die städtische Gemarkung angrenzende Königshofen in die Hand zu bekommen[1] und es dieses 1351 kaufte[2], wollte es offenbar verhindern, daß sich dort bei Gelegenheit ein Feind vor den Toren der Stadt festsetzen könne — eine Gefahr, die später (1392) wirklich drohte und durch die Einebnung des Dorfes abgewehrt wurde[3]. — 1398 erzwang Straßburg den Kauf der Burg Herrenstein und der Dörfer Dossenheim und Dettweiler[4]. In dem Friedensvertrag ist bezeichnenderweise nur „von der vesten Herrenstein" die Rede, die allein militärische Bedeutung hatte, und nicht auch von den beiden Dörfern, die nur als deren Anhängsel mit an Straßburg fielen. Schon Schoepflin vermutete 1761, daß Straßburg durch die strategische Lage der Burg zu deren Erwerb angeregt wurde[5].

Auffällig ist, daß Straßburg für sein unmittelbares Landgebiet bis 1489 ausschließlich befestigte Städte und Burgen erwarb, Dörfer dagegen nur im Zusammenhang mit jenen[6] — von den an die städtische Gemarkung angrenzenden einmal abgesehen[7]. Die erworbenen Städte und Burgen lagen so weit verstreut, daß man schon daraus erkennen kann, daß es Straßburg mehr um den Erwerb militärischer Stützpunkte

---

[1] Kap. 7 n 24.
[2] Kap. 5 n 40.
[3] Königshofen in *Hegel* 756 = UB VI 376 n 1; *Schoepflin* 352; *Hermann* I 43; *Fritz*, Territorien 113 n 2; *Reichsland* I 283 und III 530; *Braun* 52; *Goehner* 14 und 16.
[4] Kap. 7 n 88.
[5] *Schoepflin* 220 (Situs castri ad acquisitionem ejus Argentinenses impulisse videtur); ebenso *Knobloch* 7—8.
[6] Vgl. die erste Tabelle in Kap. 13.
[7] Königshofen, Illkirch-Grafenstaden, Ostwald.

9. Kap.: Der Zweck des Landerwerbs und der Veräußerungen

als um die Schaffung eines zusammenhängenden politischen Machtbereichs ging. Die Sicherung der Zufahrtswege spielte, soweit erkennbar, für die Straßburger Erwerbspolitik keine Rolle.

Machtpolitik. Straßburg hatte wohl nie die Absicht, seine verstreut liegenden Gebietsteile zu einem zusammenhängenden Flächenstaat auszubauen. Bei einem energischen und zielbewußten Einsatz aller zur Verfügung stehenden Mittel wäre ihm das doch wohl möglich gewesen. Die Stadt war nach ihrem militärischen Sieg über den Bischof (1262) bis ins 16. Jahrhundert hinein die größte militärische, politische, finanzielle und wirtschaftliche Macht weit und breit. Gestützt auf diese einzigartige Stellung hätte sie auch noch in späterer Zeit eine Territorialpolitik großen Stiles betreiben können. Hierzu hätte sie „nur" einen Teil ihrer vielen Eroberungen behalten[8], den Besitz der Bürger stärker an sich ketten[9], 1406/07, als sich dazu Gelegenheit bot, das ganze weltliche Gebiet des Bistums übernehmen[10], die einmal erworbenen Ländereien nicht mehr veräußern[11] und schließlich alle angebotenen Rechte ohne Rücksicht auf die Kosten aufkaufen müssen[12]. Nichts dergleichen geschah. Von reinen machtpolitischen Überlegungen ließ sich Straßburg allenfalls leiten, als es die Oberherrschaft über den Besitz seiner Klöster und Stiftungen beanspruchte[13]; vielleicht spielte aber auch dabei das bloße Prestige eine noch größere Rolle.

Finanzpolitik. Eine wichtige Frage bei allen Erwerbs- und Veräußerungsgeschäften war die nach dem finanziellen Vorteil. Immer wieder ließ die Stadt untersuchen, wie sich das aufgewandte oder aufzuwendende Kapital verzinste oder verzinsen würde, und viele Geschäfte schloß sie nur deshalb nicht ab, weil sie die Relation für zu ungünstig hielt. Im einzelnen scheiterten folgende Pläne:

1525 bot Nikolaus Ziegler Straßburg die Herrschaft Barr an[14];

1531 wollte Graf Philipp III. von Hanau-Lichtenberg Straßburg die Ämter Lichtenau, Rheinbischofsheim und Willstätt versetzen, aber Straßburg interessierte sich nur für Willstätt[15];

1580 bot Hans Friedrich von Rathsamhausen zum Stein Straßburg die Dörfer Altenheim, Kleingöft und Ottersweiler an[16];

---

[8] Vgl. Kap. 4 n 32.
[9] Vgl. Kap 5.
[10] Näheres *Wunder*, Kap. 8.
[11] Vgl. Kap. 8.
[12] Schwäbisch-Hall hat anscheinend um jeden Preis gekauft; *Lesener* (mündliche Auskunft). Für Straßburg vgl. den folgenden Abschnitt.
[13] Vgl. Kap. 5.
[14] *Hecker*, Herrschaft 115.
[15] GLA: 154/112.
[16] AM: VI 148/2 no 3. Gemeinde Altenheim, 26 km NW, Kanton Zabern. Gemeinde Kleingöft, 26 km NW, Kanton Maursmünster. Gemeinde Ottersweiler, 32 km NW, Kanton Maursmünster. Alle drei gehörten 1490—1632 den Rathsamhausen; *Reichsland* III 18, 522 und 820.

9. Kap.: Der Zweck des Landerwerbs und der Veräußerungen

1581 wollte der Metzer Bischof das Amt Herrenstein zurücklösen[17], ebenso 1617[18];

1655—1658 bot Straßburg dem Grafen von Oldenburg das Amt Wasselnheim an[19];

1656 versuchte Straßburg, die Ämter Wasselnheim und Marlenheim zu verkaufen[20];

1659 bot Straßburg dem Markgrafen von Baden-Durlach mehrere rechtsrheinische Dörfer, u. a. Niederhausen, zum Kauf an[21];

1660 bot Straßburg Herzog Georg von Württemberg das Amt Wasselnheim an[22];

1679 wollten sowohl General Berlips als auch Graf Ludwig Eberhard zu Leiningen-Rixingen das Amt Wasselnheim kaufen[23];

1778 bot Straßburg seine Rechte in Friedolsheim und Blienschweiler-Nothalten-Zell dem Straßburger Bischof zum Tausch an gegen dessen Rechte in Mittelbergheim, Ittlenheim und der Jagd in Krastatt[24];

1785 wollten die Erben Holzapfel ihre Rechte in Odratzheim verkaufen und 1787 Straßburg die seinen[25].

Bis zum Dreißigjährigen Krieg war Straßburg der größte Geldgeber seiner Umgebung. Der Bischof, die Grafen von Moers-Saarwerden, die Grafen von Hanau-Lichtenberg und viele kleinere Landesherren baten die Stadt immer wieder um finanzielle Hilfe. Wünschten sie ein größeres Darlehen zu erhalten, so lag es nahe, daß die Stadt dafür als Sicherheit und als Zinsersatz den Besitz und die Nutzung eines Landesteils übernahm, wie z. B. Neuburg a. Rhein 1369 von den Herren von Lichtenberg, Benfeld 1394 vom Bischof[26] und Saarwerden 1456 von den Grafen von Moers-Saarwerden[27]. Im übrigen trat Straßburg die Herrschaft manch-

---

[17] *Fischer*, Notice 535. Der Antrag vom 7. 9. 1581 führte 1582—1587 zu einem Prozeß beim Reichskammergericht; AD: E 1997 (Prozeßakten); *Schoepflin* 220 Fußnote n; *Clauss* 463.

[18] Metz verzichtete, weil Straßburg inzwischen 31 737 Gulden aufgewandt hatte; *Fischer*, Notice 541; *Wolff*, Chronik 27—28.

[19] AM: VI 165/10.

[20] AM: no 136 f 195 (1656 der kauff mitt Waslenheim und Marlenheim sich allerdings zerschlagen).

[21] GLA: 229/77645 (1659 Strasburg intentionirt neben anderen dorfschaft dies seits Rheins auch das dorf Niderhaussen ahn ihro frstl. gd. dem jungen marggrafen zue Durlach khauflich zuverhandlen).

[22] AM: VI 165/12.

[23] AM: VI 165/11.

[24] AM: VI 441/2d (interner Vorschlag des XIII Hennenberg 1777, um die Streitigkeiten in Mittelbergheim zu beenden); VI 441/2m (Straßburger Angebot mit Vertragsentwurf April 1778); VI 441/2r (Verzicht Straßburgs auf weitere Verhandlungen am 23. 5. 1778). Über Krastatt Kap. 4 n 78.

[25] „Es ist e. g. schon im jahr 1785 der antrag geschehen die herrschaft Odratzheim uber welche gemeiner stadt die hohe gerichtsbarkeit zustehet fur die summe von 105 000 l. an sich zu bringen ... Allein der allzuhohe preis ... veranlasten e. g. ... dieses anbieten nicht anzunehmen ... einstimmig erkannt: das der loblicher stadt auf der herrschaft Odratzheim zustehende rechte zu verausern" (XIII Prot 1787) = AM: no 611 p 11 und 16; Akten dazu = AM: VI 384/24 (1782—1787).

[26] Kap. 4 n 62 und 63.

[27] AM: charte 31 décembre 1467 IV 116 (Vidimus).

9. Kap.: Der Zweck des Landerwerbs und der Veräußerungen

mal ausdrücklich deswegen an, um sich und seine Bürger für ältere Geldforderungen zu befriedigen, nämlich 1388 in Rappoltsweiler, 1407 im Straßburger Bistum und 1511 in Flexburg und Orschweiler[28]. In diesen Fällen sind die finanziellen Erwägungen unverkennbar.

Nach dem Dreißigjährigen Krieg hat Straßburg drei Gebiete wahrscheinlich wegen drückender Geldnot verkauft[29]. Für das Amt Herrenstein (1651) wird dieser Beweggrund jedenfalls in der Literatur behauptet[30], ebenso für die Dörfer Romansweiler und Koßweiler (1659)[31]. Der Erlös aus dem Verkauf der vier überrheinischen Dörfer Nonnenweier, Niederhausen, Allmannsweier und Wittenweier (1663) wurde nachweisbar zur Tilgung von städtischen Schulden verwendet[32]. — Ein Verkauf der Ämter Wasselnheim und Marlenheim wurde 1655—1660 mehrfach versucht, scheiterte aber an zu hohen Forderungen[33].

Zur französischen Zeit wurde der Herrschaftswechsel vollends zu einem reinen Vermögensgeschäft, das man nach kaufmännischen Gesichtspunkten beurteilte[34]. Eine selbständige Kriegs- und Machtpolitik hatte im zentralistischen Frankreich ohnehin jeden Sinn verloren.

Holzpolitik. Einige Gebiete scheint Straßburg erworben zu haben, um seine Holzversorgung zu erleichtern[35]. Der Bedarf an Bau- und Brennholz war ungeheuer groß[36]. 1554 schloß die Stadt z. B. einen Abholzungsvertrag, nach dem sie in der Herrschaft Schramberg 25 Jahre lang bis zu 100 000 Klafter Brennholz hauen durfte[37]. 1675 bezog Straßburg 600 Klafter Holz aus Offenburg[38]. Das meiste Bauholz kam, auch zur

---

[28] Kap. 7 n 65, 66 und 78.
[29] Nach IPO XVI 8 und 10 in Verbindung mit den Ausführungsbestimmungen und der Wormser Reichsmatrikel von 1521 (*Zeumer* 313—317) mußte Straßburg 55 000 Reichstaler als schwedische „Satisfaktionsgelder" nach Frankfurt zahlen.
[30] *Fritz*, Territorien 119; *Wolff*, Chronik 42; *Reuss*, Alsace I 445; *Reichsland* III 429; *Wolff*, Burgen 115; *Borries* 188—190; *Goehner* 20.
[31] *Reuss*, Alsace I 445; *Borries* 188—190; *Goehner* 20.
[32] Abrechnung in AM: VI 304/7 (1663); vgl. auch AM: I 24b/43 f 8 (1763; Verkauf wegen schwedischer Satisfaktionsgelder).
[33] Vorn n 18—21.
[34] Vorn n 23 und 24. Ittlenheim wurde 1694 verpachtet = AM:VI 191/9 no 9 (2 Originale). Der Schutterwald wurde 1748 verkauft = Schutterwald: Urkunde no 20 (eingerahmtes Original) = AM: VI 200/14 no 6a (2. Original).
[35] Schutterwald 1501, Schädelswald 1561, vielleicht auch Marlenheimer Stadelhof mit Ödenwald 1510 und Neuhof 1544. Nicht dagegen Barr mit Barrer Wald, Rotmannsbergwald und Mittelbergheimer Wald 1566/68; denn bei den Kaufverhandlungen und in den Kaufverträgen werden diese Wälder mit keinem Wort erwähnt; vgl. AM: chartes 25 avril 1566 und 6 novembre 1568 (Originale).
[36] Nach *Bader*, Dorf 57 n 4 hat Frl. Dr. Bastian in Schiltach Beobachtungen über den Holzbedarf Straßburgs gemacht. Die „Haagscheuer" nahm 1786 6416 Fuder Holz ein und gab 6724 Fuder aus; vorhanden waren danach noch 6578 Fuder; siehe Jahresrechnung in AM: AA 2261 f 96.
[37] AM: no 957 f 120—122 (Abschrift).
[38] *Kähni*, Straßburg 217.

9. Kap.: Der Zweck des Landerwerbs und der Veräußerungen

französischen Zeit, aus dem Schwarzwald[39]. Das Holz aus den eigenen Wäldern[40] wurde dagegen meist verkauft[41], wohl deshalb, weil es wegen der ungünstigen Verkehrslage nicht in die Stadt geflößt werden konnte[42].

Keine Lebensmittelpolitik. Gelegentlich wird die Meinung vertreten, Straßburg habe sich aus dem eigenen Machtbereich mit allen Lebensmitteln versorgen wollen und zu diesem Zweck ein agrarisches Landgebiet von sich abhängig gemacht, den Verkauf der landwirtschaftlichen Erzeugnisse auf dem städtischen Markt verlangt und umgekehrt eine handwerkliche Erzeugung innerhalb des Landgebiets nicht geduldet[43]. Solche Bestrebungen sind nun zwar in andern Städten festzustellen[44], keineswegs aber in Straßburg. Straßburg war vielmehr der bedeutendste Handelsplatz weit und breit und konnte sich in ruhigen Zeiten mühelos auf dem freien Markt versorgen. Für Zeiten der Not legten die Stadt, die Klöster und die Familien so große Vorräte an[45], daß z. B. im Dreißigjährigen Krieg Straßburg der Landbevölkerung mehrfach mit Getreide aushelfen konnte[46]! Wie leicht sich die Stadt Lebensmittel verschaffte, erhellt auch aus der Tatsache, daß sie ab 1693 Getreide an das französische Heer liefern mußte[47] und 1728 dessen Versorgung im ganzen Elsaß (!) freiwillig übernahm[48]. Von einem Landerwerb oder -verkauf aus ernährungspolitischen Gründen kann man unter diesen Um-

---

[39] *Ford* 140 nach *Hoffmann* I 656; dieser nach einem Mémoire von 1731.
[40] Über die Straßburger Wälder AM: AA 2281—2291. Protokolle der Forstkammer 1737—1782 = AM: VI 261—268. Försterordnungen 1739 = AM: VI 259. Über die frz. Forstverwaltung *Hoffmann* I 632—742 (1906); *Rieger*, forêts (1951); *Livet*, Intendance 561—566 (1956).
[41] Für den Schutterwald AM: VI 200/11—12 (1737—1745); für den Ödenwald AM: VI 258/11 no 8 (1750). — Aus den Rheininseln bei Straßburg wurden im Jahresdurchschnitt 41 000 Pfund erlöst; AM: AA 2257 no 15 (1780); aus den Ämtern in einem Jahr 12 000 Pfund; AM: AA 2254 f 11.
[42] „dans les seigneuries ... les forêts seraient d'une plus grande utilité pour la ville si celle-ci pouvait faire arriver à Strasbourg les bois par le canal de la Bruche" (1780?) = AM: AA 2254 f 11.
[43] So fast wörtlich *Crämer*, Verfassung 117.
[44] Für Soest *Diekmann* 133—137.
[45] *Livet*, Intendance 585—587. Die städtischen Kornspeicher hatten eine Kapazität von 20 000 Sack; AM: AA 2254 f 10 (1780?); anders *Livet* 587 n 1 (50 000). Die städtischen Weinkeller faßten 19 784 Ohm (über 9000 Hektoliter); AM: AA 2655 f 59—62 (1774); irrig *Ford* 138 (über 10 000 gallons = 500 Hektoliter). Das Wasselnheimer Schloß barg 1674 14 000 Viertel Getreide; *Wirth* II 21. Die Straßburger Stadtspeicher enthielten 1692 21 350 Viertel Getreide und 2400 Sack Mehl; *Livet* 586. Die städtischen Weinkeller lagerten 1760—1770 im Jahresdurchschnitt 7975 Ohm (3654 Hektoliter) neu ein; AM: AA 2655 f 42.
[46] AM: no 114 (1633) und 115 (1634) passim.
[47] *Engel* 92. Ausführlich über die frz. Lebensmittelpolitik *Livet*, Intendance 584—608.
[48] *Engel* 94. Ob seine Behauptung stimmt, erscheint mir allerdings zweifelhaft.

9. Kap.: Der Zweck des Landerwerbs und der Veräußerungen

ständen nicht reden[49]. Um sich Lebensmittel zu verschaffen, wäre es im übrigen zweckmäßiger gewesen, nicht Herrschaftsrechte, sondern Zehntrechte zu kaufen, die ebenfalls frei gehandelt wurden und die landwirtschaftlichen Erzeugnisse viel unmittelbarer als jene einbrachten.

---

[49] Irrig *Crämer*, Verfassung 117, nach dem Straßburg wegen der gestiegenen Bevölkerungszahl 1566 das Amt Barr ankaufte und nach dem Dreißigjährigen Krieg wegen der gesunkenen Einwohnerzahl verkaufte.

Zehntes Kapitel

Die Gliederung des Landgebiets

Wie andere deutsche Landesherrn hat auch Straßburg für sein *mittelbares* Landgebiet keine besonderen Organe bestellt[1]. Das *unmittelbare* Landgebiet wurde hingegen mehrfach durchorganisiert und entsprechend vielschichtig gegliedert.

Anfänge[2]. Betrachten wir zunächst die Anfänge! 1351 kaufte Straßburg das Dorf Königshofen[3]; wie es verwaltet wurde, wissen wir nicht[4]. 1369 erwarb Straßburg umfangreiche Rechte in Burg und Flecken Neuburg a. Rhein[5]; 1371 sind dort ein Straßburger „Burgvogt" und 1374 Straßburger „Amtleute, Schreiber und Zöllner" nachweisbar[6]. 1388 übernahm Straßburg die Unterstädte Rappoltsweiler[7]; es soll dort zwei „Amtleute" gegeben haben[8]. 1394 erwarb Straßburg die Stadt Benfeld[9]; 1405 werden ein „vogt zu Benfelt" und „knehte die uff die vestin gehorent" erwähnt; der Vogt erhielt jährlich 26 Pfund, ab 1405 zehn Pfund „zu lone", dazu noch einige Gefälle[10]. 1399 kaufte Straßburg Anteile an der Burg Herrenstein und den Dörfern Dossenheim und Dettweiler[11]; noch im selben Jahr schloß es mit den andern Teilhabern einen Burgfrieden, nach dem es die Feste mit neun „knehten" bewachen und die „beidersyte amptlute die wir off der vestin habint" den Burgfrieden beschwören sollten[12]; der Straßburger „Vogt" erhielt jährlich 186 Pfund Lohn, von dem er die neun Knechte und zwei Pferde unterhalten muß-

---

[1] Vgl. Kap. 5 n 94. Daß nur das unmittelbare Landgebiet in Ämter eingeteilt wurde, betont zuletzt *Krüger* 255.
[2] Schrifttum: *Knobloch* 109—123 (1908, mit vielen Fehlern).
[3] Kap. 5 n 40.
[4] Vgl. Kap. 9 n 3.
[5] Kap. 5 n 82.
[6] UB V 718 no 932 (1371); UB V 844 no 1115 (1374).
[7] Kap. 7 n 65.
[8] *Knobloch* 109 ohne Quellenangabe.
[9] Kap. 4 n 63.
[10] Straßburger Dienstordnung von 1405 = AM: R 16 f 54—85 = III 31/22 = *Schmoller*, Strassburg 74—146 § 126 = *Eheberg* I 11—59 §§ 134—135 = *Keutgen* 269—292 § 126.
[11] Kap. 7 n 90.
[12] UB VI 771 no 1496 (Druck).

te[13]. 1399 erwarb Straßburg die ganze Burg und die halbe Stadt Lichtenau[14]; der Straßburger „Vogt" bezog 1405 einen Lohn von 105 Pfund und mußte davon sechs „knehte das sloss zu behutende" unterhalten[15]. 1401 erwarb Straßburg die Stadt Ettenheim und sieben dazugehörige Orte[16]; der Straßburger „Vogt" bewohnte 1405 eine Dienstwohnung und bezog einige kleinere Gefälle, darunter Eier „von eim jegelichen menschen das gon Ettenheim mit eigern zu merckete got und nit uss der vogtien ist"; ein zusätzlicher Lohn von 20 Pfund wurde ihm 1405 gestrichen[17].

Die Quellen zeigen, daß Straßburg seine einzelnen Erwerbungen jeweils durch einen „Vogt" verwalten ließ, dem gewöhnlich Kriegs-„Knechte" untergeordnet waren. Jeder Vogt verwaltete nur eine, andererseits aber auch die ganze übernommene Herrschaftseinheit, unabhängig davon, aus wievielen Ortschaften sie bestand. Von dieser Regel ging Straßburg frühestens 1496 ab. Das seit diesem Jahr aufgekaufte Dorlisheim wurde jedenfalls später nicht selbständig, sondern durch den Vogt von Illkirch mitverwaltet. Andere kleinere Erwerbungen wurden den Vögten von Illkirch, Kürnberg, Wasselnheim, Ettenheim und Herrenstein unterstellt. Der Schutterwald, Neuhof und Schädelswald bekamen überhaupt keinen Vogt[18].

Amt. Der Leiter eines Herrschaftsbezirks hieß bis ins 16. Jahrhundert hinein „Vogt"[19], später mehr und mehr „Amtmann"[20], französisch „bailli"[21]. Der Herrschaftsbezirk selbst hieß nur dann Vogtei[22] (vouerie[23], prévôté[24]), Amt[25] (bailliage[26]), Herrschaft[27] (seigneurie[28]), Pflege[29]

---

[13] Dienstordnung 1405 (vorn n 10) § 123 bzw. 131. In *Eheberg* I 40 n 1 ist irrig von Ettenheim die Rede, in *Keutgen* 288 n 1 dagegen richtig von Herrenstein.
[14] Kap. 7 n 42.
[15] Dienstordnung 1405 (vorn n 10) § 124 bzw. 132.
[16] AM: no 954 f 84—86 = AA 1429 f 3—5 = GLA: 33/14 (Abschriften) = *Krieger* I 547 (Regest); *Großherzogtum* 810; *Bender* 16; *Knobloch* 24; *Ferdinand* 9.
[17] Dienstordnung 1405 (vorn n 10) § 123 bzw. 128.
[18] Vgl. die erste Tabelle in Kap. 13.
[19] Vorn n 6—17; *Eheberg* I 583 no 307 (1544 vogt uber ir schlosz Wasselnheim mit seiner zugehorung). Allgemein zum Begriff *Grimm*, Wörterbuch XII 2, 437—442. Über die Bezeichnungen in Südwestdeutschland *Grube* 14.
[20] Vorn n 12; *Eheberg* I 571—574 (Landpflegerordnung 1539). Allgemein zum Begriff *Rechtswörterbuch* I 576—580.
[21] AM: AA 2072 f 10 (1766 baillif de la provote d'Illkirch).
[22] *Eheberg* I 571—574 (1539 Wasselnheim und derselben vogtey... Marlenheim); AM: II 126/36 no 10 und 11 (1644 vogtey Illkirch).
[23] AM: II 126/36 no 12 (1644 vouerie d'Illkirch).
[24] Vgl. oben n 21.
[25] AM: VI 97/2 f 20 (1523 inn dem ampt zu Marle).
[26] AM: II 126/36 no 12 (1644 bailliage de Barr).
[27] *Eheberg* I 598 no 315 (1567 herrschaft Barr); AM: VI 441/1 no 9 (1689—1777 herrschaft Barr).
[28] Dollinger in *Fuchs* VI, Préface.
[29] AM: VI 457/1 f 1 (1639 pflege Wantzennaw).

oder Landpflegerei³⁰, wenn er aus mehreren Ortschaften bestand; einen einzelnen Ort nannte man je nachdem, um was für eine Siedlungsform es sich handelte, einfach Stadt, Dorf oder Burg, manchmal auch Herrschaft³¹. Obwohl diese Einzelorte also gelegentlich einen „Vogt" oder „Amtmann" hatten³², gehörten sie zu keinem „Amt", waren also nicht „amtsässig", sondern — gemäß moderner Terminologie — amtsfrei³³. In der Literatur wurde bisher fast immer verkannt, daß nicht jeder „Amtmann" (Leiter eines Herrschaftsbezirks) ein „Amt" (Herrschaftsbezirk aus *mehreren* Orten) leitete³⁴.

Landpflegerei. Das Landgebiet und die Amtleute unterstanden den Zentralbehörden der Stadt³⁵, insbesondere dem Rat und den Einundzwanzig (XXI)³⁶, aber auch deren Ausschüssen wie den „Dreiern vom Pfennigturm"³⁷, den „Bauherren"³⁸ oder der Forstkammer³⁹. 1513 unternahmen Rat und XXI den Versuch, für das Landgebiet einen besonderen Ausschuß von sechs „Landesherren"⁴⁰ zu errichten: „den soll befohlen sin und werden der statt Straszburg statte schlosser und dorfer und alle uszwendige amptlute"⁴¹. Der Versuch bewährte sich nicht und wurde deshalb schon 1515 wieder aufgegeben⁴². 1539 bildete man jedoch für jedes „Amt" einen Ausschuß von drei „Landpflegern", die die „cleiner sachen ... so den amptleuten oder wo nit amptleut weren den schultheissen furkomen" selbst erledigen und die „wichtiger ... sachen ... fur die reth und einundzweinzig pringen" sollten⁴³.

---

³⁰ *Regimentsverfassung* 1673 p 18; *Regimentsverfassung* 1731 p 36.
³¹ Kap. 9 n 24 (1787 herrschaft Odratzheim).
³² Vorn n 6—15.
³³ Allgemein schon *Seckendorff* 12: „Man findet auch in etlichen Fürstenthumen blosse Dorffschaften deren Schultessen, Vorsteher unnd Gemeinden dennoch nicht, unter denen Beamten des Landsherrn, sondern unter demselben und dessen Cantzeley ohne Mittel sein wollen."
³⁴ Am besten noch *Knobloch* 109 (Sozusagen je ein Amt für sich bildeten die 4 Städte Benfeld ...); irrig jedoch daselbst die Aussagen über Fürsteneck, Kenzingen und Herbolzheim.
³⁵ Einiges bei *Knobloch* 90—91 und 99—101.
³⁶ Zuerst erwähnt 1356 = UB V 324 no 380. Überholt *Hermann* II 38 (1395); *Winckelmann*, Entstehungsgeschichte; *Hatt*, vie 24 (1392).
³⁷ Dreierordnung 15. Jh. = *Eheberg* I 473—476; Dreierordnung 1558 = *Eheberg* I 592—595.
³⁸ Bauherrenordnung 1545 = *Eheberg* I 586—589; Bauherrenordnung 1640 = BNU: ms 1286 p 236—244 = *Eheberg* I 715—716.
³⁹ Vgl. Kap. 9 n 39.
⁴⁰ Der Ausdruck findet sich in der Landesherrenordnung von 1513 (*Eheberg* I 551—554) § 10. Irrig *Knobloch* 101 (das Schriftstück von 1513 habe diese Bezeichnung nicht).
⁴¹ Landesherrenordnung 1513 = *Eheberg* I 551—554 (Druck); dazu *Knobloch* 101—106.
⁴² *Knobloch* 106; *Crämer*, Verfassung 46.
⁴³ Landpflegerordnung 1539 = AM: no 17 f 81 (Protokoll) = AM: R 4 f 146—149 (Original) = no 862 p 260—268 = VI 75/2 b und d = VI 148/2 no 2 = BNU: ms 1286 f 166—171 (Abschriften) = *Eheberg* I 571—574 (Druck); dazu *Knobloch* 107—108 (mit einigen Irrtümern).

Als „Ämter" wurden ausgeteilt 1. Illkirch mit einigen Orten, 2. Herrenstein mit einigen Orten, 3. Wasselnheim und seine „vogtey", 4. die „vogtey" Marlenheim, 5. Fürsteneck, Schutterwald, Niederhausen und Nonnenweier. Es liegt nahe, diese „Ämter" (Landpflegerbezirke) mit den oben geschilderten „Ämtern" (Amtmannbezirken) zu identifizieren, wie es in der Literatur bisher geschehen ist. Bei genauerem Hinsehen ergibt sich jedoch, daß der Landpflegerbezirk Fürsteneck-Schutterwald-Niederhausen-Nonnenweier keinem Amtmannbezirk entsprach. Die Burg Fürsteneck wurde zwar von einem Amtmann verwaltet, aber dieser Amtmann hatte sich nur um die Burg selbst und keineswegs auch noch um andere Orte zu kümmern[44]. Der Wald Schutterwald unterstand überhaupt keinem Amtmann, sondern unmittelbar den Dreiern des Pfennigturms und den Bauherren[45]. Das Dorf Niederhausen gehörte bis 1515 zum Amtmannbezirk Kürnberg[46], von 1515 bis 1528 zum Amtmannbezirk Ettenheim[47] und spätestens seit 1543 zum Amtmannbezirk Illkirch[48]. Das Dorf Nonnenweier schließlich gehörte bis 1528 zum Amtmannbezirk Ettenheim[49] und spätestens seit 1543 ebenfalls zum Amtmannbezirk Illkirch[50].

Aus diesen Tatsachen ergibt sich klar, daß sich das Amt im Sinne eines Landpflegerbezirks mit dem Amt im Sinne eines Amtmannbezirks nicht deckte, jedenfalls nicht immer und überall. Der besseren Unterscheidung wegen nennt man den Amtmannbezirk am besten „Amt", den Landpflegerbezirk „Landpflegerei".

Um es nochmals zu betonen: Die Grenzen der Ämter und die Grenzen der Landpflegereien waren nicht überall identisch. Die Landpflegerei Illkirch umfaßte den linksrheinischen Teil des Amtes Illkirch, die Landpflegerei Fürsteneck oder die „überrheinische" Landpflegerei den rechtsrheinischen Teil des Amtes Illkirch, nämlich Niederhausen, Nonnenweier, Allmannsweier und Wittenweier, dazu die Burg Fürsteneck und den Schutterwald[51]. Die Landpflegereien Herrenstein, Wasselnheim und Marlenheim stimmten mit den gleichnamigen Ämtern überein.

---

[44] AM: VI 451/1 passim.
[45] Förster- oder Waldordnung 1509 = AM: VII 72/7 no 1 = VII 72/13 f 9—12 (Abschriften); Bauherrenordnung 1545 (vorn n 38) § 18; Försterordnung 1632 = AM: VII 72/7 no 2 (Abschrift); Bauherrenordnung 1640 (vorn n 38) § 20; Steinsetzung 1635 = AM: VII/2 no 4 (Original); Freveltätigung der Bauherren und Dreier 1736 = AM: VI 258/15 no 10a; Freveltätigung 1737 = AM: VI 260; Freveltätigung der Forstkammer 1739—1745 = AM: VI 200/9; *Seigel* 141—146.
[46] Irrig *Knobloch* 27 (Anfang des 16. Jh. im Amt Illkirch).
[47] AM: VI 75/1a (Liste 1516).
[48] *Bender* 28 (1543), 19 (1549), 29 (1551), 31 (1552); BNU: ms 1656 (1590); AM: III 262/1 (1597); VI 193/5 f 2 (1620); VI 242/9 no 7 (um 1630); VI 193/8a (1638); VI 304/1 f 28 und 32 (1651); III 194/5 no 1 (1659); no 132 f 128 (1652); GLA: 229/77653 (1653).
[49] Vgl. vorn n 16. Irrig *Knobloch* 27 (Anfang des 16. Jh. im Amt Illkirch).
[50] Oben n 48.
[51] Vgl. *Wunder*, Kap. 9.

Die scheinbare Gliederung während des Dreißigjährigen Krieges. Straßburg blieb im Dreißigjährigen Krieg[52] neutral, unterstützte aber insgeheim überwiegend die protestantischen Reichsstände und damit Schweden und Frankreich, die das Elsaß beherrschten[53]. Alle Beteiligten waren darauf bedacht, die mächtige Stadt nicht unnötig zu verärgern und sie und ihre Besitzungen von Einquartierungen, Beschlagnahmen und Plünderungen so weit wie möglich zu verschonen. Der französische Oberkommandierende Turenne stellte für das Straßburger Landgebiet eigene Schutzbriefe aus, die insbesondere den französischen Truppen gegenüber eine gewisse Sicherheit boten. Um nun auch befreundete Ortschaften, die der Straßburger Herrschaft nicht unterstanden, dieses Schutzes teilhaftig werden zu lassen, gab man sie kurzerhand ebenfalls als straßburgisch aus. Auf diese Art und Weise rechnete man beispielsweise zum Amt Illkirch vorübergehend die Dörfer Niederhausbergen, Fürdenheim, Kehl, Mitteldörfel und Sundheim[54].

Bailliage. 1680 annektierte Frankreich das linksrheinische Landgebiet Straßburgs, 1681 die Stadt Straßburg selbst[55]. Die französischen Behörden ließen die herrschaftliche Verwaltungsorganisation weitgehend unverändert und bedienten sich ihrer für ihre eigenen Zwecke[56]. Von Zeit zu Zeit wurde der herrschaftliche Amtmann mit königlichen Aufgaben betraut, z. B. mit der Einziehung französischer Steuern[57], und hierdurch zu einem königlichen bailli (Amtmann) erhoben. Die Amtsbezirke, die ihm als herrschaftlichem Amtmann (bailli) und als königlichem bailli (Amtmann) zustanden, deckten sich freilich wiederum nicht vollständig, so daß man künftighin noch zwischen einem herrschaftlichen Amt (oder bailliage) und einem französischen bailliage (oder Amt) unterscheiden muß. Auch dies hat die Wissenschaft bisher übersehen.

So war der französische bailliage Illkirch gegenüber dem herrschaftlichen Amt Illkirch 1694 um die Stadt Wangen und die Dörfer Fürdenheim, Eckbolsheim und Niederhausbergen erweitert[58]. 1717 umfaßte der französische bailliage Wasselnheim-Marlenheim, anders als die zwei herrschaftlichen Ämter Wasselnheim und Marlenheim, auch die Stadt

---

[52] Schrifttum: *Reuss*, Strassburg (1879); auch *Dickmann* (1959).
[53] Kap. 3 n 33—34 und Kap. 7 n 9.
[54] AM: no 852/24 (vor 1634 Fürdenheim und Niederhausbergen); VI 75/1b (vor 1634 Sundheim und Kehl); II 126/36 no 10 usw. (vgl. Kap. 5 n 23; 1644 Niederhausbergen); II 126/36 no 7 (1645 Niederhausbergen, Kehl, Mitteldörfel, Sundheim).
[55] Kap. 3 n 37—38.
[56] *Livet*, Intendance 728—729. Ähnlich heute die Bundesauftragsverwaltung der Länder nach Art. 85 des Grundgesetzes.
[57] AM: VI 97/8 c und d (Ämter Wasselnheim und Marlenheim 1697); *Hecker*, Herrschaft 233; *Livet*, Intendance 483 und 728—731.
[58] AM: VI 193/9 no 2; für Niederhausbergen ebenso AM: VI 193/8c (1731); für Eckbolsheim und Fürdenheim *Schoepflin* 740—741 (1750).

Wangen und das ganze Dorf Friedolsheim, nicht dagegen die Dörfer Ittlenheim und Odratzheim[59], die zum bailliage der unterelsässischen Ritterschaft gehörten. Blienschweiler-Nothalten-Zell wurde zwar zum Straßburger Amt Barr, nicht aber zum französischen bailliage Barr, sondern zum bailliage der unterelsässischen Ritterschaft gezählt[60].

Die örtliche Gliederung nach der Art der Besiedlung. Auf der örtlichen Ebene kann man die Straßburger Gegend auf fünffache Art einteilen, zunächst einmal nach der Art der Besiedlung in Städte, Dörfer (einschließlich Flecken und Weiler), Höfe[61], Burgen und Wälder (einschließlich Weiden). Die Ausdrücke Stadt und Dorf[62] sowie Dorf und Hof[63] wurden gelegentlich unterschiedslos für ein und denselben Ort verwendet. Die überkommene Bezeichnung „Stadt" war als solche genau wie heute ein bloßer Titel ohne jeden rechtlichen oder tatsächlichen Inhalt. Was man gewöhnlich als Kennzeichen der mittelalterlichen Stadt angibt, nämlich Befestigung, Markt, eigener Gerichtsbezirk und eine gewisse Autonomie[64], das alles finden wir in gleichem Maße auch bei sogenannten „Dörfern"[65]. Das größte Dorf im Straßburger Landgebiet, Barr, gab sich z. B. seine eigenen Gesetze[66], bildete einen selbständigen Gerichtsbezirk[67], hatte seine eigenen Wochen- und Jahrmärkte[68] und wurde 1609 bis 1611 mit Mauer und Graben befestigt[69].

Die örtliche Gliederung in Bänne, Gemeinden, Gerichte und Herrschaften. Die vier andern Möglichkeiten, die Straßburger Gegend auf örtlicher Ebene einzuteilen, sind die Gliederungen in Bänne, Gemeinden, Gerichte und Herrschaften. Ein zusammengehöriges örtliches Gebiet, entsprechend der heutigen Gemarkung oder dem Gemeindegebiet,

---

[59] AM: VI 234 f 23 (frz. Steuerliste). Über Odratzheim entstand 1735 ein Streit; AM: AA 2077 f 9—11.
[60] *Schoepflin* 742 (1750).
[61] 1401 erwarb Straßburg die „stat Ettenheim und die dorffer ... Trisloch den hoff" = vorn n 16.
[62] *Bloch* II 368 no 2335 (1293 oppidum sive villam Mollesheim); allgemein *Bloch* I 388.
[63] AM: UFW Niederweiler 1 (1318 curia zu Niderwilre); GLA: 33/29 Jeringheim (1320 hoff zu Niderwilre); *Krieger* II 339 (1328 villa dicta Niderwilre); *Krieger* I 938 (1452 villa Herde) und 939 (1480 Herde der eyn hoff). Allgemein *Grimm*, Wörterbuch II 1277; *Wolfram*, Erläuterungsband 96 und 101. Irrig *Dubled*, observations 9 (au milieu du XIIIe siècle, l'évolution semble être à peu près achevée, et villa a partout le sens de ville et de village).
[64] *Mitteis*, Rechtsgeschichte 164—168.
[65] Ebenso für die Ummauerung *Feger*, Städtewesen 53.
[66] z. B. Bürgerordnung 1481 = *Hecker*, Herrschaft 60—61 (Regest).
[67] Vgl. AM: VI 115/10 (Eidbuch 16. Jh.).
[68] AM: VI 1/2 f 7 (1562 Jahrmärkte); VI 1/5 p 1 (1565); VI 1/3 p 2 (1568 Wochenmarkt); AA 2069 f 155 (1769); *Horrer* 237; *Barth*, Handbuch 99. Weitere Märkte in Marlenheim und Wasselnheim.
[69] *Hecker*, Herrschaft 314 (mit Karte). Andere Befestigungen in Dorlisheim und Wasselnheim.

hieß „Bann", die politisch zusammengehörige Bevölkerung „Gemeinde" und das die örtlichen Aufgaben erledigende oberste Organ „Gericht"[70].

In der Regel hatte jede Siedlung einen eigenen Bann, eine eigene Gemeinde, ein eigenes Gericht und nur eine Herrschaft[71]. Von dieser Regel gibt es aber zahlreiche Ausnahmen. Die Orte Benfeld-Ehl, Dossenheim-Kugelberg, Illkirch-Grafenstaden, Mutzig-Hermolsheim-Wege, Kehl-Jeringheim-Sundheim, Wasselnheim-Brechlingen, Romansweiler-Dann, Blienschweiler-Nothalten-Zell, Oberehnheim-Bernhardsweiler und Wanzenau-Abertsheim-Honau bestanden jeweils aus mehreren Siedlungen, hatten aber Bann, Gemeinde, Gericht und Herrschaft gemeinsam. Schiltigheim und Adelshofen wuchsen erst unter der Straßburger Herrschaft zusammen. Ittenheim und Handschuhheim sowie Gamsheim-Bettenhofen und Kilstett hatten jeweils Bann, Gericht und Herrschaft gemeinsam, fühlten sich aber als zwei „Gemeinden". Romansweiler und Koßweiler, Wittenweier und Allmannsweier sowie Goxweiler und Burgheim hatten jeweils eine gemeinsame Herrschaft und vorübergehend ein gemeinsames Gericht, aber getrennte Bänne und Gemeinden. Umgekehrt bildeten Oberhausen und Niederhausen sowie Kirchheim und Odratzheim jeweils einen einzigen Bann, aber getrennte Gemeinden, Gerichte und Herrschaftsbezirke. Marlenheim und Krontal hatten Bann, Gemeinde und Gericht gemeinsam, aber bis 1597 zum Teil verschiedene Herren[72].

Die abgesonderten Bänne im besonderen. Die Höfe, Burgen und Wälder waren mitunter keinem Stadt- oder Dorfbann angeschlossen, sondern bildeten selbständige Bezirke ohne körperschaftliche Verfassung. In den Quellen heißen sie abgesonderte Herrlichkeit[73] oder Freigut[74], in der neueren Gesetzgebung abgesonderter Bann, ausmärkischer Bezirk[75], gemeindefreies Grundstück[76], kommunale Exemption[77] oder gemeindefreies Gebiet[78]. Die abgesonderten Bänne waren vor der Revolution im Elsaß und in Baden außerordentlich zahlreich. Im einzelnen handelte es

---

[70] „schultheis heimburg gericht und ganze gemeind des dorfs Flexburg" (1629) = AM: V 32/6. Die Gebietskörperschaft als Ganzes, die man heute Gemeinde nennt, hieß also „Dorf", während „Gemeinde" nur ihr personales Element bezeichnete, nämlich die Gemeindeangehörigen.
[71] 1351 kaufte Straßburg z. B. „villam dictam Kunigeshofen ... cum districtu banno hominibus judicio seu jurisdictione" = Kap. 5 n 40. Über den heutigen Grundsatz, daß jede Gebietskörperschaft als Ganzes der jeweils höheren Gebietskörperschaft angehören muß, *Peters* I 228.
[72] Alles Nähere in *Wunder* unter den einzelnen Ortschaften.
[73] AM: VI 397/33a (Neuhof 1567).
[74] GLA: 229/22437 (Margarethenhof 1790).
[75] Bayerische Gemeindeordnung (Gesetz- und Verordnungsblatt 1927, 293) Art. 4.
[76] Deutsche Gemeindeordnung (RGBl. 1935 I 49) § 12; Verordnung über gemeindefreie Grundstücke und Gutsbezirke (RGBl. 1938 I 1631).
[77] *Peters* I 228.
[78] *Gemeindeverzeichnis* passim.

sich um größere Gutsbezirke, freistehende Burgen, große Wälder und Weiden und um die Gemarkungen untergegangener Dörfer, die in ihrem territorialen Bestand noch eine Zeit lang als selbständige Rechtsobjekte weiterlebten[79].

Das Schrifttum hat die abgesonderten Bänne bisher kaum mit einem Wort erwähnt[80], geschweige denn ausführlich gewürdigt. Dies mag zwei Gründe haben: einmal, daß sich mit der elsässischen und badischen Territorialgeschichte bisher nur Historiker beschäftigten, denen der juristische Begriff der kommunalen Exemption fremd war, zum andern, daß es heute in Deutschland nur noch wenige[81] und in Frankreich überhaupt keine gemeindefreien Gebiete mehr gibt, die zum Vergleich hätten anregen können. Beides darf über die früheren Verhältnisse nicht hinwegtäuschen!

Die Exemptionen im besonderen. Im übrigen ist darauf hinzuweisen, daß eine einzelne Siedlung und ein einziger Bann in ihren verschiedenen Gebietsteilen von verschiedenen Herren abhängen konnten. Die unterste Herrschaftseinheit war in diesen Fällen nicht etwa das Dorf[82] oder der Bann, sondern nur ein Stück davon, ein Bannteil. Man kann es Immunität, Exemption oder exterritoriales Gebiet nennen, in der Sache bleibt es dasselbe. Angeführt seien nur folgende Beispiele: Die Unterstädte Rappoltsweiler waren 1388—1390 straßburgisch, die Oberstädte rappoltsteinisch[83]; die Stadt Lichtenau wurde 1399 zur Hälfte straßburgisch, die Burg in der Stadt ganz[84]; Marlenheim war 1498 zu zwei Neuntel straßburgisch, das Schloß zu zwei Sechstel und der Vorort Krontal zur Hälfte[85]; Romansweiler war 1498 zu einem Sechstel straßburgisch, das Schloß Erlenburg im Romansweiler Bann überhaupt nicht[86].

Die adligen und geistlichen Güter waren im allgemeinen nicht völlig exempt, sondern nur in gewissen Beziehungen (Abgaben, Gerichtsbar-

---

[79] Höfe: Herderhof, Trisloch, Margarethenhof, Münchhof, Niederweierhof, Neuhof;
Burgen: Herrenstein, Ochsenstein, Fürsteneck, Kochersberg, Kürnberg, Lorenzen, Geroldseck;
Wälder: Elbersforst, Ödenwald, Herrensteiner Wald, Geißhecken, Barrer Wald, Mittelbergheimer Wald, Rotmannsbergwald, Zellweiler Bruch;
Wüstungen: Adelhof, Reichenweier, Linzingen.
[80] Typisch schon *Seckendorff* 5—6: „Städte, Schlösser, Flecken, Dorffschafften, Weiler, oder kleine Dörffer ohne Kirche, eintzel Höffe, namhaffte Berge, Wälder, Flüsse, große See"; auch *Kirchner*, Elsass im Jahre 1648, p 1 (das Gebiet mancher Burgen ist wohl an mehrere Ortschaften verteilt worden).
[81] *Gemeindeverzeichnis* passim. Über Gemeindeprinzip und Gemeindefreiheit *Peters* I 228—229.
[82] So irrig *Bader*, Entstehung 283—286.
[83] Vgl. Kap. 7 n 65.
[84] Kap. 7 n 42.
[85] Näheres *Wunder*, Kap. 12.
[86] Näheres *Wunder*, Kap. 12.

10. Kap.: Die Gliederung des Landgebiets

keit) privilegiert[87]. Eine Kommende des Johanniter- oder Malteserordens im Dorlisheimer Bann[88] war beispielsweise von der herrschaftlichen und kommunalen Gewalt in jeder Beziehung frei[89], während die Johanniter in Straßburg Schirmer der Stadt und damit deren Gesetzen unterworfen waren[90]. In Straßburg gab es überhaupt nur vier exterritoriale Enklaven: die 1681—1684 gebaute Zitadelle, die ausschließlich den französischen Behörden unterstand[91]; das Regierungsgebäude der unterelsässischen Ritterschaft, das 1715 der städtischen Hoheit entzogen wurde[92]; das bischöfliche Schloß und der dem Bischof gehörige Badische Hof, die 1729 bzw. 1748 eximiert wurden[93]. Auf die Person der Adligen und Geistlichen erstreckte sich die städtische Gerichtsbarkeit nur mit Einschränkungen[94].

---

[87] Vgl. z. B. UB I 145 no 181 (der Straßburger Klerus ist 1220 von allen Abgaben befreit); UB II 98 no 142 (das Straßburger Spital hat 1288 Asylrecht); AM: no 957 f 225—226 (der Hof des Klosters St. Arbogast in Dorlisheim ist 1455 beschränkt abgabenpflichtig); AM: V 54/3 (der Pfalzgraf bei Rhein muß 1649 von seinem neuen Haus in Straßburg Abgaben zahlen und es der städtischen Gerichtsbarkeit unterstellen); AM: VI 537 (Adlige, Geistliche und Franzosen sind in Straßburg im 18. Jh. beschränkt abgabenpflichtig); *Schoepflin* 734 (Adlige, Geistliche und Franzosen sind 1750 exempti a jurisdictione Magistratus); *Krug-Basse* 37 (Adlige sind von frz. Steuern frei).
[88] AD: C 557/69 (Karte um 1760); *Reichsland* III 969; *Clauss* 261; *Barth*, Handbuch 290—292.
[89] „la commanderie etant une maison privilegiee aucun officier de police n'a le pouvoir d'empecher d'y installer un cabaret" (1777?) = AM: AA 2072 f 27; *Annuaire* 109; *Clauss* 261; *Reichsland* III 969.
[90] Schirmbrief = AM: charte 10 janvier 1550 (Original). Schrifttum über das Johanniterhaus zum Grünenwerd: *Barth*, Handbuch 1393—1397 (1963).
[91] *Oberlin* 223—224; *Hermann* I 89; *Krug-Basse* 114 n 1; *Levi* 89—90; *Engel* 29; *Reichsland* III 1070; *Goehner* 21; *Office* I 606; *Ford* 91.
[92] Arrêt du Conseil d'Etat 1715 = AM: R 34 no 16 (Druck).
[93] Lettres patentes de Louis XV 1729 = *Boug* II 42—44 (Druck); Dekret der Straßburger XIII 1748, erwähnt in *Winckelmann*, Geschichte 594; *Oberlin* 223—224; *Hermann* I 89; *Krug-Basse* 114 n 1. Ungenau *Reichsland* III 1070 (Bischof erhielt Jurisdiktion über seine Untergebenen).
[94] Vertrag von Weil 1561, erwähnt *Hahn* 48—52; Arrêt du Conseil d'Etat 1691, erwähnt *Metzenthin* 150; Arrêt du Conseil d'Etat 1715, erwähnt *Hermann* II 22; Arrêt 1725, erwähnt *Livet*, Intendance 741. Vgl. *Krug-Basse* 114 n 1 (Strasbourg n'avait pas de jurisdiction sur le clergé et la noblesse); *Levi* 89 (ebenso); für heute Gerichtsverfassungsgesetz (BGBl. 1950, 513) § 18.

Elftes Kapitel

Überblick über die Verfassung des Straßburger Gebiets[1]

Nachdem das territoriale Element der Verfassung ausführlicher dargestellt wurde, sei hier noch kurz auf andere Verfassungselemente eingegangen.

Die Bevölkerung. Die Bevölkerung des Straßburger Gebiets läßt sich in vier Hauptgruppen einteilen: die Straßburger Bürger, die Straßburger „Schirmer", die Untertanen und die Fremden.

Die Bürger[2], ihrerseits wieder in zwei patrizische „Constofeln" und zwanzig „Zünfte"[3] gegliedert („Constofler" und „Handwerker"), waren die alleinigen Träger der Herrschaftsgewalt in Stadt und Land. Sie wurden von der Stadt in allen Lebensbereichen unterstützt[4] und besaßen meist[5] die vollen politischen Rechte, insbesondere das passive Wahlrecht[6]. Auf der anderen Seite waren sie den Gesetzen der Stadt unterworfen und zahlten direkte und indirekte Steuern[7]. Ihre Vorteile gegenüber den anderen Bevölkerungsklassen waren insbesondere in späterer Zeit weniger rechtlicher oder wirtschaftlicher als vielmehr gesellschaftlicher Natur, so daß reiche und vornehme Leute, die ihr Sozialprestige nicht künstlich aufzubessern brauchten, oft nicht mehr Bürger wurden[8].

---

[1] Vgl. *Knobloch* 90—149 (mit vielen Fehlern).

[2] Schrifttum in Kap. 5 n 2.

[3] Über die Zünfte: *Heitz*, Zunftwesen (1856); *Löper* (1877); *Schmoller*, Tucher (1879); *Meyer*, Goldschmiedezunft (1881); *Schricker* (1887); *Brucker*, Zunft (1889); *Como* (1893); *Dettmering* (1903); *Maschke*, Verfassung 293—297 (1959).

[4] Wie Straßburg für seine Bürger materiell und rechtlich sorgte, zeigt z. B. anschaulich ein Vertrag in AM: charte 23 juin 1550.

[5] Ausgenommen waren die Frauen und Kinder sowie die Verbannten, die Ausbürger und die Schultheißenbürger (= die vom Schultheiß und nicht vom Rat angenommenen ärmeren Bürger); letztere mit Einschränkungen, vgl. AM: Corporation de la Lanterne 1 f 75 (1493).

[6] *Eheberg* I 686 (Rat und XXI 1625).

[7] Die wichtigste direkte Steuer, das „Stallgeld", betrug im Durchschnitt jährlich drei Promille des Vermögens; *Eheberg* I 608 (1612) und 746 (1687). Die größte indirekte Steuer, das „Ungeld", war eine Art Umsatzsteuer auf Lebensmitteln; UB I 355 no 471 (1261); *Tarif* (1689); BNU: ms 1626 (1722) u. a. Allgemein zur bürgerlichen Steuerpflicht *Erler* (1963).

[8] So 1527 Siegmund Graf zu Hohenlohe = *Wittmer-Meyer* II no 8459 (Druck); 1566 Maximilian Herr zu Barr = AM: charte 25 avril 1566 (Original).

11. Kap.: Überblick über die Verfassung des Straßburger Gebiets

Einwohner, die (z. B. wegen ihres Reichtums) nicht Bürger werden wollten oder (z. B. wegen ihrer Armut) nicht Bürger werden konnten[9], wurden in aller Regel wenigstens Schirmer[10]. Sie hatten dann keine politischen Rechte, standen aber wie die Bürger unter dem „Schutz und Schirm" der Stadt und waren deren Gesetzen unterworfen. In der Besteuerung waren sie dagegen bevorzugt[11].

Die Untertanen auf dem Land waren an der Regierung des gesamten Gebiets nicht beteiligt. Sie gliederten sich wieder in Bürger und Schirmer, erstere die Träger der Gemeindegewalt mit vollen politischen Rechten innerhalb der Gemeinde, letztere einfache Einwohner mit verminderten Rechten und Pflichten[12]. Ihre rechtliche, wirtschaftliche und soziale Lage war nicht schlecht. Die Leibeigenschaft geriet, wo sie überhaupt bestanden hatte, schon im Mittelalter mehr und mehr in Vergessenheit und hatte höchstens noch den Mangel der Freizügigkeit („Abzug")[13] und eine besondere Erbschaftssteuer („Todfall") zum Inhalt[14]. Der Eheabschluß der Leibeigenen war, soweit ich sehe, nicht beschränkt[15]. Die Untertanen zahlten kommunale, herrschaftliche und (vor allem — nach

---

[9] Die Aufnahme ins Bürgerrecht setzte normalerweise ein gewisses Mindestvermögen und die Zahlung einer Aufnahmegebühr voraus. Das Mindestvermögen wurde 1663 auf 300 Gulden festgesetzt (AM: no 863/67), 1728 auf 500 Gulden (AM: no 863/71). Die Aufnahmegebühr betrug zunächst 1 Pfund; UB IV 2 p 60 no 18 (6. Stadtrecht nach 1322); Eheberg I 111 = *Wittmer-Meyer* I 2 (1434). 1594 wurde sie auf 8 Gulden festgesetzt (*Extract*), 1612 auf 20 (*Eheberg* I 608) und 1686 auf 12 (AM: no 863/77).
[10] Schirmrichterordnung 1637 = Eheberg I 696—701; Schirmgerichtsordnung 1737 = AM: no 863/79 (Druck).
[11] Eheberg I 688 (1632).
[12] Siehe z. B. die Barrer Bürgerordnungen von 1481 = Hecker, Herrschaft 60—61 (Regest) und von 1574 = AM: VI 30/1 p 5—10 (Abschrift) = *Hecker*, Herrschaft 176—178 (Druck).
Die Schirmer zahlten weniger Steuern und hatten keine politischen, wohl aber wirtschaftliche Rechte, durften also z. B. die Allmende mitbenutzen; AM: VI 21/3 f 2 (Amt Barr 17. Jh.). Nach *Hoffmann* I 325—326 gewährte man im Elsaß den Schirmern und Ausmärkern die Allmendnutzung vielfach gnadenweise. Nach *Tacke* 43 konnte in Istein und Huffingen im Breisgau jeder Einwohner die Allmende nießen, in der Markgrafschaft Baden jedoch nur die Bürger. Über den Ausschluß der Hintersassen vom Allmendgenuß zuletzt *Bader*, Dorfgenossenschaft 283 mit weiteren Nachweisen.
[13] „es sullent ouch alle unsere lute ... einen frien gezog habent ... uzgenommen eigen lute" (Vertrag des Bischofs mit der Stadt 1389) = UB VI 292 no 558;
„Ein banherr soll auch kein eigen mann da haben er seie dan von dem galgen erlost" = Wasselnheimer Dorfrecht 1529 = AM: VI 173/9 (Original) = *Grimm*, Weisthümer V 440 (Druck);
„freyzugig und mit keiner leibeigenschafft beladen" (Niederhausen 1652) = GLA: 229/1259 f 3.
[14] „todtfahll in diesem kirchspiel" (Gambsheim 1639) = AM: VI 457/1 f 13.
[15] Anders *Dubled*, Herrschaftsbegriff 89 für das 14.—15. Jh., der im übrigen mit mir übereinstimmt (85: Hörigkeit hat scheinbar keine wichtigen, sozialen und rechtlichen Folgen).

11. Kap.: Überblick über die Verfassung des Straßburger Gebiets

1680 — an Frankreich) staatliche Steuern[16], die Landwirte zudem noch Zehnten[17] und gegebenenfalls Bodenzinsen für Erbleihe oder Zeitpacht; trotzdem hatte jeder, der sich nicht allzu ungeschickt anstellte, sein gutes Auskommen[18]. Der Grund und Boden gehörte der Gemeinde (insbesondere die „Allmende"), der Herrschaft (insbesondere die herrenlosen „Caducgüter"), den Klöstern und Stiftungen und schließlich den Bauern selbst, meiner Schätzung nach im Durchschnitt zu annähernd je einem Viertel[19]. Das Land der Herrschaft und das der Körperschaften und Stiftungen war in der Regel langfristig an Bauern verpachtet[20]. Die Gewerbetreibenden waren mancherorts zu „Meisterschaften" oder „Zünften" zusammengeschlossen, die jedoch nirgends eine politische Rolle spielten[21].

Die Fremden standen zu Straßburg nur in einem lockeren Herrschaftsverhältnis[22]. Es handelte sich beispielsweise um Reisende, angeworbene Söldner, Schüler und Studenten an den Straßburger Schulen, Knechte, Mägde, Lehrlinge und Gesellen von auswärts und nach 1680 insbesondere um französische Beamte und Soldaten[23]. Die Insassen der Straß-

---

[16] Für die Gemeindesteuern siehe z. B. die Gertweiler Heimburgerrechnungen von 1582 und 1583 = AM: VI 25/1 (Originale); für die herrschaftlich-straßburgischen Steuern die Barrer Amtsrechnungen ab 1587 in AM: VII (Originale); für die Reichssteuern etwa *Eheberg* I 496 (gemeiner Pfennig 15. Jh.), AM: no 45 f 98 (Türkenhilfe vom Amt Marlenheim 1567) und AM: I 26a/8 no 1 (Römermonate 1648); für die frz. Steuern AM: AA 2262 no 1 und 2 (1681—1783), VI 193/9 no 6 (Amt Illkirch 1690), *Hecker*, Herrschaft 233—248 und *Livet*, Intendance 481—487.

[17] Beispiel: Mittelbergheimer Weinzehntrechnung von 1578 = AM: VI 3/26.

[18] Siehe z. B. die Vermögensangaben in GLA: 229/77590 (Oberhausen und Niederhausen 1603).

[19] Siehe z. B. die Burgheimer Bannbücher in AM: VI 68—69 (1655 und 1732) und die Burgheimer Gemarkungskarten in AM: Plan C IV 29 (17. Jh.) und AD: C 556/50 (um 1760); das Kirchheimer Bannbuch von 1662 = AM: no 1152 und die Kirchheimer Gemarkungskarte um 1760 = AD: 565/287; das Friedolsheimer Bannbuch von 1685 = AD: terrier 30 und die Friedolsheimer Gemarkungskarte um 1760 = AD: C 558/109.

[20] Das Friedolsheimer Bannbuch von 1685 (AD: terrier 30) verzeichnet z. B. 1976 Acker. Davon gehörten 960 oder 49 Prozent juristischen Personen (alle verpachtet), 527 oder 26 Prozent auswärtigen Bauern und Erbengemeinschaften (438 verpachtet) und 489 oder 25 Prozent einheimischen Bauern und Erbengemeinschaften. Der größte Bauer war der alte Schultheiß Hans Fritsch mit 172 Acker Eigen- und 80 Acker Pachtland, gefolgt von Jakob Schmidt mit 6 und 170, dem jungen Schultheißen Hans Fritsch mit 26 und 147, Hans Roß mit 9 und 155, Klaus Hans mit 4 und 155, Michael Wolf mit 5 und 118 sowie Diebolt Caspar senior mit 104 Acker Eigen- und 0 Acker Pachtland. Über das Ackermaß Kap. 4 n 26.

[21] Über Kehl, Schiltigheim, Marlenheim, Wasselnheim, Barr und Mittelbergheim siehe *Wunder,* passim.

[22] Ordnung 1617 = *Eheberg* I 672—675; Ordnung 1636 = *Eheberg* I 691—694; Schirmrichterordnung 1637 = *Eheberg* I 696—701; Ordnung 1687 = AM: no 863/79; Schirmgerichtsordnung 1737=AM: no 863/79. Allgem. vgl. *Thieme* (1958).

[23] Reisende durften nur bei Schildwirten übernachten; AM: UFW Kehl 53 (Kehler Dorfordnung 1532).

„Les citoyens qui ne sont pas privilegies ou bien qui ne sont pas attaches au

11. Kap.: Überblick über die Verfassung des Straßburger Gebiets

burger Hospitale und Klöster können dagegen als Schirmer bezeichnet werden, weil sie kollektiv als solche behandelt wurden[24].

Die Organe. Die hoheitliche Organisation war örtlich und zeitlich starken Schwankungen unterworfen.

Das oberste Organ für Stadt und Land war der Straßburger Stadtrat („Großer Rat")[25]. Seine Zusammensetzung war in einer Verfassung („Schwörbrief") geregelt, die spätestens 1202 ausgearbeitet[26], bis 1482 mehrfach geändert[27] und dann bis 1789[28] ohne ausdrückliche Neuerungen befolgt wurde. Der Rat bestand danach aus 10 Constoflern einschließlich einem „Stettmeister", 20 Handwerkern, die jeweils eine Zunft vertraten[29], und einem „Ammeister", der ebenfalls aus den Zünften genommen wurde, zusammen also 31 Personen. Die zehn Constofler wurden jährlich zur Hälfte[30] vom Rat gewählt[31], die Handwerker jährlich zur Hälfte von einem fünfzehnköpfigen Wahlausschuß („Schöffen") ihrer betreffenden Zunft[32] und der Ammeister jährlich von den zwanzig Handwerkern[33]. Die Zuständigkeit des Rats war grundsätzlich unbeschränkt[34]. Stettmeister und Ammeister teilten sich in den Vorsitz,

---

service du roi doivent se faire recevoir ou bourgeois ou manants" (1780) = AM: AA 2254 f 6.

[24] AM: VI 383/6 (nach 1726); AA 2254 f 7 (1780). Der erste Schirmvertrag mit dem Klerus wurde 1247 geschlossen; UB I 235 no 312.

[25] Über die Straßburger Stadtverfassung z. B.: *Murschel* (1663), *Bernegger*, Forma (1667 und 1673); *Regimentsverfassung* 1672 bis 1789; AM: AA 2407 und IV 50 hinten (Mémoires 18. Jh.); *Schoepflin* 288—353 (1761); *Oberlin* (1790); *Hermann* II 1—62 (1819); *Müller*, Magistrat (1862); *Winckelmann*, Verfassung 522—537 und 600—637 (1903); *Crämer*, Verfassung 16—28 (1931).

[26] Kap. 2 n 20.

[27] 1. „Schwörbrief" 1334 = *Hegel* 932—933 = UB V 40 no 32. 16. und letzter „Schwörbrief" 1482 = AM: charte 24 décembre 1482 (Original) = BNU: ms 1268 p 48—58 = ms 1300 f 2—10 (Abschriften) = AM: no 863/4 = R 34/17 = V 54/5 (frz. Drucke) = *Schilter*, Chronicke 1092—1098 = *Hegel* 946. Über die 16 Schwörbriefe *Hermann* II 33.

[28] Kap. 8 n 24—25.

[29] Vgl. vorn n 3.

[30] Vgl. oben n 25.

[31] „sol der ammeister und der rat beide constofeler und antwerck die das ior gewesen ... kiesen ... und sollent usz denselben ... vier stettmeister kiesen der ieglicher ein viertel iores meister sin sol und nit langer" (1433) = *Eheberg* I 86; ähnlich *Eheberg* I 537 (15. und 16. Jh.) und 634 (1590); „Decem vero reliqui Senatores Nobiles (vulgo Constoffolarii die Constoffler) e sua separata Tribu vel Curia, zum Hohensteg ... mutantur" (1673) = *Bernegger*, Forma² 20—21; „Nobiles senatores *a* senatu majori nominantur" (1784) = *Lauth* 5.
Ich bringe gerade diese Quellen ausführlich, weil die meisten Verfasser falsche Vorstellungen von der Wahl der Constofler haben, so zuletzt irrig *Streitberger* 25 (Wahl durch abgehende Stettmeister).

[32] *Eheberg* I 84 (1433).

[33] *Eheberg* I 85 no 23 (1433); ähnlich *Eheberg* I 538 (15. und 16. Jh.); BNU: ms 1300 f 12—20; *Pastorius* 101—113 (1761); *Hatt*, renouvellement (über 1767).

[34] z. B. BNU: ms 1286 p 84 (Entscheidung 1593 im Kompetenzstreit der XIII und XV); *Winckelmann*, Verfassung 525. Irrig z. B. *Hatt*, ville 24 (Seul il n'a plus aucune autorité).

11. Kap.: Überblick über die Verfassung des Straßburger Gebiets

wobei dem Stettmeister mehr die äußere Repräsentanz, dem Ammeister mehr die innere Führung zukam[35].

In politischen Angelegenheiten tagte der Rat fast immer[36] zusammen mit den sogenannten Einundzwanzig[37] oder dem „beständigen Regiment", das lebenslänglich amtierte. Es bestand entgegen seinem Namen aus mindestens 32 Personen, nämlich 12 „Dreizehnern" (4 Constoflern, 4 alten Ammeistern und 4 anderen Zünftigen), 15 „Fünfzehnern" (5 Constoflern, 10 Zünftigen) und 5 „ledigen XXI" (2 Constoflern, 3 Zünftigen), die seit dem 16. Jahrhundert alle von „Rat und XXI" gewählt wurden[38]. Eine gleichzeitige Mitgliedschaft im Rat und bei den XXI war zulässig, aber nur bei den Constoflern üblich[39]. Die amtierenden Stett- und Ammeister waren eo ipso Doppelmitglieder[40].

Rat und XXI erledigten die Regierungsarbeit, zum kleineren Teil selbst, zum größeren in einer Menge von Ausschüssen und Unterausschüssen, in denen die XXI meist die Mehrheit hatten[41]. Da sich diese ohnehin aus den angesehensten und einflußreichsten Bürgern zusammensetzten, die dank ihres Reichtums und ihrer Wahl auf Lebenszeit

---

[35] *Bernegger*, Forma² 16—17. Bei Stimmengleichheit entschied die Stimme des Stettmeisters; AM: no 114 f 290 (1633).

[36] AM: no 17—268 (Protokolle 1539—1789). Mitunter tagte er auch allein, siehe oben n 3. Andererseits kamen auch die XXI gelegentlich allein zusammen, z. B. AM: no 498 p 1 (Protokoll); irrig *Crämer*, Verfassung 24 (XXI tagten nur in Verbindung mit dem Rat); *Maschke*, Verfassung 348 (ebenso).

[37] „sol man nu hinnanfurder die XXI . . . zu den reten zalen . . . in der stett gemeinen sachen . . . usgenommen eigen und erbe und unfuge das dem rote alleine zugehoret" (vor 1448?) = *Eheberg* I 446; ähnlich *Lauth* 6 (1474); vgl. Kap. 10 n 36.

Schrifttum z. B. *Winckelmann*, Verfassung 523—526 (1903). Quellen: XXI-Ordnung 1448 = *Eheberg* I 446—447; XXI-Ordnung 1474 = AM: no 862 p 213—221 = R 17 f 19—22 = ms 1286 p 138—148 = BNU: ms 1301 f 1—3 = ms 1649 = *Eheberg* I 448—449; XXI-Ordnung 1594 = AM: no 862 p 230—244 = ms 1286 p 148—156 = BNU: ms 1299 f 10 ff = ms 1301 f 3—6.

[38] XXI-Ordnungen oben n 37; XIII-Ordnung 1448 = AM: no 862 p 105 bis 120 = R 13 f 256—259 = BNU: ms 1286 p 76—84 = ms 1288 = ms 1299 = ms 1301 f 13—17 = *Eheberg* I 159—162; XIII-Ordnung 1594 = AM: no 862 p 121 bis 138 = BNU: ms 1286 p 86—97; XV-Ordnung 1433 = AM: no 862 p 138 bis 170 = BNU: ms 1286 p 97—115 = *Schmoller*, Strassburg 147—162 = *Eheberg* I 101—110; XV-Ordnung 1594 = AM: no 862 p 171—211 = BNU: ms 1286 p 116—134.

[39] 1673, 1731 und 1789 waren z. B. je 6 Constofler Doppelmitglieder; *Regimentsverfassung* 1673 p 3, 6 und 8; *Regimentsverfassung* 1731 p 4, 6, 9 und 10; *Regimentsverfassung* 1789 p 9—10. Bei den Zünftigen waren 1712 immerhin 2 Doppelmitglieder; *Hermann* II 32.

[40] XIII- und XXI-Ordnung 1448.

[41] Die Ausschüsse und Einzelämter waren außerordentlich zahlreich. 1673 gab es z. B. mindestens 116 (*Regimentsverfassung* 1673), 1731 mindestens 108 (*Regimentsverfassung* 1731) und 1789 mindestens 133 (*Regimentsverfassung* 1789 p 17—69), während das moderne Straßburg 1950 nur 71 Kommissionen hatte (*Office* I 13—17). Von Fall zu Fall wurden zudem noch ad-hoc-Ausschüsse gebildet, z. B. 1633 zur Vorbereitung einer Besichtigung des Zeughauses; AM: no 114 f 7.

11. Kap.: Überblick über die Verfassung des Straßburger Gebiets

persönlich und politisch denkbar unabhängig waren, lag denn auch in ihren Händen die eigentliche politische Macht.

Für das Landgebiet hatten mehrere Ausschüsse größere Bedeutung, so die Dreier vom Pfennigturm, die Bauherren und die Forstkammer, insbesondere aber die Landpfleger. Die Landpfleger waren dreiköpfige Kollegien, die 1539 für je einen überörtlichen Bezirk gebildet wurden, der sich meist, aber nicht immer mit einem Amt deckte. Zur Entlastung von Rat und XXI sollten sie alle laufenden Geschäfte erledigen, standen also einerseits unter Rat und XXI, anderseits über den Amtleuten[42].

Die Amtleute waren die unteren Regierungsbehörden des Landgebiets[43]. Jeder, der in Straßburg kein Ehrenamt bekleidete, konnte Amtmann werden[44], Adlige wie Bürgerliche, Untertanen wie Fremde[45]. Entsprechend den jeweiligen Hauptaufgaben überwogen allerdings bis ins 16. Jahrhundert kriegserfahrene Adlige und seit dem 17. Jahrhundert bürgerliche Juristen[46].

Um die gleiche Zeit stellte Straßburg seinen Amtleuten auch Hilfspersonal zur Verfügung, nämlich „Amtschreiber" für die allgemeine Verwaltung, „Amtschaffner" für die Finanzverwaltung und „Procuratores fisci" oder „Fiskale" für die polizeilichen Aufgaben[47]. Alle waren städtische Beamte, wurden von Rat und XXI gewählt (die Fiskale von den Landpflegern) und von der Stadt in Geld und Naturalien aus den Einkünften des Amtes fest besoldet[48]. Die übrigen herrschaftlichen Be-

---

[42] Vgl. Kap. 10. Der Dienstweg Schultheiß — Amtmann — Landpfleger — Rat und XXI wurde 1553 allen Untertanen nachdrücklich vorgeschrieben; AM: no VI 75/2c.

[43] Vgl. Kap. 10.

[44] „Es sollent alle der stett amptlute hynnanfurder weder in den grossen rat den kleinen rat an die nideren gerihte noch zu subenen unzuhter niemer gekosen noch gewelet werden" (1433) = *Eheberg* I 90; ähnlich *Eheberg* I 439 bis 440 (15. Jh.) und 540—541 (1470).

[45] „vergangner zit ... die ampter mit buren die nit haben konnen schriben oder lesen versehen worden ... Deshalb sicht die heren fur gut an das man zu beyden amptern unser burger sich lyes geschriben gebenn" (betr. Marlenheimer Schultheiß und Amtmann 1530) = AM: VI 101/1a; „amptleut zu Barr unnd Waslenheim so hie nit verburget" (XXI Prot 1613) = AM: no 94 f 325; „keine erkandnus daruber bei meinen he. ergangen crafft den der adel solcher ampter unfahig worden were. Sondern das gluck stunde einem ieden noch wie vor diesem offen" (XXI Prot 1618) = AM: no 99 f 355; irrig: *Knobloch* 109 (Vogt mußte allem Anschein nach dem Stadtadel angehören); *Crämer*, Verfassung 46—47 (Amtleute mußten nichtadlige Stadtbürger sein).

[46] Der frz. Staatsrat ordnete 1686 an, daß die Herrschaften nur noch studierte Amtleute anstellen durften: „faire exercer leurs Justices par des Baillifs gradués = *Boug* I 163; irrig *Crämer*, Verfassung 47 (Amtleute mußten seit 1637 Notare sein).

[47] Der erste Amtschreiber ist 1567 für Barr nachweisbar (AM: no 45 f 83), der erste Amtschaffner 1590 ebenfalls für Barr (BNU: ms 1513 f 165), die Fiskale seit 1736.

[48] Ordnungen der Amtschaffner, Fiskale, Amtleute und Amtschreiber von 1736 im Schriftverzeichnis.

diensteten hatten für die Amtsverwaltung wenig Bedeutung, z. B. Amtsboten[49], Pfarrer, Lehrer, Förster, Scharfrichter und Arbeiter wie Küfer und Zehntknechte für die herrschaftlichen Kellereien[50].

Die meisten Dörfer[51] hatten ein „Gericht", das aus 3 bis 11 Schöffen, darunter einem „Heimburger", und dem „Schultheiß" als Vorsitzenden bestand[52]. Die Schöffen wählten jedes Jahr ihre Nachfolger selbst[53]; der Schultheiß wurde wie anderswo[54] teils von der Gemeinde, teils von der Herrschaft bestellt[55]. Schultheiß und Gericht erledigten zusammen alle kommunalen Aufgaben, soweit sie nicht besondere Beamte damit betrauten wie z. B. Brunnenmeister, Kirchenmeister, Sigrist, Weinsticher, Weinlader, Küfer, Stubenmeister, Reitmeister, Bannwart, Hausbäcker, Hirten[56], Metzger, Ziegler, Hebammen, Totengräber, Boten, Fürsprecher, Zoller, Förster, Ungeldeinnehmer, Brotschauer, Teilmänner, Mühlmeister und andere[57].

Gewaltenteilung. Eine Gewaltenteilung horizontaler (Gesetzgebung, Verwaltung, Rechtsprechung) oder vertikaler Art (Ober-, Mittel- und Unterbehörden) im heutigen Sinn, das heißt mit theoretisch genau abgegrenzten Befugnissen, gab es nicht. Jede übergeordnete Stelle konnte jederzeit jede Angelegenheit an sich ziehen, gleichgültig ob es sich um Rechtsetzung, Rechtsausübung oder Rechtsprechung handelte. In einem solchen Fall konnten sich indes die Betroffenen höherenorts über die Mißachtung des geheiligten Herkommens beschweren. Faktisch bildeten sich nämlich immer wieder typische Zuständigkeiten heraus, von denen abzuweichen die Gefahr erbitterter Streitigkeiten heraufbeschwor. Im großen und ganzen ist eine zunehmende Zentralisierung festzustellen; denn der Schwerpunkt der hoheitlichen Gewalt lag im 15. Jahrhundert bei Schultheiß und Gericht, im 16. und 17. beim Amtmann und im 18. bei den Landpflegern[58].

---

[49] AM: VI 193/12 no 4—6 und 8 (1736—1737 Illkirch).
[50] *Hecker*, Herrschaft 207.
[51] Über Ausnahmen Kap. 10 bei n 72.
[52] 3 Schöffen in Burgheim; AM: VI 22 f 37 und 40 (Dorfordnung 1594). 11 Schöffen in Dorlisheim; AM: VI 193/13 no 1 (1736). Vgl. allgemein *Bader*, Dorfgenossenschaft 298—299 (Schultheiß), 307—309 (Heimburger), 347—349 (Gericht).
[53] So in Ittenheim-Handschuhheim; AM: VI 230/1 no 2 f 1 und 2 (Dorfrecht 1507). Zahlreiche Ausnahmen, z. B. Kehl; AM: UFW Kehl 53 (Dorfordnung 1532).
[54] Beispiele bei *Bader*, Dorfgenossenschaft 365 n 431.
[55] Kap. 94 n 57.
[56] AM: VI 382/4 no 4 und 5 (Blienschweiler-Nothalten-Zell 1608 und 1660).
[57] Listen in *Fischer*, Amt 22; *Wirth* II 33; *Hecker*, Herrschaft 148—149; *Klock*, Marlenheim 87—88. Allgemein über die niederen dörflichen Dienste *Bader*, Dorfgenossenschaft 314—321.
[58] Vgl. die Beispiele Kap. 5 n 57—59. Irrig *Crämer*, Verfassung 47 (Zentralisierung im Anfang des 17. Jh. u. a.).

11. Kap.: Überblick über die Verfassung des Straßburger Gebiets

Gemeindeaufgaben[59]. Als gemeindliche Aufgaben zählt die Burgheimer Dorfordnung von 1594 beispielhaft auf die Erhebung von Gemeindeabgaben, die Gerichtsbarkeit bei Feld- und Forststraftaten und bei Grenzstreitigkeiten, die Verwaltung der Allmende, die Haltung der Zuchttiere, die Festsetzung der Weidegebühren und den Wegebau[60]. Als typische Gemeindeaufgaben kann man hinzufügen die Verwaltung des Gemeindevermögens[61], die Bestellung der Gemeindeorgane und ihre Besoldung[62], die Erhebung von Gemeindesteuern in beliebiger Höhe[63], die Einzelveranlagung zu Reichssteuern und herrschaftlichen Steuern[64] und die Handhabung der Feldpolizei[65]. Dieser Wirkungskreis kann sich neben der heutigen gemeindlichen Selbstverwaltung durchaus sehen lassen. Die „Städte" auf dem Land hatten gewöhnlich eine etwas größere Autonomie als die Dörfer, im übrigen aber keine besondere Stellung[66].

Rechtsordnung. Das Recht war von alters her Gewohnheitsrecht, wurde aber schon seit dem 11. Jahrhundert schriftlich festgelegt (Weistümer) oder neu gesetzt (Ordnungen)[67]. Die Gesetzessprache war bis ins 13. Jahrhundert Latein, später Deutsch und bei den französischen Gesetzen seit 1680 Französisch mit einer deutschen Übersetzung. Die Zuständigkeit zur Rechtsetzung gebührte nebeneinander dem Reich, der Stadt Straßburg und den einzelnen Landgemeinden[68], die von ihrer Kompetenz alle mehr oder weniger ausgiebig Gebrauch machten, so daß schließlich jeder Ort ein anderes Recht hatte. Im Verfahrensrecht und Privatrecht waren die Unterschiede zwar verhältnismäßig gering, im

---

[59] Vgl. *Bader*, Dorfgenossenschaft 322—383.
[60] „des dorffs gemeiner geschafft belangend als gewerff legen einungen ruegen anwand scheydten obs steygen rechnungen vasel viehs wegen pfrundt legen des viehs wegen item frohnen undt dergleichen ... entscheydung der anwanden austheilung des gemeinen holtz wann mann die allmend frucht ausgehet das gewerff legt frohntag anstellet und dergleichen gemeine burgerliche undt des dorffs sachen" = AM: VI 22 f 36 und 41.
[61] Siehe insbesondere die Heimburgerrechnungen, z. B. AM: VI 25/1 (Gertweiler 1582 und 1593) und VI 30/7 (Barr 1681, 1682 und 1687).
[62] Vorn n 56 und 57.
[63] Insbesondere das Gewerf, eine Vermögenssteuer.
[64] „jerlichs die bette durch schultheyssen und gericht inn dem ampt zu Marle ... gelegt" (1523) = AM: VI 97/2 f 20; „aufferlegte gelder durch das gericht ... nach des mannes vermogen under der burgerschafft ausgetheilet ... gleich wie in andern von der statt dependierenden orthen ... sowohl französische als teutsche gelder" (1703) = AM: VI 186/15.
[65] Allgemein *Hecker*, Herrschaft 44 (15. Jh.).
[66] Kap. 10 n 64—69.
[67] Eine Blienschweiler Dorfordnung von 1099 ist nicht mehr erhalten. Das älteste Straßburger Stadtrecht, nach obiger Terminologie ein Weistum, ist um 1135 geschrieben (Kap. 2 n 19), das 2. Stadtrecht, eine „Ordnung", spätestens 1202 (Kap. 2 n 20). Das älteste frz. Ortsrecht, die Coutume de la Chapelaude (Departement Allier) datiert von 1073; *Viollet* 148.
[68] Vergleichbar ist heute die konkurrierende Gesetzgebung von Bund und Ländern nach Art. 72 GG.

11. Kap.: Überblick über die Verfassung des Straßburger Gebiets

Strafrecht aber schon größer und im Verfassungsrecht und Verwaltungsrecht schließlich unübersehbar[69]. Nur selten versuchte man, die Rechtsordnung für einzelne Materien zu vereinheitlichen[70]. Primär galt überall das zwingende Reichsrecht, und zwar zur deutschen Zeit, d. h. bis 1680/81[71], ausschließlich das deutsche kaiserliche Recht[72] und später unter Frankreich das französische königliche Recht[73] und hinter ihm das alte deutsche Recht[74], sekundär galt das zwingende herrschaftlich-straßburgische Recht[75], in dritter Linie das geschriebene Ortsrecht, in vierter das örtliche Gewohnheitsrecht, in fünfter das nachgiebige deutsche Reichsrecht[76] und erst an letzter Stelle, also bei ganz ausgefallenen Rechtsfragen, subsidiär das römische Recht[77]. Das einheimische Recht wurde diesem zwar vielfach angeglichen[78], behielt aber doch bis zuletzt seine Eigenständigkeit bei[79]. Das überlieferte Privatrecht wurde zum

---

[69] Beispiele Kap. 5 n 49—59. Wie weit die Zersplitterung sogar bei neu eingeführten Steuern ging, zeigt anschaulich eine Quelle aus dem Jahr 1767, wonach innerhalb des Amtes Illkirch eine Tierkaufsteuer (droit de lods et ventes des bestiaux) in Dorlisheim, Illkirch-Grafenstaden und Schiltigheim erhoben wurde, dagegen nicht in Ittenheim-Handschuhheim und Niederhausbergen; während eine Fleischsteuer (accis sur la viande) in Ittenheim - Handschuhheim, Illkirch - Grafenstaden und Niederhausbergen, aber nicht in Dorlisheim, Ostwald und Schiltigheim galt; AM: AA 2072 f 1—3.

[70] So insbesondere 1736, als Straßburg u. a. die Dienstverhältnisse seiner Beamten auf dem Land einheitlich regelte (vorn n 48) und zur „Begründung einer durchgehenden Gleichheit in unseren Ämtern" anordnete, daß auch im Amt Illkirch die Verträge, die bis dahin in der städtischen Kanzleikontraktstube beurkundet wurden, künftig in den einzelnen Dörfern vom Amtsschreiber zu beurkunden seien; AM: VI 76/1b p 9—10.

[71] Kap. 3 n 37—38.

[72] Also ohne das (nachgiebige) rezipierte römische Recht.

[73] Siehe z. B. die Wirtschaftsgesetze für Straßburg 1680—1779 in *Recueil*.

[74] Meist mit örtlich beschränkter Geltung, wie z. B. die Blienschweiler „Reichsgerichtsordnungen" von 1495 = AD: Andlau 203 (1 Original) und von 1501 = AD: Andlau no 213 p 14—23 = AM: VI 112/25 no 1 f 11—17 = VI 112/30 no 2 (Abschriften).

[75] In den Kondominaten (siehe Kap. 5) setzten die Ortsherren das herrschaftliche Recht selbstverständlich gemeinsam, z. B. die Flexburger Dorfordnung von 1538 = AM: VI 170/6 no 2 (1 Original?).

[76] z. B. die Carolina von 1532; *Hermann* II 24.

[77] *Hermann* II 23.

[78] Schon im 13. Jh. übernahm das geistliche Gericht zu Straßburg das römische Prozeßrecht; *Ober* passim. Der Straßburger Rat wählte 1555 das römische Recht als „theoretical guide"; *Ford* 94.

[79] Vgl. die zum Teil rechtsvergleichenden Dissertationen von *Rehm* über Schenkung unter Eheleuten (1692); *Schertz* über gesetzliche Erbfolge und Pfandrechte (1711) und über Vormundschaft, Nachlaßverzeichnis und Rauschtaten (1712), *Stoesser* über Mehrheit von Gläubigern (1732), *Linck* über das Erbrecht der Unehelichen (1749); *Ehrmann* über eine Frage des Baurechts (1763); *Mueg* über Eherecht (1768); *Silberrad* über eheliches Güterrecht (1771) und das Erbrecht der Ehegatten (1772), *Stoesser* über Güterrecht bei Wiederverheiratung (1772); *Spielmann* über gesetzliche Erbfolge (1773) und *Stoeber* über Notare (1778) sowie allgemein *Gambs* (1776); *Hermann* II 51—57 (1819) und *Pallasse* (1956).

11. Kap.: Überblick über die Verfassung des Straßburger Gebiets

größten Teil erst 1804 nach dem Erlaß des Code civil außer Kraft gesetzt[80].

Gerichtsverfassung. In der Rechtsprechung hatten die Gemeindegerichte lange Zeit eine umfassende Zuständigkeit und durften zum Teil noch im 17. Jahrhundert auf Todesstrafen erkennen[81]. Im 18. Jahrhundert erledigten sie nur noch kleinere Zivilsachen sowie Feld- und Forstfrevel[82]. Im übrigen judizierte der Amtmann, und zwar allein und ohne Beisitzer, wobei er an die Weisungen der Landpfleger gebunden war und ihnen die wichtigeren Strafsachen zur Aburteilung auf der jährlichen „Freveltätigung" überließ[83]. Das Verfahren war im allgemeinen schriftlich, die Gerichtssprache deutsch[84]. Sachlich beschränkte Sondergerichte gab es nur in Straßburg selbst, nicht auf dem Land. Appellationen konnten an jedes höhere Gericht erfolgen, in letzter Instanz bei Zivilsachen mit einem hohen Streitwert bis 1681 ans Reichskammergericht in Speyer[85], später an den Conseil souverain d'Alsace in Colmar[86], bei Zivilsachen mit einem niederen Streitwert an die Dreizehner[87], die als „Delegiertes Kammergericht" entschieden[88], bei Strafsachen an den Straßburger Rat[89], bei Verwaltungs- und Verfassungsstreitigkeiten bis 1681 an den Straßburger Rat und später an den Conseil d'Etat in Paris.

Wehrverfassung. Die politische Macht Straßburgs spiegelt sich in seiner Wehrverfassung sinnfällig wider[90]. Zur deutschen Zeit waren alle 18jährigen wehrpflichtig[91], seit 1635 auch die 16jährigen Fremden mit

---

[80] Loi du 30 ventôse an XII, Art. 7.
[81] Wasselnheimer Dorfweistum 1529 = AM: VI 173/9 (Original) = *Grimm*, Weisthümer V 440 (Druck); Schutterwalder Dorfrecht 1546 = GLA: 229/95328 (4 Abschriften); Gerichtsordnung des Amtes Barr 1646 = Archives Communales de Gertwiller: Gerichtsordnung = AM: VI 22 f 1—30 (Abschriften); für Blienschweiler AM: VI 112/28 (1721 Blutgericht).
[82] AM: AA 2072 f 26 (Dorlisheim 1777?).
[83] „Amendes edictees aux plaisannaux ... amendes edictees au bailliage" (Amt Illkirch 1767) = AM: AA 2072 f 1—2. — Die Geldstrafen blieben hinter den Kosten der Einziehung weit zurück. Im Amt Marlenheim verurteilte man 1766—1773 zu 413 Pfund, mußte aber für den Einzug 1147 Pfund aufwenden; AM: AA 2076 f 82.
[84] *Hermann* II 23.
[85] z. B. *Koser* 36 (Zivilprozeß gegen Marlenheimer 1501); *Koser* 192 (Zivilprozeß gegen Schiltigheimer 1597).
[86] Kapitulation von 1681 (Kap. 3 n 38) Art. 4. Als Beispiel siehe AM: AA 2068 f 30—33 (Zivilprozeß gegen Flexburger 1717).
[87] Über sie vorn n 38.
[88] Privilegia de non appellando 1495—1566 = AM: no 865. Schrifttum: *Gambs*, Privilegiorum 29—48 (1678). Prozeßordnung des Deleg. Kammergerichts aus dem 16. Jh. = BNU: ms 1290 f 54—72.
[89] *La Grange* 535; *Oberlin* 211; *Hermann* II 21; *Krug* 117.
[90] Schrifttum: *Engel* (1901); *Crämer*, Wehrmacht (1932).
[91] „ein ieder burger oder schirmbsverwanter sohn diener und knecht so achtzehen iahr und darüber" (1657) = *Eheberg* I 741 no 387; *Crämer*, Wehrmacht 87.

Ausnahme der Studenten, Gelehrten und Vornehmen[92]. Die Bürger und Schirmer mußten in Friedenszeiten alle zehn Tage Wache halten[93] und regelmäßig an Schießübungen teilnehmen[94], die Untertanen auf dem Land eigene Schießübungen veranstalten[95]. Jeder Wehrpflichtige hatte sich bis in den Dreißigjährigen Krieg seine Ausrüstung selbst zu besorgen[96]; später erhielt er sie vom städtischen Zeughaus kostenlos gestellt[97]. Wer nicht im Dienst war, durfte innerhalb der Stadtmauern keine Waffen tragen[98]. In Kriegszeiten erhöhte Straßburg den Wehrdienst entsprechend den jeweiligen Erfordernissen[99] und heuerte von Fall zu Fall für teures Geld Söldnertruppen an[100]. 1681 fand das alles sein Ende, als Straßburg französisch wurde und die Wehrhoheit auf Frankreich überging. Die Bevölkerung mußte ihre Waffen abliefern[101] und blieb dafür bis zu den Revolutionskriegen vom Wehrdienst verschont.

Gesamturteil. Im ganzen gesehen scheint Straßburg menschlich toleranter[102] und wirtschaftlich weniger anspruchsvoll[103] gewesen zu sein als andere Landesherren in seiner Umgebung. Zwar kam es auch in seinem Gebiet zu einigen Reibereien mit den Untertanen[104]; viel zahlreicher aber sind die Zeugnisse dafür, wie gerne man straßburgisch wurde und blieb. Niederhausbergen stellte sich 1489 freiwillig unter städtischen Schutz[105], Dettweiler und Dossenheim baten 1651 inständig,

---

[92] Wehrpflichtordnung 1635 = AM: R 9 f 78 = *Crämer*, Wehrmacht 88—89. Daß das Wehralter für Einheimische und Fremde verschieden war, stellte schon *Crämer*, Wehrmacht 69—70 fest. Zu den Ausnahmen von der Wehrpflicht vgl. Crämer ebd. 50, 69 und 71—72.
[93] Geschellordnung 1672 = AM: R 32 f 96 = *Crämer*, Wehrmacht 91—92; vgl. auch *Crämer*, Wehrmacht 50.
[94] Schießordnung 1654 = AM: R 9 f 158 = *Crämer*, Wehrmacht 89—90; vgl. auch *Crämer* ebd. p 51.
[95] Illkirch-Grafenstaden und Ostwald baten 1578 vergebens um die Finanzierung eines Schießplatzes und bauten ihn daraufhin auf eigene Kosten; zu den Schießübungen selbst erhielten sie 1580 einen Zuschuß; AM: VI 193/9 no 3 und 4.
[96] AM: VI 23/4 f 1 (Musterung Herrschaft Barr 1580); *Crämer*, Wehrmacht 50.
[97] *Crämer*, Wehrmacht 50—51.
[98] *Crämer*, Wehrmacht 50; *Crämer*, Verfassung 242—243.
[99] z. B. mußte man dann alle drei Tage Wache halten; *Crämer*, Wehrmacht 50.
[100] *Crämer*, Wehrmacht 49.
[101] Kapitulation von 1681 (Kap. 3 n 38) Art. 6. Nach *Engel* 17 durfte man Degen und Pistolen behalten.
[102] Flexburg blieb, obwohl seine beiden Ortsherren, die Landsberg und die Stadt Straßburg, lutherisch waren, überwiegend katholisch; *Fischer*, Amt 53 bis 54; *Adam*, Territorien 63; *Barth*, Handbuch 387—388. In Goxweiler wohnten 1663 2 katholische Familien, in Heiligenstein 1 kalvinistische; *Adam*, Territorien 54 und 56. Für das Stadtgebiet vgl. *Dollinger*, tolérance.
[103] Über Niederhausbergen Kap. 5 n 50—55. Über die Besteuerung Friedolsheims *Wunder*, Kap. 13.
[104] Für Niederhausbergen Kap. 5 n 55. Für das Amt Barr *Wunder*, Kap. 15.
[105] Kap. 7 n 74.

11. Kap.: Überblick über die Verfassung des Straßburger Gebiets

nicht verkauft zu werden, und Illkirch-Grafenstaden war heilfroh, nach kurzer Entfremdung 1753 wieder zu Straßburg zurückzukommen. Wo die Untertanen geteilt waren, wechselten immer wieder Bürger zu Straßburg über[106], und wo sich die neu Hinzuziehenden ihre Herrschaft selbst auswählen durften[107], entschieden sie sich fast alle ebenfalls für Straßburg, so daß die Stadt in jenen Dörfern immer die meisten Untertanen hatte[108]. Auch die Straßburger Beamten waren beliebt. Der letzte Barrer Amtmann stand sich noch während der Revolution ausgesprochen gut mit der Gemeinde[109], und der letzte Barrer Amtsschreiber wurde 1790 von allen früher amtsangehörigen Gemeinden freiwillig zum Schriftführer gewählt[110]. Das alles ist ein wahrhaft eindeutiger und eindrucksvoller Vertrauensbeweis für die städtische Herrschaft, wie er sich schöner nicht denken läßt[111]!

---

[106] AM: VI 441/1 Mémoire BB (Mittelbergheim 17. Jh.); VI 234 f 13—14 (Flexburg 1717).
[107] „pfenningern lutt... zue Andlau Blienschweyler Berckheim... hindter welchen herrn die ziehendt die mogen ihnen wohl empfahn" (Vertrag des Straßburger Bischofs mit den Herren von Andlau 1406) = AD: Andlau 72 p 1—5 (Abschrift). „Ob sach were dz ein fremder oder uslender... begert ein burger zu werden so sol der schulthis by sym eyd verbunden sin im zu sagen dz ii herren do sint do muge er ziehen hinder welchen er will" (Flexburger Jahrspruch 16. Jh.) =AM: VI 190/1 no 2.
[108] In Flexburg hatten im 17. Jh. Straßburg 38, die Landsberg 3 Familien: AM: no 853/45. In Mittelbergheim hatten 1723 Straßburg 95, die Andlau 54, das Bistum 12 Familien; BNU: ms 1453 f 6, 7 und 8.
[109] *Hecker*, Stadt 15.
[110] *Hecker*, Stadt 18.
[111] Auch andere städtische Territorien scheinen rechtlich, sozial und wirtschaftlich besser als vergleichbare fürstliche Territorien gestanden zu haben; *Gmür*, Städte 512. Ausnahmen machten anscheinend Rottweil und Schwäbisch-Hall; *Laufs* 128 und *Lesener* (mündliche Auskunft).

Zwölftes Kapitel

Größe und Einwohnerzahl

Fläche. Die Größe und Einwohnerzahl des Straßburger Gebiets können nicht mehr genau festgestellt werden, weil alte Statistiken fehlen. Frankreich ließ zwar um 1760 die elsässischen Bänne vermessen und kartieren[1]; wie ein Vergleich mit neueren Messungen zeigt[2], errechneten die alten Geometer für die Flächen aber durchwegs zu geringe Größen[3]. Irgendeine Erklärung dafür läßt sich nicht finden[4]. Die heutigen Meßergebnisse können für die frühere Zeit nicht verwendet werden, weil sich fast alle Gemarkungen im Laufe der letzten zweihundert Jahre mehr oder weniger stark verändert haben[5].

Einwohner. Die Probleme einer historischen Bevölkerungsstatistik sind noch schwerer zu lösen[6]. Nur vereinzelt wird uns die Zahl der Bürger und Feuerstätten (=Familien) überliefert, aus der sich die Gesamtsumme der Einwohner annähernd erschließen läßt[7]. Eine einheitliche Volkszählung aller elsässischen Gemeinden fand erst 1723 statt; auch sie erfaßte nur die Feuerstätten[8]. Berücksichtigt man zu alledem, daß sich das Straßburger Gebiet durch Zugänge und Abgänge ständig veränderte, so kann man jede Zahlenangabe nur mit größter Zurückhaltung vorbringen und aufnehmen.

Zahlen. Trotz dieser Vorbehalte meine ich, folgende runde Zahlen schätzen zu dürfen: im 15. Jahrhundert für das Stadtgebiet (mit Königs-

---

[1] Kap. 1 n 66.
[2] Identisch sind die älteren und neueren Gemarkungen nur in vier Fällen; siehe Kap. 1 n 73.
[3] Burgheim —2,8 %; Friedolsheim —5,9 %; Ittlenheim —9,8 %; Nordheim —7,7 %.
[4] Ebenso mehrere von mir befragte Vermessungsbeamte.
[5] Oben n 2.
[6] Schrifttum: *Mols* (1954—1956).
[7] Die ältesten Belege sind folgende: *Keyser* 288 (Lahr 192 Bürger 1356); *Dollinger*, recensement 113 (Straßburg 17 000 Einwohner 1444); *Krieger* II 63 (Lichtenau 41 Bürger, 60 Herdstätten 1492); AM: VI 230/1 no 1 (Ittenheim 37, Handschuheim 16 über zwölf Jahre alte Männer 1507); *Correspondenz* I 191 no 3 (Dorlisheim 92 Bauern 1526); *Correspondenz* I 193 (Wasselnheim 125 Familien 1526).
[8] BNU: ms 1453 (Liste).

12. Kap.: Größe und Einwohnerzahl

hofen, ohne Neuhof) 40 qkm Fläche[9] und 20 000 Einwohner[10], das unmittelbare Landgebiet 150 qkm und 6000 Einwohner[11], das mittelbare Landgebiet 800 qkm und 20 000 Einwohner[11]; im 16. Jahrhundert für das Stadtgebiet 40 qkm und 20 000 Einwohner[12], das unmittelbare Landgebiet 220 qkm und 10 000 Einwohner[11], das mittelbare Landgebiet (anfangs) 500 qkm und 13 000 Einwohner[13]; im 17. Jahrhundert für das Stadtgebiet (mit Königshofen und Neuhof) 50 qkm[14] und 25 000 Einwohner[15], das unmittelbare Landgebiet (anfangs) 220 qkm und 10 000 Einwohner[16], das mittelbare Landgebiet 40 qkm und 2000 Einwohner[17]; im 18. Jahrhundert für das Stadtgebiet 50 qkm[14] und 45 000 Einwohner, das unmittelbare Landgebiet 190 qkm und 10 000 Einwohner und das mittelbare Landgebiet 40 qkm und 2000 Einwohner, alles zusammen also 280 qkm und 57 000 Einwohner[17].

Vergleich. Unter den mitteleuropäischen Städten nahm Straßburg der Einwohnerzahl nach um das Jahr 1500 hinter Antwerpen und Gent mit rund 50 000 Bewohnern, Brügge mit 35 000, Brüssel[18] und Köln mit 30 000 und Lübeck mit 25 000 Bewohnern möglicherweise den siebten Rang ein mit rund 20 000 Einwohnern, zusammen mit den neun etwa gleich großen Städten Augsburg, Danzig, Lüttich, Metz, Nürnberg, Prag, Tournai, Utrecht und Wien[19]. Das Straßburger Gebiet war flächenmäßig in der Gegend zwischen Kurpfalz im Norden, Württemberg im Osten, Vorderösterreich im Süden und Lothringen im Westen das fünftgrößte „Land" hinter dem Bistum Straßburg, dem Bistum Speyer, der Graf-

---

[9] BNU: ms 1259 f 6 (mit Neuhof 4364 ha im 18. Jh.); AM: Plan C Rouleau 38 (Karte 1786); *Reichsland* II 111 (1900); AM: Plan A IV 4 (Karte 1933); *Beyler*, Kartenbeilage (Karte 1955 mit Banngrenze des 18. Jh.).
[10] *Dollinger*, recensement 113 (17 000 Einwohner 1444).
[11] Freie Schätzung.
[12] AM: R 29 f 102 = *Eheberg*, Bevölkerungszahl 414 (3698 Zünftige 1537). Irrig *Schmoller*, Tucherzunft 515 n 2 (30 000 Einwohner).
[13] Schätzung nach AM: VI 75/1a (Liste 1516).
[14] Vorn n 9.
[15] *Winckelmann*, Fürsorgewesen I 84 (18 027 Einwohner 1624); *Heitz*, Zunftwesen 80 (3322 Leibzünftige, 22 121 Seelen 1681); AM: AA 2517 f 1 (ohne Militär, kath. Klerus und Adel 5613 Feuerstätten und 26 481 Seelen 1697).
[16] Mit Amt Herrenstein (bis 1651), Romansweiler und Koßweiler (bis 1659), Allmannsweier, Niederhausen, Nonnenweier und Wittenweier (bis 1663); ohne Amt Wanzenau (1634—1648).
[17] Vgl. die letzte Tabelle in Kap. 13.
[18] Das heutige Belgien fiel mit Burgund 1477 an König Maximilian I.
[19] *Mols* II 509—510 und 520—524. Vgl. dazu den Wormser Anschlag von 1495 = *Sammlung* II 20—24 (Lübeck 2730 Gulden, Nürnberg 2730, Köln 2345, Straßburg 2345, Frankfurt 1797, Metz 1797), den Konstanzer Anschlag von 1507 = *Sammlung* II 104—111 (Lübeck 2140 Gulden, Köln 1760, Nürnberg 1760, Straßburg 1760, Metz 1640, Basel 1350) und die Reichsmatrikel von 1521 = *Zeumer* 313—317 (Köln 600 Gulden, Nürnberg 600, Ulm 600, Straßburg 550, Lübeck 550, Metz 500, Augsburg 500, Frankfurt 500, Danzig 350, Hamburg u. a. 325).

schaft Hanau-Lichtenberg und der Markgrafschaft Baden[20]; unter den Herrschaftsgebieten der deutschen Reichsstädte hinter Metz, Nürnberg und Ulm jedenfalls im 15. und 16. Jahrhundert das viertgrößte[21]. Heute sind vergleichbar das Fürstentum Lichtenstein mit 160 qkm Fläche, der Landkreis Kehl mit 310 qkm und das kleinste Bundesland Bremen mit 404 qkm.

---

[20] Karten und Schrifttum: *Fritz*, Territorien (1896); *Hölzle* (1938).
[21] Vgl. die Karten in *Putzger* 70 (15. Jh.), 78 (1547), 85 (1648), 90 (1789).

Dreizehntes Kapitel

Tabellen und Karten

Was ursprünglich für das erste Kapitel einer Verfassungsgeschichte vorgesehen war, kann hier als Ergebnis der territorialen Untersuchungen geboten werden: zwei übersichtliche und zuverlässige Tabellen, ein Schaubild und drei Karten.

Die Tabellen beruhen zum Teil auf der vorliegenden Abhandlung, in erster Linie aber auf der ergänzenden Studie über „Das Straßburger Landgebiet"[1]. Das Schaubild gibt den Inhalt der ersten Tabelle wieder. Die Karten sind, um alle jemals straßburgischen Orte zu erfassen, synchronoptisch, d. h. sie geben den Gebietsbestand nicht für einen einzigen bestimmten Zeitpunkt an, sondern enthalten jeweils alle Orte, die im Laufe eines Jahrhunderts während längerer oder kürzerer Zeit zu Straßburg gehörten. Als Grundkarten wurden eine moderne elsässische und badische Gemarkungskarte verwendet[2]. Anstelle der heutigen Banngrenzen wurden, soweit dies bei dem kleinen Maßstab überhaupt möglich und nötig war, die älteren Banngrenzen aus dem 18. Jahrhundert eingezeichnet[3].

---

[1] Vgl. zu allem Kap. 1 bei n 58—59.
[2] *Carte* 1 : 250 000 (1960?); *Gemarkungskarte* 1 : 500 000 (1961).
[3] Nach den Bannkarten in AD: C 556—571 (um 1760). Vgl. Kap. 12 n 5.

13. Kap.: Tabellen und Karten

Das unmittelbare Landgebiet 1351—1793

Abkürzungen

B	= Amt Barr		g	=	Österreichische Oberhoheit
E	= Amt Ettenheim		h	=	einzelne Herrschaftsrechte
H	= Amt Herrenstein		i	=	Nutzungsgebiet v. Gemeinden
I	= Amt Illkirch		j	=	Eigen
K	= Amt Kürnberg		k	=	Lehen
L	= Amt Lahr		l	=	Pfand
M	= Amt Marlenheim		m	=	Pachtgut
O	= Amt Ortenberg		n	=	Schutzgut
S	= Amt Saarwerden		o	=	Erwerb durch Kauf
W	= Amt Wasselnheim		p	=	— Ewigsatzung
Wn	= Amt Wanzenau		q	=	— sonstige Rechtsgeschäfte
a	= Stadtbann		r	=	— gerichtliche Entscheidung
b	= Dorfbann		s	=	— gewaltsame Einverleibung
c	= abgesonderter Bann		t	=	Verlust durch Vertrag
d	= Bannteil		u	=	— gerichtliche Entscheidung
e	= Alleinherrschaft		v	=	— gewaltsame Entziehung
f	= Gemeinherrschaft		w	=	— revolutionäre Gesetzgebung

Dauer	Amt	a-d	Ort	e-i	j-n	o-s	t-w
1351—heute	—	bd	Königshofen	e	l	o	—
1369—1383	—	b	Neuburg a. Rhein	h	l	q	t
1388—1390?	—	d	Rappoltsteiner Unterstädte	e	l	q	v
1394—1537	—	a	Benfeld-Ehl	e	l	p	t
1398—1401	—	c	Ochsenstein	f	m	q	t
1399—1651	H	b	Dettweiler	fe	l	op	t
1399—1651	H	b	Dossenheim-Kugelberg	fe	l	op	t
1399—1651	H	c	Herrenstein	fe	l	op	t
1399—1441?	—	a	Lichtenau	f	l	p	t
1401—1528	E	c	Adelhof	e	l	p	t
1401—1528	E	a	Ettenheim	e	l	p	t
1401—1528	E	b	Grafenhausen	e	l	p	t
1401—1528	E	b	Kappel am Rhein	e	l	p	t
1401—1663	EI	b	Nonnenweier	fe	lk	po	t
1401—1528	E	c	Reichenweier	e	l	p	t
1401—1528	E	b	Ringsheim	e	l	p	t
1401—1528	E	c	Trisloch	e	l	p	t
1405—1606	—	c	Fürsteneck	e	l	o?	t
?1405—1410	—	a	Dachstein	e	l	p	t
?1405—1422	—	a	Dambach	e	l	p	t
?1405—1422	—	a	Molsheim	e	l	p	t
1407—1417	O	a	Achern	f	l	q	t

13. Kap.: Tabellen und Karten

Dauer	Amt	a-d	Ort	e-i	j-n	o-s	t-w
1407—1417	O	b	Appenweier	f	l	q	t
1407—1417	—	b	Epfig	f	l	q	t
1407—1417	O	a	Gengenbach	f	l	q	t
1407—1417	O	b	Griesbach	f	l	q	t
1407—1417	—	a	Markolsheim	f	l	q	t
1407—1417	—	a	Mutzig-Hermolsheim-Wege	f	l	q	t
1407—1417	O—	a	Oberkirch	fe	l	qp	t
1407—1417	O	a	Oppenau	f	l	q	t
1407—1417	O	b	Ortenberg	f	l	q	t
1407—1417	—	a	Rheinau	f	l	q	t
1407—1417	O	a	Renchen	f	l	q	t
1407—1417	O	b	Sasbach	f	l	q	t
1407—1417	O	b	Ulm	f	l	q	t
1407—1417	O	a	Zell am Harmersbach	f	l	q	t
1410—1422	—	a	Börsch	e	l	q	t
1421—1733	I	b	Illkirch-Grafenstaden	e	l	s	t
1421—1793	I	b	Ostwald	e	l	s	t
1422—1537	—	c	Kochersberg	e	l	p	t
1424—1531	K—	b	Bleichheim	f	l	o	t
1424—1515	K	b	Bombach	f	l	o	t
1424—1515	K	b	Herbolzheim	f	l	o	t
1424—1515	K	a	Kenzingen	f	l	o	t
1424—1515	K	c	Kürnberg	f	l	o	t
1424—1515	K	b	Oberhausen	f	l	o	t
1424—1515	K	b	Tutschfelden	f	l	o	t
1424—1515	K	b	Wagenstadt	f	l	o	t
1429—1430?	—	a	Rheinau	e	l	p	t
1448—1449?	—	a	Dambach	f	l	o	t
1448—1449?	—	c	Hohbarr	h	l	q	t
1448—1449?	—	a	Börsch	h	l	q	t
1448—1449?	—	a	Dachstein	h	l	q	t
1448—1449?	—	d	Epfig	h	l	q	tr
1448—1449?	—	a	Markolsheim	h	l	q	t
1448—1449?	—	a	Molsheim	h	l	q	t
1448—1449?	—	d	Renchen	h	l	q	t
1448—1449?	—	a	Rheinau	h	l	q	t
1448—1449?	—	d	Sasbach	h	l	q	t
1448—1449?	—	a	Zabern	h	l	q	t
1450—1457?	—	a	Willstätt	f	l	p	t
1454—1459	—	a	Mutzig-Hermolsheim-Wege	f	l	p	t
1456—1488?	S	b	Berg	f	l	p	t
1456—1488?	S	a	Bockenheim	f	l	p	t
1456—1488?	S	b	Domfessel	f	l	p	t
1456—1488?	S	b	Harskirchen	f	l	p	t
1456—1488?	S	b	Hirschland	f	l	p	t

Dauer	Amt	a–d	Ort	e–i	j–n	o–s	t–w
1456—1488?	S	d	Lorenzen	f	l	p	t
1456—1488?	S	a	Saarwerden	f	l	p	t
1456—1488?	S	b	Weyer	f	l	p	t
1456—1488?	S	b	Wolfskirchen	f	l	p	t
1458—1468?	—	c	Geroldseck	f	l	p	t
1458—1468?	—	a	Maursmünster	f	l	p	t
1463—1480	L	b	Dinglingen	f	l	p	t
1463—1480	L	b	Kippenheim	f	l	p	t
1463—1480	L	a	Lahr	f	l	p	t
1463—1480	L	a	Mahlberg	f	l	p	t
1463—1480	L	b	Mietersheim	f	l	p	t
1463—1480	L	b	Sulz	f	l	p	t
1489—1793	—I	b	Niederhausbergen	e	n	q	w
1491—1793	—M	cb	Marlenheim	fe	jl	op	w
1496—1793	I	b	Dorlisheim	fe	j	o	w
1496—1793	W	b	Friedolsheim	f	k	o	w
1496—1793	W	b	Ittlenheim	f	k	o	w
1496—1793	W	b	Wasselnheim-Brechlingen	e	k	o	w
1498—1793	M	b	Kirchheim	fe	lj	po	w
1498—1659	M	b	Koßweiler	fe	lj	po	t
1498—1793	M	d	Krontal	fe	lj	po	w
1498—1526?	M	c	Münchhof	f	lj	po	t
1498—1793	M	b	Nordheim	fe	lj	po	w
1498—1659	M	b	Romansweiler-Dann	fe	lj	po	t
1501—1748	—	d	Schutterwald	e	j	o	t
1501—1793	I	b	Schiltigheim	e	j	o	w
1502—1793	I	bd	Adelshofen	e	j	o	w
1503—1663	KEI	d	Niederhausen	g	j	o	t
1503—1793	W	b	Zehnacker	e	j	o	w
1507—1793	I	b	Ittenheim-Handschuhheim	e	j	o	w
1510—1793	WM	c	Ödenwald	e	lj	po	w
1510—1793	M	d	Odratzheim	h	lj	po	w
1511—1793	W	b	Flexburg	f	j	r	w
1511—1793	W	c	Geißhecken	i	j	r	w
1511—1524	W?	b	Orschweiler	f	l?	r	t
1527—1651	H	c	Herrensteiner Wald	e	j	o	t
1544—heute	—	cd	Neuhof	fe	j	o	—
1550—1663	I	b	Allmannsweier	f	j	o	t
1550—1663	I	b	Wittenweier	f	j	o	t
1561—1748	—	d	Schädelswald	e	j	o	t
1566—1793	B	b	Barr	fe	jkl	op	w
1566—1789	B	c	Barrer Wald	fe	jkl	op	t
1566—1793	B	b	Blienschweiler-Nothalten-Zell	h	jkl	op	w
1566—1793	B	b	Burgheim	fe	jkl	op	w
1566—1793	B	b	Gertweiler	fe	jkl	op	w

13. Kap.: Tabellen und Karten

Dauer	Amt	a-d	Ort	e-i	j-n	o-s	t-w
1566—1793	B	b	Goxweiler	fe	jkl	op	w
1566—1793	B	b	Heiligenstein	fe	jkl	op	w
1566—1793	B	b	Mittelbergheim	hf	jkl	op	w
1566—1793	B	c	Mittelbergheimer Wald	i	jkl	op	w
1566—1669	B	a	Oberehnheim-Bernhardsweiler	h	jkl	op	t
1566—1793	B	c	Rotmannsbergwald	i	jkl	op	w
1566—1710	B	c	Zellweiler Bruch	i	jkl	op	u
1634—1648	Wn	b	Gamsheim-Bettenhofen-Kilstett	e	j	q	t
1634—1648	Wn	b	Reichstett	e	j	q	t
1634—1648	Wn	b	Suffelweyersheim	e	j	q	t
1634—1648	Wn	b	Wanzenau-Abertsheim-Honau	e	j	q	t
1735—1753	I	b	Hönheim	e	l	q	u
1753—1793	I	b	Illkirch-Grafenstaden	e	l	r	w

13. Kap.: Tabellen und Karten

Das gesamte Straßburger Gebiet im 18. Jahrhundert

Bann Name	Familien 1723 Zahl[a]	Fläche 1760 ha[b]	Fläche 1900 ha[c]
Straßburg-Ruprechtsau-Königshofen-Neuhof	9 118	4 364[d]	7 829
Amtsfreie Bänne			
Eckbolsheim	81	547	581
Elbersforst	2[e]	397[f]	—
Fürdenheim	38	600[e]	599
Herderhof	1[e]	118[g]	—
Kehl-Jeringheim-Sundheim	176[h]	1 300[e]	1 405
Linzingen	—	221[i]	—
Margarethenhof	—	100[j]	—
Niederhausbergen (ab 1736 zum Amt Illkirch)	26	299	308
Niederweierhof	1[e]	150[j]	—
Schutterwald (bis 1748)	—	266[k]	—
Wangen	68	382	405
Amt Barr			
Barr	411	621	2 139
Barrer Wald	—	2 687[l]	—
Blienschweiler-Nothalten-Zell	85	327	734
Burgheim	15	275	283
Gertweiler	90	489[e]	489
Goxweiler	70	308	330
Heiligenstein	95	262	399
Mittelbergheim	95	378	378
Mittelbergheimer Wald	—	94[m]	—
Rotmannsbergwald	—	600[n]	—
Zellweiler Bruch (bis 1710)	—	460[o]	—
Amt Illkirch			
Dorlisheim	171	1 082	1 144
Hönheim (nur 1735—1753)			
Illkirch-Grafenstaden (nicht 1733—1753)	153	1 390	2 221
Ittenheim-Handschuhheim	83	847	921
Ostwald	44	712[p]	712
Schiltigheim-Adelshofen	135	565	800

Bann Name	Familien 1723 Zahl[a]	Fläche 1760 ha[b]	Fläche 1900 ha[c]
Amt Marlenheim			
Kirchheim	23	351	242
Marlenheim-Krontal	132	1 518	1 442
Nordheim	70	597	647
Odratzheim	42	—	162
Amt Wasselnheim			
Flexburg	42	164	176
Friedolsheim	9	337	354
Geißhecken	—	185[q]	—
Ittlenheim	0	222	246
Ödenwald	—	1 954[r]	—
Wasselnheim-Brechlingen	270	1 338	1 485
Zehnacker	15	214	216
Niederhausbergen und Schutterwald	26	565	308
Amt Barr	861	6 501	4 752
Amt Illkirch	586	4 596	5 798
Amt Marlenheim	267	2 466	2 493
Amt Wasselnheim	336	4 414	2 477
unmittelbares Landgebiet	2 076	18 542	15 828
mittelbares Landgebiet[s]	367	3 815	2 990
Stadtgebiet	9 118	4 364	7 829
Straßburger Gebiet insgesamt	11 561	26 721	26 647

a) Quelle, wenn nichts anderes angegeben, BNU: ms 1453.
b) Gemarkungskarten AD: C 556—571 (um 1760). Sie geben die Flächen an in arpents zu je 100 perches zu je 484 pieds = 0,51072 ha; vgl. Larousse 26, 1193; Himly, aspect 218.
c) Die elsässischen Gemeinden nach Reichsland II 60—108 (Stand 1900), die badischen nach Gemeindeverzeichnis (Stand 1961).
d) BNU: ms 1259 f 6 (18. Jh.).
e) Eigene Schätzung.
f) AM: AA 2289 (Karte um 1780).
g) AM: HospArch 6920.
h) AM: UFW Kehl 92 no 5 (1669 176 abstimmende Männer).
i) Kiefer, Notizen über Linzingen 30 (1887).
j) Eigene Schätzung nach Tulla 12 (Karte 1828).
k) Gemeindearchiv Schutterwald: III 3/9 (1837). Die seinerzeit schon gerodeten Teile sind in den 266 ha nicht mehr enthalten.
l) AM: Plan C IV 43 (18. Jh.). Nach einer Auskunft der Gemeinde Barr vom 3. 11. 1959 hat der vordere Barrer Wald („Barr et quatre") heute 1358 ha; nach Office I 376 der hintere Barrer Wald („Hohwald") 878 ha.
m) Heutige Göße nach einer Auskunft der Gemeinde Barr.
n) AM: AA 2069 f 168 (1769 3000 arpens et quelques). Unter arpent ist hier wohl der Acker Straßburger Stadtmaß = 0,200589 ha zu verstehen; vgl. Hanauer, Etudes II 9. Nach Reichsland III 59 und Hecker, Herrschaft 76, faßte der Wald um 1900 625 ha; nach einer Auskunft der Gemeinde Barr heute 735 ha.
o) Horrer 237 (1787 environ 2300 arpens); vgl. oben n. Nach Mittelbergheim: Urkunden über das Zellweiler Bruch N 4, hatte das Bruch 1849 205 ha.
p) Eigene Schätzung.
q) AD: G 1186/6 (1785).
r) AM: VI 159/1 p 64 (1785). Nach Reichsland III 808 faßte er um 1900 2051 ha.
s) Amtsfreie Bänne ohne Niederhausbergen und Schutterwald.

8 Wunder

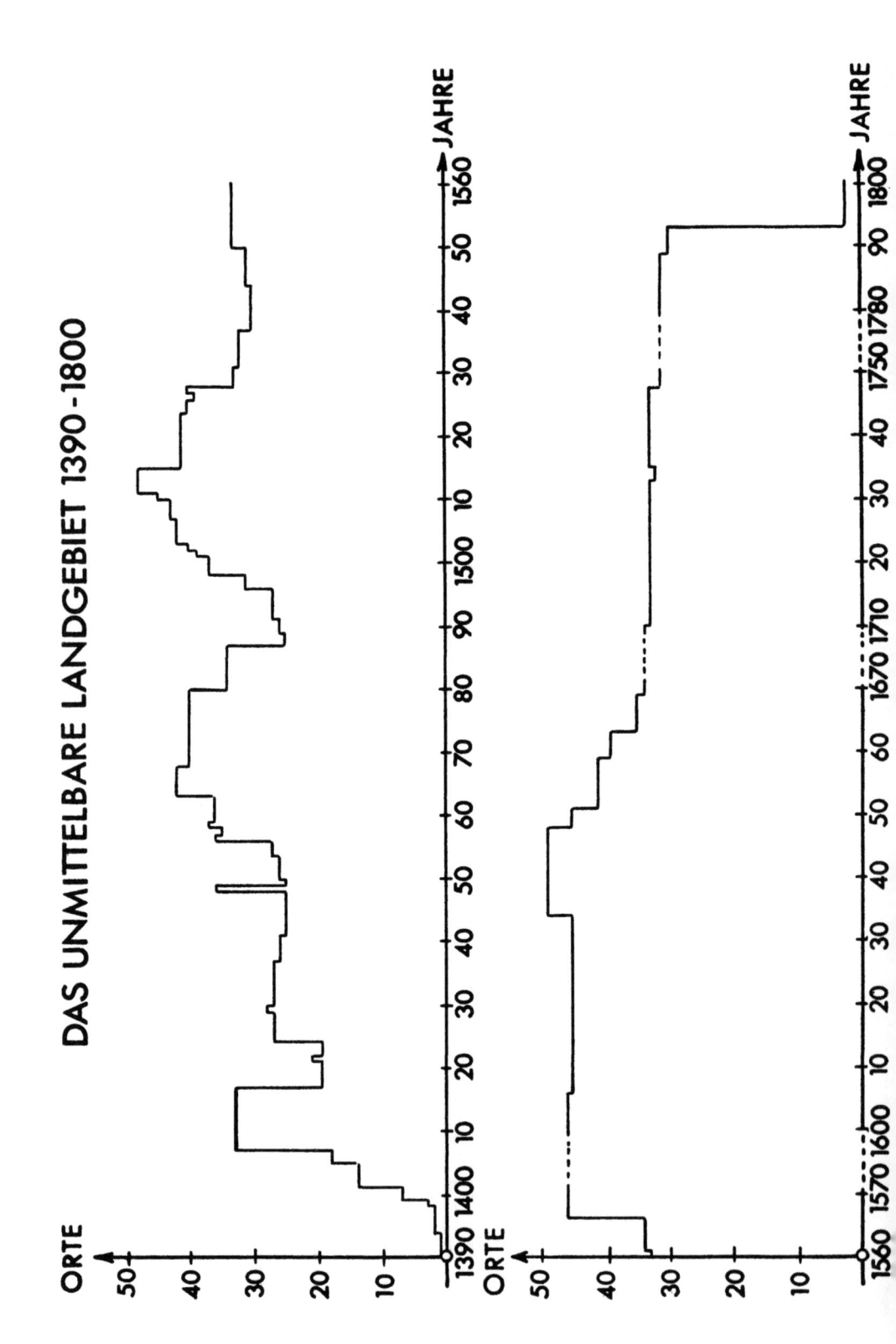

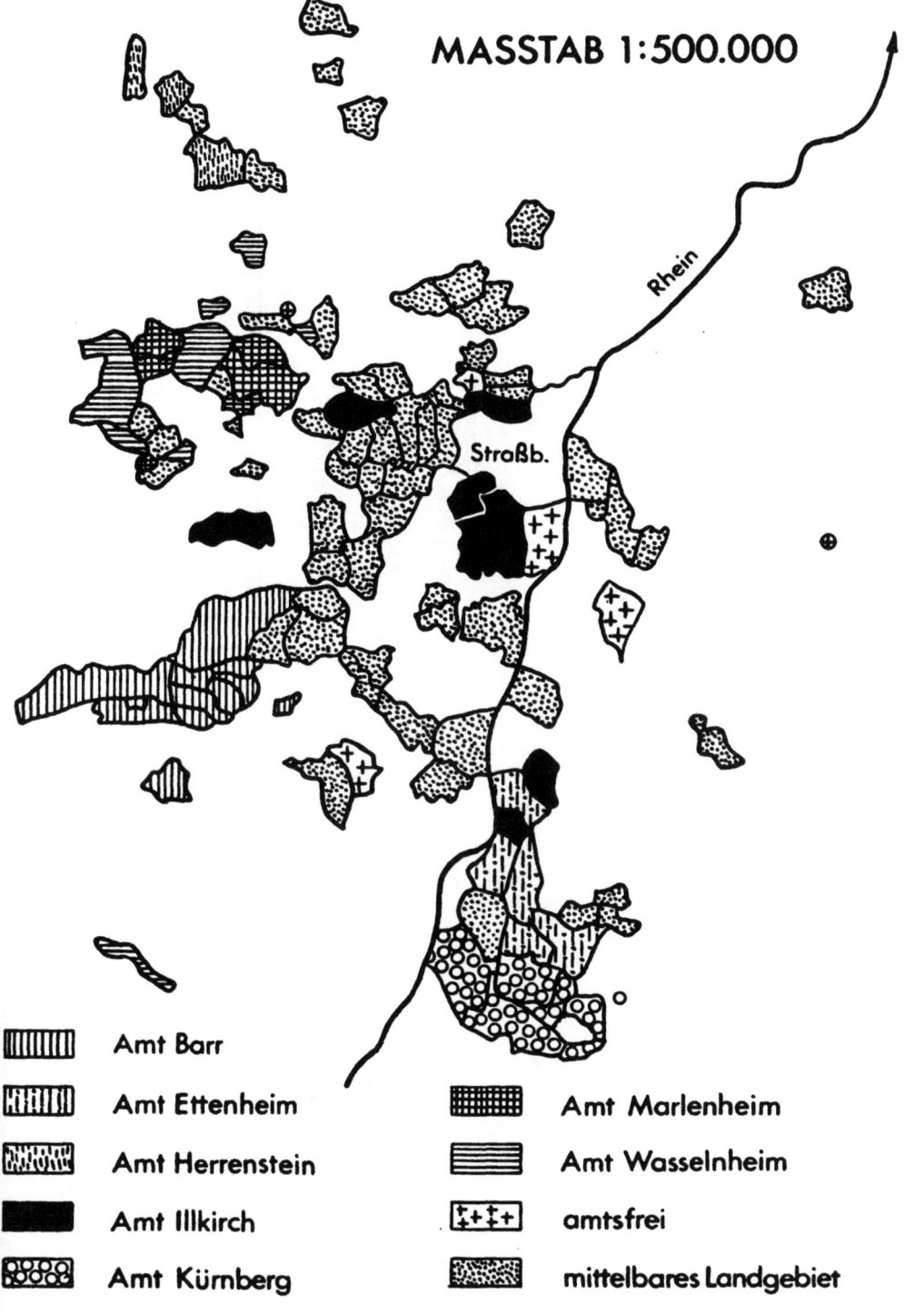

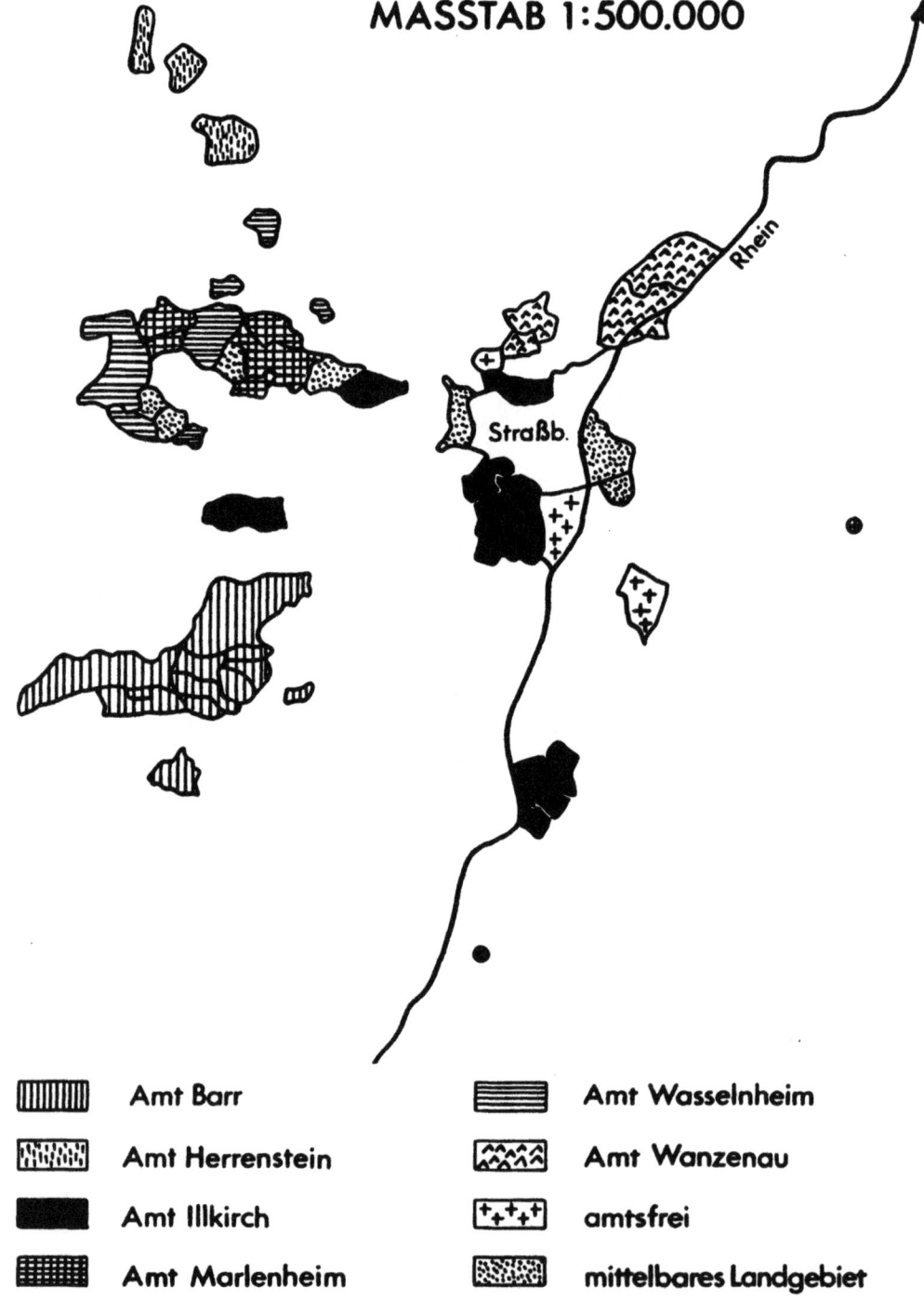

Schriftenverzeichnis*

Achtnich, Karl: Der Bürgerstand in Strassburg bis zur Mitte des XIII. Jahrhunderts. Leipzig 1910 = Leipziger Historische Abhandlungen. Heft XIX.
Adam, Johann: Evangelische Kirchengeschichte der Stadt Strassburg bis zur franzoesischen Revolution. Strassburg 1922.
— Evangelische Kirchengeschichte der elsaessischen Territorien bis zur franzoesischen Revolution. Strassburg 1928.
Albrecht, Karl: Rappoltsteinisches Urkundenbuch 759—1500. II. Band. Colmar 1892.
Albrecht, Wilhelm Eduard: Die Gewere. Königsberg 1828.
Allard, Carolus: Argentorati Territorium, vulgo Strasburger Gebiet. (Amsterdam 1680?).
Annuaire du département du Bas-Rhin. Strasbourg 1841.
Apell, F. v.: Argentoratum. Berlin 1884.
Asbrand (Karl): Kehl. Strassburg (19. Jh., Handschrift in GLA: 65/760).
Babeau, Albert: La Ville sous l'Ancien Régime. Paris 1880.
Bader, Karl Siegfried: Das mittelalterliche Dorf als Friedens- und Rechtsbereich. Weimar 1957 = Studien zur Rechtsgeschichte des mittelalterlichen Dorfes. Erster Teil.
— Dorfgenossenschaft und Dorfgemeinde. Köln und Graz 1962 = Studien zur Rechtsgeschichte des mittelalterlichen Dorfes. Zweiter Teil.
— Entstehung und Bedeutung der oberdeutschen Dorfgemeinde. In: Zeitschrift für württembergische Landesgeschichte. I. Jahrgang, 2. Heft. Stuttgart 1937. 265—295.
— Die Gemarkungsgrenze. In: Das Rechtswahrzeichen. Zweites Heft. Grenzrecht und Grenzzeichen. Freiburg im Breisgau 1940. 56—67.
— Reichsadel und Reichsstädte in Schwaben am Ende des alten Reiches. In: Aus Verfassungs- und Landesgeschichte. I. Lindau und Konstanz. 247—263.
— Der deutsche Südwesten in seiner territorialstaatlichen Entwicklung. Stuttgart (1950).
— Volk, Stamm, Territorium. In: Wege der Forschung. II. Herrschaft und Staat im Mittelalter. Darmstadt 1956. 243—283.
Baillieu, Gaspard: Partie du Palatinat du Rhin... (eigentlich das Elsaß). Paris 1708. (Exemplar in AD: 1 K 5).
Bär, F(ranz) J(osef): Die Wasser- und Straßenbau-Verwaltung in dem Großherzogtum Baden. Karlsruhe 1870.
(*Barckhausen*, H.:) Archives municipales de Bordeaux. Tome deuxième. Bordeaux 1878.
Bardot, Georges: La question des dix villes impériales d'Alsace. Paris et Lyon 1899 = Annales de l'université de Lyon. Nouvelle série. II. Droit, Lettres. Fascicule premier.

---

* Die Bibliographie enthält nur die im Text zitierten Werke einschließlich der gedruckten Quellen. Weitere Literaturangaben neueren Datums finden sich z. B. für die elsässische Geschichte in Livet, Intendance 996—1017, für die badische Geschichte in Lautenschlager, für die deutsche Rechtsgeschichte in Planitz-Buyken und Conrad, für die frz. Rechtsgeschichte in Olivier-Martin und Lepointe.

Barré, Carolus: Les Fiefs de Compiègne relevant du Château de Pierrefonds et leurs Seigneurs. Compiègne 1938—1939.
— Les institutions municipales de Compiègne au temps des gouverneurs-attournés (1319—1692). Paris 1942.
Barth, M(édard): Handbuch der elsässischen Kirchen im Mittelalter. Strasbourg 1960—1963 = Archives de l'Eglise d'Alsace. Tomes XXVII—XXIX de la série complète.
— Der Rebbau des Elsass. Zwei Bände. Strasbourg et Paris 1958.
Batzer, Ernst und Alfons *Städele:* Burgen und Schlösser Mittelbadens. Bühl (1936).
Baustaedt, Bertold: Richelieu und Deutschland. Berlin 1936 = Historische Studien. Heft 295.
Beinert, Johannes: Geschichte des badischen Hanauerlandes unter Berücksichtigung Kehls. Kehl 1909.
— Die Strassburger Rheinfahre im Mittelalter. In: ZGO 1906. 390—399.
Beiträge, Neue, zur Geschichte der Herrschaft Kenzingen. Herausgegeben von der heimatkundlichen Arbeitsgemeinschaft im Volksbildungswerk Kenzingen. (Kenzingen) 1955.
Bender, Karl Ludwig: Geschichte des Dorfes Nonnenweier bei Lahr in Baden. Karlsruhe 1908.
Berber, Friedrich: Lehrbuch des Völkerrechts. Erster Band. München und Berlin 1960.
Bericht, Summarischer... (o.O.) 1662. (Von Bernegger verfaßt?)
Berneggerus, Io. Casparus: Forma Reipublicae Argentoratensis. (Argentorati) 1667.
— Forma Reipublicae Argentoratensis. Editio Secunda. (Argentorati) 1673.
(—) Descriptio particulae territorii Argentinensis. Kurtze Beschreibung etlicher Stätte, Schlösser und Dörffer welche umb Straßburg gelegen, und auf beygehender Landtaffel benamset werden. (Straßburg) 1675.
Besitzungen, Die, Einkünfte, Freiheiten, Rechte und Prärogativen der deutschen Reichsfürsten Kirchen und Körper im Elsaß. Nürnberg und Leipzig 1790 (Exemplar in Hochschule Speyer: A II a 198).
Beyler, Arthur: Historique de la Robertsau. Geschichte der Ruprechtsau. Strasbourg 1955.
Bloch, Hermann (u. a.): Regesten der Bischöfe von Strassburg. Band I Innsbruck 1908. Band II Innsbruck 1924—1928.
Blum, Otto: Geschichte des Zollwesens der Stadt Strassburg im Mittelalter. Freiburg i. Br. (1923; Maschinenschrift; Photokopie in AM: Db III).
Blumstein, F. und Ad. *Seyboth:* Urkunden des Stifts genannt Unser-Lieben-Frauen-Werk. Strassburg 1900.
Böhmer, J(ohann) F(riedrich): Regesta imperii I—XI. Innsbruck (u. a.) seit 1877.
Borries, Emil v(on): Geschichte der Stadt Straßburg. Straßburg 1909.
Boug de: Recueil des édits, déclarations, lettres patentes, arrêts du Conseil d'Etat et du Conseil Souverain d'Alsace, Ordonnances & Règlements concernant cette Province. Deux volumes. Colmar 1775.
Braun, Karl: Geschichte von Königshofen bei Straßburg. Straßburg 1911.
Bredt, F. W.: Das Eigentum am Straßburger Münster und die Verwaltung des Frauenstiftes. Straßburg 1903.
Brucker, J.: Strassburger Zunft- und Polizei-Verordnungen des 14. und 15. Jahrhunderts. Strassburg 1889.
Bruckner, Albert: Regesta Alsatiae aevi Merovingici et Karolini 496—918. I. Quellenband. Strasbourg und Zürich 1949.

Brunner, Otto: Land und Herrschaft. Vierte Auflage. Wien und Wiesbaden (1959).
Bruns, Viktor: Fontes juris gentium. Series A, sectio II, tomus 1. Berlin 1931.
Buech, Friedrich: Christoph Wilhelm Koch (1737—1813). Frankfurt am Main 1936 = Schriften des Wissenschaftlichen Instituts der Elsaß-Lothringer im Reich an der Universität Frankfurt. Neue Folge Nr. 17.
Bulst, Walther: Verzeichnis der gedruckten badischen Weistümer. In: ZGO 1926. 287—300.
Büttner, Heinrich: Geschichte des Elsass. I. Politische Geschichte des Landes von der Landnahmezeit bis zum Tode Ottos III. Berlin 1939 = Neue Deutsche Forschungen. Abt. Mittelalterliche Geschichte. Band 8.
Busse, Hermann Eris (Herausgeber): Offenburg und die Ortenau. Karlsruhe 1935 (=Badische Heimat. 22. Jahrgang).
Busse, Klaus: Der Wiederkauf in der Rechtsliteratur des 12. bis 18. Jahrhunderts (Diss. jur. Münster; in Vorbereitung).
Bussierre, M. Th. de: Histoire du développement du protestantisme à Strasbourg et en Alsace, depuis l'abolition du culte catholique jusqu'à la paix de Haguenau (1529—1604). Deux volumes. Strasbourg 1859.
Cahn, Julius: Münz- und Geldgeschichte der Stadt Strassburg im Mittelalter. Strassburg 1895.
Carte du département du Bas-Rhin. Echelle 1 : 250 000 (Strasbourg 1960?; Exemplar in AD: 2 K 14).
Cassini: (Carte de l'Alsace. 1 : 86 400. o.O. 1793).
Clausing, Joseph: Der Streit um die Kartause vor Straßburgs Toren 1587—1602. Straßburg 1906 = Straßburger Beiträge zur neueren Geschichte. I. Band, 1. Heft.
Clauss, Joseph M. B.: Historisch-topographisches Wörterbuch des Elsass. Zabern 1895 (bis 1914 bzw. bis „Schlierbach").
Coët, E.: Les communes de l'arrondissement. (o.O.) 1884. (Exemplar in Bibliothèque Municipale de la Ville de Compiègne)
Como, F. A.: Zunft und Gewerbe der Schneider im alten Straßburg, Straßburg 1893 = Jahresbericht des Bischöflichen Gymnasiums an St. Stephan zu Straßburg. XI. Schuljahr 1892—1893.
Conrad, Hermann: Deutsche Rechtsgeschichte. Band I, Frühzeit und Mittelalter. 2. Auflage. Karlsruhe 1962.
Correction, Die, des Rheins von Basel bis zur Großherzogl. Hessischen Grenze. Karlsruhe 1863.
Correspondenz, der Politische, der Stadt Strassburg im Zeitalter der Reformation. Erster bis dritter Band: Strassburg 1882—1898. Vierter bis fünfter Band: Heidelberg 1928—1933 = Urkunden und Akten der Stadt Strassburg. Zweite Abtheilung.
Crämer, Ulrich: Die Verfassung und Verwaltung Straßburgs von der Reformationszeit bis zum Fall der Reichsstadt (1521—1681). Frankfurt a. M. 1931 = Schriften des Wissenschaftlichen Instituts der Elsaß-Lothringer im Reich an der Universität Frankfurt. Neue Folge Nr. 3.
— Die Wehrmacht Strassburgs von der Reformationszeit bis zum Fall der Reichsstadt. In: ZGO 1932. 45—95.
Dahm, Georg: Völkerrecht. Band I. (Stuttgart 1958).
Dannenbauer, Heinz: Die Entstehung des Territoriums der Reichsstadt Nürnberg. Stuttgart 1928 = Arbeiten zur deutschen Rechts- und Verfassungsgeschichte. VII. Heft.
Deduction succincte et bien fondée, faisant voir les raisons, pourquoy les Terres de la Republique de Strasbourg situées en la basse Alsace ne

peuvent ny doivent estre comprises sous la Soveraineté de la Couronne de France. (Strasbourg) 1680 (Exemplar in BNU: M 4.733).
Dettmering, Wilhelm: Beiträge zur älteren Zunftgeschichte der Stadt Strassburg. Berlin 1903 = Historische Studien. Heft XXXX.
Dickmann, Fritz: Der Westfälische Frieden. Münster (1959).
Diekmann, Klaus: Die Herrschaft der Stadt Soest über ihre Börde. (Diss. jur. Münster) 1962 (Fotodruck).
Doll, Anton: Zur Frühgeschichte der Stadt Speyer. In: Mitteilungen des Historischen Vereins der Pfalz. 52. Band. Speyer 1954. 133—200.
Dollinger, Philippe: Patriciat noble et patriciat bourgeois à Strasbourg au XIVe siècle. In: RA 1950—1951. 52—82.
— Le premier recensement et le chiffre de population de Strasbourg en 1444. In: RA 1955. 112—124.
— La tolérance à Strasbourg au XVIe siècle. In: Hommage à Lucien Febvre. Eventail de l'histoire vivante. II. Paris 1953. 241—249.
Droysen G.: Allgemeiner historischer Handatlas. Bielefeld und Leipzig 1886.
Dubled, Henri: La bourgeoisie foraine en Alsace principalement à Strasbourg: „Pfalbuerger" et „Ausbuerger". In: Cahiers d'Archéologie et d'Histoire d'Alsace. 1953. 137—142.
— Der Herrschaftsbegriff im Mittelalter am Oberrhein, haupsächlich im Elsaß. In: Alemannisches Jahrbuch 1959. Lahr (1959). 77—91.
— La notion de ban en Alsace au moyen âge. In: Revue historique de droit Français et étranger. 1961. 30—75.
— Quelques observations sur le sens du mot villa. In: Le Moyen Age. 1953. 1—9.
— Taille et „Ungeld" en Alsace au XIIIe siècle. In: Vierteljahrschrift für Sozial- und Wirtschaftsgeschichte. Wiesbaden 1960. 32—47.
Du Cange: Glossarium mediae et infimae latinitatis. Zehn Bände. Unveränderter Nachdruck der Ausgabe von 1883—1887. Graz 1954.
Dümmler, Ernst: Geschichte des Ostfränkischen Reiches. Zweite Auflage. Dritter Band: Die letzten Karolinger. Konrad I. Leipzig 1888.
Du Mont, J.: Corps universel diplomatique du droit des gens. Tome VI, partie I. Amsterdam et La Haye 1728.
(*Du Prel*, Freiherr Max): Die alten Territorien des Bezirkes Lothringen nach dem Stande vom 1. Januar 1648. II. Theil. Straszburg 1909 = Statistische Mittheilungen über Elsaß-Lothringen. Dreißigstes Heft.
Eckel, Auguste et Alexandre *Vidier:* Ministère de l'instruction publique et des beaux-arts. Direction des archives. Etat général par fonds des Archives départementales. Département du Bas-Rhin. Strasbourg 1925.
Eheberg, K(arl) Th(eodor): Strassburgs Bevölkerungszahl seit Ende des 15. Jahrhunderts bis zur Gegenwart. II. Strassburgs Bevölkerungszahl von 1564 bis zur Gegenwart. Jahrbücher für Nationalökonomie und Statistik. Neue Folge. Achter Band. Jena 1884. 413—430.
— Verfassung-, Verwaltungs- und Wirtschaftsgeschichte der Stadt Strassburg bis 1681. I. Band: Urkunden und Akten. Strassburg 1899.
Ehrmann, Frideric. Ludovic.: Jus fornacum ad statuta Argentinensis praecipue applicatum. Argentorati 1763.
Eimer, Manfred: Die politischen Verhältnisse und Bewegungen in Strassburg im Elsass im Jahre 1789. Strassburg 1897.
Engel, Karl: Strassburg als Garnisonstadt unter dem Ancien Régime. Strassburg 1901.
Erichson, Alfred: Das theologische Studienstift Collegium Wilhelmitanum 1544—1894 zu dessen 350jährigen Gedächtnisfeier. Strassburg 1894.

Erler, Adalbert: Bürgerrecht und Steuerpflicht im mittelalterlichen Städtewesen mit besonderer Untersuchung des Steuereides. (Zweite Auflage) Frankfurt am Main (1963).

Escholier, Raymond: Les vieux hôpitaux français. L'Hôpital civil de Strasbourg. Lyon 1941.

Extract Der Statt Straszburg Burger-Ordnungen. (Straßburg) 1649. (Exemplare in AM: no 863/66 und Landesbibliothek Speyer: 29.2122—2).

Eyer, Fritz: Das Territorium der Herren von Lichtenberg. (Diss. phil. Heidelberg 1936). Strassburg 1938 = Schriften der Elsass-Lothringischen Wissenschaftlichen Gesellschaft zu Straßburg (3).

— Das Territorium der Herren von Lichtenberg. Band 2. Regesten. (o.O.) 1943 (Maschinenschrift; Exemplar in AD: A 397).

Faber, Antonius: Europäischer Staats-Cantzley Zwey- und zwanzigster Theil. (Nürnberg) 1714.

Fallex, Maurice: L'Alsace, la Lorraine et les Trois Evêchés du début du XVIIe siècle à 1789. Avec une carte à 1 : 500 000e. Paris 1921.

Fargès-Méricourt, P. J.: Description de la ville de Strasbourg. Strasbourg 1840.

Feger, Otto: Das Städtewesen Südwestdeutschlands vorwiegend im 12. und 13. Jahrhundert. In: Die Städte Mitteleuropas im 12. und 13. Jahrhundert. Linz 1963. 41—54.

Ferdinand, Joh. B.: Streifzug durch die Geschichte Ettenheims. In: Die Ortenau. 24. Heft. Offenburg i. B. 1937. 1—32.

Fester, Richard (u. a.): Regesten der Markgrafen von Baden und Hachberg 1050—1515. Vier Bände. Innsbruck 1900—1915.

Festschrift zum Goldenen Jubiläum der Einweihung der Pfarrkirche von Eckbolsheim 1886—1936 (o.O. o.J.).

Fink, Georg: Lübecks Stadtgebiet. In: Städtewesen und Bürgertum als geschichtliche Kräfte. Gedächtnisschrift für Fritz Rörig. Lübeck 1953. 243—296.

Fischer, Dagobert: Das ehemalige Amt Waßlenheim. Straßburg 1871.

— Die ehemalige Herrschaft Romansweiler und Cossweiler im Kreis Molsheim. Zabern 1877.

— Histoire de l'ancien comté de Saarwerden et de la prévoté de Herbitzheim. Mulhouse 1877 (tatsächlich 1878).

— Les institutions municipales et judiciaires du bailliage du Kochersberg. In: RA 1872. 424—439.

— Notice historique sur l'ancien bailliage de Herrenstein. In: RA 1873. 399—415, 532—575.

Fischer, Herbert: Burgbezirk und Stadtgebiet im deutschen Süden. Wien und München (1956) = Wiener rechtsgeschichtliche Arbeiten. Band III.

Ford, Franklin L.: Strasbourg in Transition 1648—1789. Cambridge (USA) 1958.

Forrer, Robert: Strasbourg — Argentorate. II volumes. Strasbourg (1927).

— L'Alsace romaine. Paris 1935 = Etudes d'archéologie et d'histoire (1).

Fritz, Johannes: Die alten Territorien des Elsaß nach dem Stande vom 1. Januar 1648. Straßburg 1896 = Statistische Mittheilungen über Elsaß-Lothringen. Siebenundzwanzigstes Heft.

Froriep, Henrik: Rechtsprobleme der Oberrheinkorrektion im Großherzogtum Baden. (Diss. jur. Mainz.) Baden-Baden 1953.

Fuchs, F(rançois) J(oseph): Bourgeois de Strasbourg propriétaires ruraux au XVIIe siècle. In: Publications de la Société savante d'Alsace et des régions de l'est. T. VII. Paysans d'Alsace. Strasbourg 1959. 99—119.

— Le droit de bourgeoisie à Strasbourg. In: RA 1962. 19—50.
— Inventaire des Archives de la Ville de Strasbourg antérieures à 1790. Série VI (Strasbourg 1960).

Gambs, Johannes Jacobus: Dissertatio inauguralis juridica de ortu et progressu juris statutarii Argentinensis. Argentorati 1776.

Gambs, Johannes Sebastianus: J. N. J. Impp. Romm. Augg. Illustri & Liberae Sacri Rom. Imperii Reipublicae Argentoratensi Privilegiorum concessorum trigam. De non Evocando. De non Appellando. & De Austregis. Argentorati 1678.

Gasser, Adolf: Entstehung und Ausbildung der Landeshoheit im Gebiete der Schweizerischen Eidgenossenschaft. Aarau und Leipzig 1928.

Geiges, Claus: Die Elsäßische Dekapolis 1634—1654. Freiburg i. Br. 1959 (Maschinenschrift; Exemplar in Landesbibliothek Speyer: Diss. 19718).

Gemarkungskarte der Regierungsbezirke Nord- und Südbaden. Landesvermessungsamt Baden-Württemberg — Außenstelle Karlsruhe —. Stand 1961. Maßstab 1 : 500 000.

Gemeindeverzeichnis, Amtliches, für die Bundesrepublik Deutschland. Ausgabe 1961. Stuttgart und Mainz (1963).

Gerdolle, H.: Zur Geschichte des herrschaftlichen Grundbesitzes im Metzer Lande. In: Jahr-Buch der Gesellschaft für lothringische Geschichte und Altertumskunde. Achtzehnter Jahrgang. Metz 1906. 205—275 und Tafel V—VIII.

Gmür, Rudolf: Städte als Landesherren im 16. bis 18. Jahrhundert. Vortrag von 1960. Kurzer Bericht in: Zeitschrift der Savigny-Stiftung für Rechtsgeschichte. Achtundsiebzigster Band, Germanistische Abteilung. Weimar 1961. Seite 512.

— Der Zehnt im alten Bern. Bern 1954 = Abhandlungen zum schweizerischen Recht. Neue Folge, 310. Heft. Bern 1954.

Goehner, Ch. und E. *Brumder:* Geschichte der räumlichen Entwicklung der Stadt Strassburg. Strassburg 1935 = Schriften der Elsass-Lothringischen Wissenschaftlichen Gesellschaft zu Strassburg (Sonderausgabe 7).

Goerlitz, Theodor: Verfassung, Verwaltung und Recht der Stadt Breslau. Teil I Mittelalter. Würzburg 1962 = Quellen und Darstellungen zur schlesischen Geschichte. Siebenter Band.

Gönner, Richard und Josef *Sester:* Das Kirchenpatronatsrecht im Grossherzogtum Baden. Stuttgart 1904. Nachdruck Amsterdam 1962 = Kirchenrechtliche Abhandlungen. 10. und 11. Heft.

Gothein, Eberhard: Wirtschaftsgeschichte des Schwarzwaldes und der angrenzenden Landschaften. Strassburg 1892.

(*Grandidier*, Ph. And.:) Ruprechtsau (Extrait des manuscrits inédits de Grandidier). In: RA 1867. 473—478.

Greiner, Lily: La seigneurie épiscopale de Strasbourg jusqu'en 1274 et les origines de la supériorité territoriale. In: Ecole Nationale des Chartes. Positions des thèses soutenues par les élèves de la promotion de 1949 pour obtenir le diplôme d'archiviste paléographe. Paris 1949. 83—89.

Grenacher, Franz: Die Anfänge der Militärkartographie am Oberrhein. In: Basler Zeitschrift für Geschichte und Altertumskunde. Basel 1957, 67—118; 1958, 99—131.

— Die ersten geometrischen Pläne und Karten des Rheins zwischen Basel und Straßburg. In: Alemannisches Jahrbuch 1961. Lahr (1962). 1—20.

Grimm, Jacob: Weisthümer. Sieben Teile. Göttingen 1840—1878. Nachdruck Berlin 1957.

Grimm, Jacob und Wilhelm *Grimm:* Deutsches Wörterbuch. Sechzehn Bände. Leipzig 1854—1961.

Großherzogtum, Das, Baden in geographischer, naturwissenschaftlicher, geschichtlicher, wirtschaftlicher und staatlicher Hinsicht dargestellt. Karlsruhe 1885.

Grotius, Hugo: De jure belli ac pacis libri tres. Deutscher Text von Walter Schätzel. Tübingen 1950 = Die Klassiker des Völkerrechts in modernen deutschen Übersetzungen. Band I.

Haeringer, Louis: La Basse Alsace. (Strasbourg) 1961.

Hahn, Karl: Die katholische Kirche Straßburgs unter dem Bischof Erasmus von Limburg (1541—1568). Frankfurt am Main 1940 = Schriften des Wissenschaftlichen Instituts der Elsaß-Lothringer im Reich an der Universität Frankfurt. Neue Folge Nr. 24.

Hanauer, A(uguste): Etudes Economiques sur l'Alsace ancienne et moderne. Deux volumes. Paris et Strasbourg 1876—1878.

— Guide monétaire pour l'Histoire d'Alsace. In: Revue Catholique d'Alsace. Nouvelle Série. Treizième année. Rixheim 1894. 776—789.

Hartung, Fritz: Zur Entwicklung der Verfassungsgeschichtsschreibung in Deutschland. Berlin 1956 = Sitzungsberichte der Deutschen Akademie der Wissenschaften zu Berlin. Klasse für Philosophie, Geschichte, Staats-, Rechts- und Wirtschaftswissenschaften. Jahrgang 1956. Nr. 3.

Hatt, Jacques: Le renouvellement du magistrat de Strasbourg sous l'ancien régime. In: La vie en Alsace. Strasbourg 1933. 241—249.

— Strasbourg au temps des Romains. Strasbourg et Paris 1953.

— La vie strasbourgeoise il y a trois cents ans. Strasbourg 1947.

— Une ville du XVe siècle: Strasbourg. Strasbourg 1929.

Hauviller, Ernst: Alsatica aus der Pariser Nationalbibliothek zur Geschichte des 17. und 18. Jahrhunderts. In: ZGO 1901. 638—649.

Hecker, Friedrich: Die Herrschaft Barr. Colmar 1914.

— Die Stadt Barr von der französischen Revolution bis auf unsere Tage. Colmar 1911.

(*Hegel*, C.:) Die Chroniken der oberrheinischen Städte. Straßburg. Zwei Bände. Leipzig 1870 und 1871 = Die Chroniken der deutschen Städte vom 14. bis ins 16. Jahrhundert. Achter und Neunter Band.

Heitz, Frédéric-Charles: L'Alsace en 1789. Strasbourg 1860.

— Das Zunftwesen in Strassburg. Straßburg 1856.

Heizmann, Ludwig: Der Amtsbezirk Lahr in Vergangenheit und Gegenwart. Lahr (1930).

Hermann, Jean-Fréd(éric): Notices historiques, statistiques et littéraires, sur la ville de Strasbourg. Deux volumes. Strasbourg 1817—1819.

Herrschaft und Staat im Mittelalter. Bad Homburg vor der Höhe 1960 (Nachdruck der Ausgabe von 1956) = Wege zur Forschung. II.

Heunisch, A. J. V.: Geographisch-statistisch-topographische Beschreibung des Großherzogthums Baden. Heidelberg 1833.

Heusler, Andreas: Institutionen des Deutschen Privatrechts. Zwei Bände. Leipzig 1885—1886.

Himly, François-J.: L'aspect du paysage rural alsacien d'après les plans ruraux du XVIIIe siècle. In: RA 1948. 218—220.

— Observations sur les sources de l'histoire du haut moyen-âge alsacien. In: RA 1950—1951. 30—51.

Hoffmann, Charles: L'Alsace au dix-huitième siècle au point de vue Historique, Judiciaire, Administratif, Economique, Intellectuel, Social et Reli-

gieux. 4 Volumes. Colmar 1906—1907 = Bibliothèque de la Revue d'Alsace. IX—XII.
Hölzle, Erwin: Der deutsche Südwesten am Ende des alten Reiches. Karte und Beiwort. Stuttgart 1938.
(Homann, Joh. Bapt.:) Atlas Germaniae specialis. Norimbergae 1753 (Ausschnitt in *Kehl* 18).
— S. R. I. Circulus Sueviae. Norimbergae (1701; Karte 21 in einem Atlas mit 50 Karten, Nürnberg um 1750; Exemplar in Staatsarchiv Speyer: K 45).
— Landgraviatus Alsatiae. Noribergae (1745; Karte 26 ebd.).
(Horrer, Philipp Xaver:) Dictionnaire géographique, historique et politique de l'Alsace. Tome premier (seul paru). Strasbourg 1787.
Huber, Ernst Rudolf: Deutsche Verfassungsgeschichte seit 1789. Band I: Reform und Restauration 1789 bis 1830. (Stuttgart 1957).
Hübinger, Paul Egon: König Heinrich I. und der deutsche Westen. In: Annalen des Historischen Vereins für den Niederrhein insbesondere das alte Erzbistum Köln. Hunderteinunddreissigstes Heft. Düsseldorf 1937, 1—23.
Ianssonius, Ioannis: Utriusquae Alsatiae superioris ac inferioris nova tabula. Amstelodami (um 1660).
Ichtersheim, Frantz Ruprecht von: Gantz neue Elsaßische Topographia. Regenspurg 1710.
(Jan,) Hermann Ludwig (von): Strassburg vor hundert Jahren. Stuttgart 1888.
Kähni, Otto: Straßburg und die Ortenau. In: Mein Heimatland. 29. Jahrgang. Freiburg im Breisgau 1942. 211—220.
Kaiser, Hans: Die Konstanzer Anklageschriften von 1416 und die Zustände im Bistum Strassburg unter Bischof Wilhelm von Diest. In: ZGO 1907. 387—455.
Karte über den Lauf des Rheins längs der Badisch-Französischen Grenze nach dem Stande der Jahre 1838 & 1861 und längs der Badisch-Bayerischen Grenze nach dem Stande der Jahre 1817 & 1861. (Karlsruhe 1863; Exemplar in Landesbibliothek Speyer: 24.465)
Kehl und das Hanauerland. Freiburg im Breisgau 1931 = Badische Heimat. 18. Jahrgang.
Keutgen, F.: Urkunden zur Städtischen Verfassungsgeschichte. Berlin 1901 = Ausgewählte Urkunden zur Deutschen Verfassungsgeschichte. Band I.
Keyser, Erich: Badisches Städtebuch. (Stuttgart) 1959 = Deutsches Städtebuch. Band IV, Teilband Baden.
Kiefer, L. Albert: Geschichtliche Notizen über Linzingen und seine Gemarkung. Molsheim 1887.
Kienitz, O.: Historische Karte des Grossherzogtums Baden, Karlsruhe (o.J.). Beilage zu: Das Großherzogtum Baden in geographischer, naturwissenschaftlicher, geschichtlicher, wirtschaftlicher und staatlicher Hinsicht dargestellt. Karlsruhe 1885.
Kindler von Knobloch, J.: Das goldene Buch von Straßburg. Wien 1886.
Kirchner, Moritz: Elsass im Jahre 1648. Mit einer Specialkarte im Maßstab 1 : 320 000. Duisburg 1878.
— Elsass im Jahre 1789. Strassburg (1880). (Karte; Exemplar in BNU: M 42.232)
— Das Reichsland Elsass-Lothringen nach seiner territorialen Gestaltung von 1648 bis 1789. (Wandkarte; Exemplar in BNU: M 4.811)
Kirn, Paul: Politische Geschichte der deutschen Grenzen. 4. Auflage. Mannheim (1958).

Klingelhöfer, Erich: Die Reichsgesetze von 1220, 1231/32 und 1235. Weimar 1955 = Quellen und Studien zur Verfassungsgeschichte des Deutschen Reiches in Mittelalter und Neuzeit. Band VIII, Heft 2.
Klipffel, H.: Metz, cité épiscopale et impériale. Bruxelles 1867.
Klock, Louis: Marlenheim. Colmar 1948.
Knapp, Theodor: Über Marksteine und andere Grenzbezeichnungen vornehmlich im südwestlichen Deutschland. In: Das Rechtswahrzeichen. Zweites Heft. Grenzrecht und Grenzzeichen. Freiburg im Breisgau 1940. 1—45.
Knobloch, Ludwig: Das Territorium der Stadt Strassburg bis zur Mitte des 16. Jahrhunderts. Leipzig — Reudnitz 1908.
Kocher, August: Urkundliche Geschichte des bischöflichen Amtes Wanzenau. Straßburg 1908.
— Die Ortschaften um Straßburg und das Amt Wolfisheim. Straßburg 1912.
Kolb, J. B.: Historisch-statistisch-topographisches Lexicon von dem Großherzogthum Baden. Drei Bände. Karlsruhe 1813—1816.
Kollnig, Karl Rudolf: Elsässische Weistümer. Frankfurt am Main 1941 = Schriften des Wissenschaftlichen Instituts der Elsaß-Lothringer im Reich an der Universität Frankfurt. Neue Folge Nr. 26.
König, Josef Hermann: Die katholischen Körperschaften des Unterelsasses vor und während der großen Revolution. Strassburg 1915.
Koser, Otto: Veröffentlichungen des Gesamtvereins der Deutschen Geschichts- und Altertums-Vereine. Repertorium der Akten des Reichskammergerichts. Untrennbarer Bestand. II. Prozessakten aus dem Elsass, aus Lothringen und angrenzenden ehemaligen Reichslanden. Heppenheim a. d. Bergstr. 1936.
Kothe, Wilhelm: Kirchliche Zustände Strassburgs im vierzehnten Jahrhundert. Freiburg im Breisgau 1903.
Kretschmer, Konrad: Historische Geographie von Mitteleuropa. München und Berlin 1904 = Handbuch der mittelalterlichen und neueren Geschichte. Abteilung IV: Hilfswissenschaften und Altertümer.
Krieger, Albert: Topographisches Wörterbuch des Großherzogtums Baden. Zweite Auflage. Zwei Bände. Heidelberg 1904—1905.
Krug-Basse, J(ules): L'Alsace avant 1789. Paris et Colmar 1877.
Krüger, Herbert: Allgemeine Staatslehre. Stuttgart 1964.
Kuner, Max: Die Gerichtsverfassung der Stadt Gengenbach. In: Die Ortenau 1925. 49—88.
Kürzel, Albert: Die Stadt Ettenheim und ihre Umgebung. Lahr 1883.
La Grange: Extraits d'un mémoire sur la province d'Alsace (1697). In: Description du département du Bas-Rhin. Tome premier. Strasbourg 1858. 519—558.
(*Larousse:*) La grande encyclopédie. 31 volumes. Paris (1885—1902).
Laufs, Adolf: Die Verfassung und Verwaltung der Stadt Rottweil 1650—1806. Stuttgart 1963 = Veröffentlichungen der Kommission für geschichtliche Landeskunde in Baden-Württemberg. Reihe B, Forschungen, 22. Band.
Lautenschlager, Friedrich: Bibliographie der badischen Geschichte. Erster und Zweiter Band Karlsruhe 1929—1938. Dritter und Vierter Band Stuttgart 1961 und 1963.
Lauth, Joh. Fridericus: Conspectus Judiciorum Argentinensium. Partes duae. Argentorati 1784.
Lederle: Die Rheingrenze gegen Frankreich. In: Zeitschrift für Völkerrecht. XII. Band. Breslau 1923. 290—299.
Legrelle, A(rsène): Louis XIV et Strasbourg. Paris 1884.

Lehmann, J(ohann) G(eorg): Urkundliche Geschichte der Grafschaft Hanau-Lichtenberg. Zwei Bände. Mannheim 1862 und 1863.
— Urkundliche Geschichte der ehemaligen freien Reichsstadt und jetzigen Bundesfestung Landau in der Pfalz nebst derjenigen der drei Dörfer Dammheim, Nuszdorf und Queichheim. Neustadt a/Haardt 1851.
Lehr, Ernest: L'Alsace noble. Trois volumes. Paris 1870.
Leist, Jörg: Reichsstadt Rottweil. (Rottweil) 1962.
Lepointe, Gabriel et André *Vandenbossche:* Eléments de Bibliographie sur l'histoire des institutions et des faits sociaux 987—1875. Paris 1958.
Lesener: Die Herrschaft von Schwäbisch Hall über sein Landgebiet (Diss. jur. Münster; in Vorbereitung).
Levi, Georg: Zur Geschichte der Rechtspflege in der Stadt Strassburg i. Els. Strassburg 1898.
Levrault, L.: Landau, étude historique. Strasbourg et Colmar 1859.
Lienhardt, Robert: Die Rechtsverhältnisse an der Rheingrenze zwischen dem Deutschen Reich und Frankreich unter besonderer Berücksichtigung der Rechtsverhältnisse an den Rheinbrücken. Strassburg 1936. (Maschinenschrift; Diss. jur. Freiburg 1944; Exemplar in Universitätsbibliothek Freiburg i. Br.: U. Ma. 2299).
Linck, M. Johannes Daniel: Q. D. B. V. Dissertatio inauguralis juridica de fratre uterino illegitimo cum defuncti germano ad aequalem heredidatis partem admittendo secundum statuta Argentoratensia. Argentorati 1749.
Livet, Georges: L'Intendance d'Alsace sous Louis XIV 1648—1715. Strasbourg et Paris 1956 = Publications de l'Institut des hautes études Alsaciennes. Tome XV.
— Le Conseil souverain d'Alsace (In Vorbereitung).
Loesch, Heinrich von: Die Grundlagen der ältesten Kölner Gemeindeverfassung. In: Zeitschrift der Savigny-Stiftung für Rechtsgeschichte. 53. Band. Germanistische Abteilung. Weimar 1933. 89—207.
Löper, Carl: Die Rheinschifffahrt Straßburgs in früherer Zeit und die Straßburger Schiffleut-Zunft. Straßburg 1877.
Lünig, Johann Christian: Das Teutsche Reichs-Archiv. Leipzig 1713.
Martens (George Frédéric) de: Recueil de traités. Tome I—VII. Gottingue 1795—1801.
— Supplément au recueil. Tome I—XX. Gottingue 1802—1842.
Martin, E. und H. *Lienhart:* Wörterbuch der elsässischen Mundarten. Zwei Bände. Strassburg 1899 und 1907.
Maschke, Erich: Verfassung und soziale Kräfte in der deutschen Stadt des späten Mittelalters, vornehmlich in Oberdeutschland. In: Vierteljahrschrift für Sozial- und Wirtschaftsgeschichte. Sechsundvierzigster Band. Wiesbaden 1959. 289—349 und 433—476.
Mechler, Wilhelm: 600 Jahre Rheinbrücken zwischen Straßburg und Kehl. In: Denkschrift zur Verkehrsübergabe der Straßenbrücke über den Rhein zwischen Kehl und Straßburg am 23. September 1960. Bonn 1960 (=Strassenbau und Strassenverkehrstechnik. Heft 8).
— Die Rheinbrücken Straßburg — Kehl. In: Alemannisches Jahrbuch 1960. Lahr (1961). 240—261.
— und Paul *Motz:* Kehl am Rhein. Kehl 1956.
Meibom, Viktor von: Das deutsche Pfandrecht. Marburg 1867.
Mémoire Strasbourg-Klinglin = Mémoire pour les Préteurs, Consuls & Magistrats de la Ville de Strasbourg, Demandeurs. Contre les Héritiers du feu Sieur de Klinglin, Préteur Royal de la même Ville, Deffendeurs (Paris 1763; Exemplar in AM: AA 2074 hinten).

Menzel, Eberhard: Völkerrecht. München und Berlin 1962.
Mercator, Alsatia inferior. In: *Mercator*, Gerard et J(udocus) *Hondius:* Atlas, Novus. Amsterdam 1633. 226—227.
Mercator, Territorium Argentoratense. Ebd. 230—231.
Merian, Mattheus: Topographia Palatinatus Rheni. (Frankfurt) 1645.
Meriani Matthaei Erben: Topographia Alsatiae. Franckfurt 1663.
Metzenthin, Albert: Ulrich Obrecht und die Anfänge der französischen Prätur in Strassburg (1684—1701). Strassburg 1914 = Beiträge zur Landes- und Volkeskunde von Elsass-Lothringen und den angrenzenden Gebieten. XLVI.
Meyer, Hans: Die Strassburger Goldschmiedezunft von ihrem Entstehen bis 1681. Leipzig 1881 = Staats- und socialwissenschaftliche Forschungen. Dritter Band, Zweites Heft.
Michal, Jacques: Suevia Universa IX Tabulis delineata. (Augsburg nach 1725; Titel nach *Oehme*, Geschichte 49; Kupferstich in GLA: Großh. Hausfideikommiß A. b. No 11 rot; westlicher Kartenrand Hagenau bis Schlestatt; Blatt I fehlt).
Mitteis, Heinrich und Heinz *Lieberich:* Deutsches Privatrecht. Dritte Auflage. München und Berlin 1956.
— Deutsche Rechtsgeschichte. 8. Auflage. München und Berlin 1963.
Möller, Walther: Stamm-Tafeln westdeutscher Adels-Geschlechter im Mittelalter. Drei Bände. Darmstadt 1922, 1933 und 1936.
Mols, Roger: Introduction à la démographie historique des villes d'Europe du XIVe au XVIIIe siècle. Trois volumes. Gembloux et Louvain 1954—1956.
Mone (J. F.): Urkunden über die Ortenau und das Elsaß. In: ZGO 1853. 275—291.
— Kaiserurkunden. In: ZGO 1860. 428—438.
— Das Rheinfahr zu Kehl. In: ZGO 1864. 129—139.
Morel: La commune de Compiègne 1153—1319. Compiègne 1901.
Moser, Johann Jacob: von der Reichs-Stättischen Regiments-Verfassung. Franckfurt und Leipzig 1772.
Mueg, Franc. Xaverius: Q. D. B. V. Dissertatio inauguralis Juridica sistens Collationem Juris Statutarii Argentinensis & Juris Gallici cum Jure Justinianeo circa Nuptias, Concubinatum & Donationes inter Virum & Uxorem. Argentorati 1768.
Muller, E(rneste): Le Magistrat de la Ville de Strasbourg. Strasbourg 1862.
Müller, F. W.: Die elsässischen Landstände. Strassburg 1907.
Murschel, Israel: Flos Reipublicae Argentinensis. Straßburg 1663.
Nagel, Hermann G.: Die Entstehung der Strassburger Stadtverfassung. Strassburg 1916 = Beiträge zur Landes- und Volkeskunde von Elsass-Lothringen und den angrenzenden Gebieten. (Band XI, Heft) LI.
Naudin: Théâtre de la Guerre en Allemagne. (o.O.) 1726. (Handschrift der Inspection du Génie, 39 Rue de Bellechasse, Paris: Atlas 118—Mss)
Nelckenbrecher, Johann Christian: Taschenbuch eines Banquiers und Kaufmanns. Zweite Auflage. Berlin 1769.
Neubauer, A.: Regesten des ehemaligen Benediktiner-Klosters Hornbach. Speier 1904 = Mitteilungen des Historischen Vereines der Pfalz. XXVII.
Neuert, Josef: Der Rhein im Vertrag von Versailles. (Diss. jur. Würzburg 1924; Maschinenschrift; Exemplar in Universitäts-Bibliothek Würzburg: U 24.9022).
Neusser, Gerold: Das Ulmer Territorium am Ausgang des 18. Jahrhunderts. (Diss. jur. Tübingen; in Vorbereitung).
Niermeyer, J. F.: Mediae latinitatis lexicon minus. Leiden seit 1954.

Notice sur les fondations administrées par le Séminaire protestant de Strasbourg. Strasbourg 1854.
Notizen, Geschichtliche, des Dorfes Hönheim bei Straßburg. Straßburg 1911. (Exemplar in Bibliothèque Municipale de Strasbourg: A 51.989).
Ober, Leo: Die Rezeption der kanonischen Zivilprozeßformen und des Schriftlichkeitsprinzips im geistlichen Gericht zu Strassburg. Mainz 1910.
(Oberlin:) Almanach d'Alsace pour l'année 1789. Strasbourg (1790).
Obrechtus Ulricus: Alsaticarum rerum prodromus. Argentorati 1681.
Oehme, Ruthardt: Die Geschichte der Kartographie des deutschen Südwestens. Konstanz und Stuttgart (1961).
— Der deutsche Südwesten im Bild alter Karten. Konstanz und Stuttgart (1961) = Das Bild in Forschung und Lehre. Band IV.
Offenburg. Aus der Geschichte einer Reichsstadt, von Otto Kähni. Offenburger Köpfe — Offenburger Gestalten, von Franz Huber. Offenburg (1951).
Office municipal de statistique de Strasbourg. Compte rendu de l'administration de la ville de Strasbourg 1945—1955. 2 volumes (Strasbourg 1957).
Ohresser, Xavier: L'église Saint-Etienne de Strasbourg. In: Publications de la Société savante d'Alsace et des régions de l'est. L'Alsace contemporaine. Strasbourg et Paris 1950. 383—401.
Olivier-Martin, Fr.: Histoire du droit français des origines à la Révolution. (Paris) 1951.
Ordenung und sundere gesatz des heilgen römschen reichs hof gericht zu rotweil. (Straßburg) 1523. (Exemplar in AM: VI 104/22)
Ordnung Derer Ambt-Schaffner In der Statt Straßburg Aembtern. (Straßburg) 1736. (Exemplar in AM: no 864/130 und VI 76/1c)
Ordnung Derer Fiscalen in der Statt Aembtern. (Straßburg) 1736. (AM: no 864/132 und VI 76/2 f 33—35)
Ordnung und Tax derer Ambt-Leuthe unter der Statt Straßburg Obrigkeit. (Straßburg) 1736. (AM: no 864/129 und VI 76/2 f 26—28)
Ordnung und Tax derer Ambt-Schreiber unter der Statt Straßburg Obrigkeit. (Straßburg) 1736. (AM: no 864/131 und VI 76/2 f 29—32)
Overmann, Alfred: Die Abtretung des Elsaß an Frankreich im Westfälischen Frieden. In: ZGO 1904, 79—111 und 434—478. 1905, 103—145.
— Die Reichsritterschaft im Unterelsass bis zum Beginn des dreissigjährigen Krieges. In: ZGO 1896, 570—637 und 1897, 41—82.
Paetz, Karl Wilhelm: Lehrbuch des Lehnrechts. Neue Auflage. Göttingen 1832.
Pallasse, Maurice: La renaissance du droit romain en Alsace du XIIIe au XVIe siècle. In: Mémoires de la Société pour l'Histoire du Droit et des Institutions des anciens pays bourguignons, comtois et romands. 18e Fascicule. Dijon 1956. 83—106.
Passmann, Antonin: Die Kartause zu Strassburg. In: Archives de l'Eglise d'Alsace. Tome XXIII, Strasbourg et Paris 1956, 103—123. Tome XXIV, Strasbourg 1957, 93—114. Tome XXV, Strasbourg 1958, 81—97. Tome XXVI, Strasbourg 1959, 141—151.
Pastorius, Johann Martin: Kurze Abhandlung von den Ammeistern der Stadt Straßburg. Straßburg 1761.
Person, N(icolaus): Quotidiani martis labores. Moguntiae 1692.
Peters, Hans: Handbuch der kommunalen Wissenschaft und Praxis. Drei Bände. Berlin (u. a.) 1956—1959.
Petit-Dutaillis, Ch.: Les communes françaises. Paris 1947 = L'évolution de l'humanité. XLIV.

Peucer: Der Prozess um den Hohwald. In: Mitteilungen aus dem Vogesenclub. No 25. (o. O.) 1892. 29—42.
Pfister, Ch(arles): Un mémoire de l'intendant Colbert sur l'Alsace 1663. In: RA 1895. 196—212 et 309—331.
Pfleger L(ucien): Die elsässische Pfarrei. Straßburg 1936 = Forschungen zur Kirchengeschichte des Elsaß. Dritter Band.
Planitz, Hans: Das deutsche Grundpfandrecht. Weimar 1936 = Forschungen zum deutschen Recht. Band I, Heft 4.
— und Thea *Buyken:* Bibliographie zur deutschen Rechtsgeschichte, mit Registerband. Frankfurt am Main 1952.
— und Karl August *Eckhardt:* Deutsche Rechtsgeschichte. Zweite Auflage. Graz und Köln 1961.
Polizeiordnung = Der Statt Straßburg Policey Ordnung. (Straßburg) 1628. (Exemplar in Landesbibliothek Speyer: 29.2122—1)
Portal, Charles: Histoire de la Ville de Cordes. Albi et Cordes 1902.
Ptolemaei Claudii Geographia. Edidit Carolus Fridericus Augustus Nobbe. Tom. I. Lipsiae 1898.
Putzger, F. W.: Historischer Schulatlas. 73. Auflage. Bielefeld (u. a.) (1958).
Rapp: Die Straßburger Kirchenpolitik im 15. Jahrhundert (Diss. phil. Straßburg; in Vorbereitung).
Rechtswörterbuch, Deutsches (bisher fünf Bände. Von A bis Huf). Weimar 1914—1960.
Recueil des titres concernant les droits & priviléges de la ville de Strasbourg, relativement à son commerce. Strasbourg 1783. (BNU: M 9.525)
Regimentsverfassung 1672 = Benambsung der Herren Constoffler und überigen Herren des Raths und Herren Schöffen Bey der H. Röm. Freyen Reichs Stadt Straßburg Worbey die Außtheilung der Pflegereyen, Aempter und andere Ehrenstellen zu finden. In welchem Stande dieselbigen den 2. Dec. 1672 gewesen. (Strasburg 1672; Exemplar in BNU: M 9.529)
Regiments Verfaßung, Deß H. Röm. Reichs Freyer Statt Straßburg, 1673. (Straßburg 1673). (Ebd.)
Regiments-Verfassung, Der Stadt Straßburg, in Anno 1731. Straßburg (1731). (Ebd.)
Regiments-Verfassung, Der Stadt Straßburg, In Anno 1789. Strasburg (1789). (Ebd.)
Regula, Konrad: Die Allmenden der Pfalz in Vergangenheit und Gegenwart. Leipzig 1927 = Wirtschafts- und Verwaltungsstudien mit besonderer Berücksichtigung Bayerns. Bd. LXXVII.
Rehm, Philippus Jacobus: Dissertatio Juridica Inauguralis De Donationibus inter virum et uxorem. Ad Constitutionem Argentoratensem. Argentorati 1692.
Reichsland, Das, Elsass-Lothringen. Drei Theile. Strassburg 1898—1903 (Der dritte Theil ist auch erschienen als: Ortsbeschreibendes und geschichtliches Wörterbuch aller in Elsass-Lothringen vorkommenden Denkmälern, Städten, Dörfern, Höfen, Bächen, Flüssen, Seen, Bergen etc. etc. Strassburg 1903).
Reicke, Siegfried: Das deutsche Spital und sein Recht im Mittelalter. Zwei Teile. Stuttgart 1932. Nachdruck Amsterdam 1961 = Kirchenrechtliche Abhandlungen. 111. bis 114. Heft.
(*Reinhard,* Johann Jacob:) Pragmatische Geschichte des Hauses Geroldsek wie auch derer Reichsherschaften Hohengeroldsek, Lahr und Mahlberg in Schwaben. Frankfurt und Leipzig 1766.

Reuss, Rodolphe: L'Alsace au dix-septième siècle. Tomes I et II. Paris 1897 et 1898.
— Strassburgische Chronik von 1677 (Druckfehler für 1667)—1710. Strassburg 1877.
— Aus der Geschichte des Dorfes Fürdenheim. Straßburg 1887.
— Geschichte des Neuhofes bei Strassburg. Strassburg 1884.
— Histoire de Strasbourg. Paris 1922.
— Strassburg im dreissigjährigen Kriege (1618—1648). Fragment aus der Strassburgischen Chronik des Malers Johann Jakob Walther nebst Einleitung und biographischer Notiz. In: Protestantisches Gymnasium zu Strassburg. Programm auf das Schuljahr 1879—1880. Strassburg 1879. 3—41.
Reuter, Paul: Droit international public. Paris 1958.
Rhein, Der. Duisburg 1951.
Rieger, Jean-Paul: Les forêts alsaciennes sous l'Ancien Régime. In: RA 1950—1951. 139—147.
Rössler, Hellmuth und Günther *Franz:* Sachwörterbuch zur deutschen Geschichte. München 1958.
Rossignol, Elie-A.: Monographies communales ou Etude statistique, historique et monumentale du département du Tarn. Première partie: Arrondissement de Gaillac. Tome III: Canton de Cordes. Canton de Vacour. Canton de Castelnau-de Montmiral. Toulouse (u. a.) 1865.
— Etude sur l'histoire des institutions seigneuriales et communales de l'arrondissement de Gaillac (Tarn). Toulouse 1866.
Ruppert, Ph(ilipp): Geschichte der Mortenau. I. Teil: Geschichte des Hauses und der Herrschaft Geroldseck. Achern (1882).
Rusch, Otto: Geschichte der Stadt Kehl und des Hanauer Landes von den ältesten Zeiten bis heute. Kehl 1928.
Sammlung, Neue und vollständigere, der Reichs-Abschiede. In Vier Theilen. Franckfurt am Mayn 1747.
Sandrart, Jacob: Alsatia. Norimbergae (um 1660; Exemplar in AD: 1 K 2).
Sanson: Table géographique dans la quelle fort distinctement est montre la partie meridionale ou superieure du Rhein, Meuse, Moselle (um 1650). (Exemplar in Landesbibliothek Speyer: 27.1452)
Saur, Karl: Die Wehrverfassung in schwäbischen Städten des Mittelalters. Diss. phil. Freiburg. Bühl 1911.
Schaaf, Paul (Hg.): Gengenbach. Konstanz (1960).
Schätzel, Walter: Das Recht des völkerrechtlichen Gebietserwerbs. Bonn 1959 = Internationales Recht. Band 1.
Schelp, Robert: Die Reformationsprozesse der Stadt Straßburg am Reichskammergericht zur Zeit des Schmalkaldischen Bundes (Diss. jur. Tübingen; erscheint 1965).
Schertzius, Johannes Jacobus: J. J. S. Dissertatio Juridica exhibens differentias aliquot juris statutarii Argentinensis, & juris civilis Romani. Argentorati 1711.
— J. J. S. Dissertatio Juridica inauguralis exhibens differentias quasdam inter ius statutarium Argentoratense & ius civile Justinianeum. Argentorati 1712.
Schilter, Johann: Die Alteste Teutsche so wol Allgemeine Als insonderheit Elsassische und Strasburgische Chronicke, Von Jacob von Königshoven, Priestern in Straßburg, Von Anfang der Welt biß ins Jahr nach Christi Geburth 1386 beschrieben. Anjetzo zum ersten mal heraus und mit Historischen Anmerckungen in Truck gegeben. Straßburg 1698.

Schmidt, Charles: Histoire du chapitre de Saint-Thomas de Strasbourg pendant le moyen âge suivie d'un recueil de chartes. Strasbourg 1860.

Schmidt, Eberhard: Einführung in die Geschichte der deutschen Strafrechtspflege. Zweite Auflage. Göttingen 1951.

Schmoller, Gustav: Straßburg zur Zeit der Zunftkämpfe und die Reform seiner Verfassung und Verwaltung im XV. Jahrhundert. Straßburg 1875 = Quellen und Forschungen zur Sprach- und Culturgeschichte der germanischen Völker. XI.

— Die Strassburger Tucher- und Weberzunft. Straßburg 1879.

Schmolz, Helmut: Dörfer der Reichsstadt Ulm (Protokoll über die 13. Tagung des Arbeitskreises für Landes- und Heimatgeschichte am 14. März 1959). Stuttgart 1959 (Maschinenschrift; eigenes Exemplar).

Schneider, Jean: La Ville de Metz aux XIIIe et XIVe siècles. Nancy 1950.

— Les villes allemandes au moyen âge. In: La Ville, Première partie: Institutions Administratives et Judiciaires. Bruxelles 1954. 467—514 = Recueils de la Société Jean Bodin —VI—.

Schnur, Roman: Der Rheinbund von 1658 in der deutschen Verfassungsgeschichte. Bonn 1955 = Rheinisches Archiv 47.

Schoepflinus, Jo. Daniel: Alsatia illustrata Germanica Gallica. Colmariae 1761.

— et Andreas *Lamey:* Alsatia . . . diplomatica. Partes duae. Mannhemii 1772 et 1775.

Schott, Karl: Die Entwicklung der Kartographie des Elsasses. Straßburg 1914 = Mitteilungen der Gesellschaft für Erdkunde und Kolonialwesen zu Straßburg i. E. das Jahr 1913. Viertes Heft.

Schricker, August: Ordnungen der Straßburger Malerzunft. In: Jahrbuch für Geschichte, Sprache und Litteratur Elsass-Lothringens. III. Jahrgang. Strassburg 1887. 99—105.

Schröder, Richard und Eberhard Freiherr von *Künssberg:* Lehrbuch der deutschen Rechtsgeschichte. 7. Auflage. Berlin und Leipzig 1932.

Seckendorff, Veit Ludwig von: Teutscher Fürsten-Stat. Franckfurth am Mayn 1656.

Seigel, Emil Adolf: Varia aus Schutterwalds Vergangenheit. (Schutterwald) 1916 (tatsächlich 1927).

Seutter, Matthaeus: Chorographia Argentorati. (Augsburg vor 1748; eigenes Exemplar; Schwarz-weiß-Verkleinerung in *Goehner,* Tafel XXI).

Sgrooten = Die Karten deutscher Länder im Brüsseler Atlas des Christian s'Grooten (1573). Herausgegeben von Hans Mortensen und Arend Lang. I. Karten. II. Textband. Göttingen 1959 = Abhandlungen der Akademie der Wissenschaften in Göttingen. Philologisch-Historische Klasse, Dritte Folge Nr. 44.

Sibert, Marcel: Traité de droit international public. Tome premier. Paris 1951.

Silbermann, Johann Andreas: Local-Geschichte der Stadt Straßburg. Straßburg 1775.

Silberrad, Joh. Samuel: De acquaestu conjugali secundum jus statutarium Argentinense. Argentorati 1771.

— Q. D. B. V. Dissertatio Inauguralis Juridica de successione conjugum secundem jus statutarium Argentinense. Argentorati 1772.

Sittler, Lucien: La Décapole Alsacienne des origines à la fin du moyen âge. Strasbourg et Paris 1955 = Publications de l'Institut des hautes études Alsaciennes. Tome XII.

Speckel, Daniel: Elsaß Ist der Vier provintzen eine. Strasburg 1576. (Exemplar in AD: 1 K 1; Nachzeichnung von 1662 in AM: VI 384/13)

Spielmann, Ludovicus: B. D. C. Dissertatio Juridica de successione ab intestato secundum diversorum jurium dispositionem cujus partem II. Sectio tertia: De successione ab intestato secundum Regulas juris Germanici & Argentoratensis. Argentorati 1773.
Stein, Ferd(inand): Geschichte und Beschreibung der Stadt Lahr und ihrer Umgebungen. Lahr 1827.
Stoeber, Elias: Q. D. B. V. De notariis inventaria conficientibus secundum statuta Argentinensia. Argentorati 1778.
Stoesser, Joh. Godofredus: Dissertatio inauguralis juridica exhibens differentias juris statutarii Argentinensis et juris civilis Justinianei in materia concursus creditorum. Argentorati 1732.
Stoesser, Philippus Rudolphus: B. C. D. Dissertatio inauguralis juridica de poenis secundarum nuptiarum liberis ex priori thoro superstitibus ad ductum statuti Argentinensis de XXII. Aprilis MDCCLXV. Argentorati (1772).
Streitberger, Ingeborg: Der königliche Prätor von Strassburg 1685—1789. Wiesbaden 1961 = Veröffentlichungen des Instituts für Europäische Geschichte Mainz. Band 23, Abteilung Universalgeschichte.

Tacke, Jürgen: Studien zur Agrarverfassung der oberen badischen Markgrafschaft im 16. und 17. Jahrhundert. Schopfheim 1957.
Tarif des droits qui se payent au bureau de l'unguelt de la ville de Strasbourg. Strasburg 1689. (Exemplar in BNU: M 10.383)
Teissier, Octave: Notice sur les archives communales de la ville de Toulon. Toulon 1863.
Thieme, Hans: Die Rechtsstellung der Fremden in Deutschland vom 11. bis zum 18. Jahrhundert. In: Recueils de la Société Jean Bodin. X: L'étranger, deuxième partie. Bruxelles 1958. 201—216.
Tillmann, Curt: Lexikon der deutschen Burgen und Schlösser. Band I bis IV. Stuttgart 1958 bis 1961.
Traité sur la nature des biens ruraux dans les deux départemens du Rhin, ci-devant Province d'Alsace. Strasbourg (o. J.).
(*Tulla:*) Topographische-Carte des Rheinstromes und seiner beiderseitigen Ufer von Hüningen bis Lauterburg. 18 Blätter. Freiburg im Breisgau 1828 (Exemplar in GLA: H Reinstrom 78).
(*Turckheim*, Jean de:) Mémoire de droit public sur la ville de Strasbourg et l'Alsace en général. Strasbourg 1789.

Ungerer, Jacques: Le pont du Rhin à Strasbourg. Strasbourg et Paris 1952 = Publications de l'Institut des Hautes Etudes Alsaciennes. Tome VII.
Universal-Lexikon vom Großherzogthum Baden. Zweite Ausgabe. Karlsruhe 1847.
Urkundenbuch der Stadt Strassburg. Sieben Bände. Strassburg 1879—1900 = Urkunden und Akten der Stadt Strassburg. Erste Abtheilung.

Vast, Henri: Les grands traités du règne de Louis XIV. Paris 1893, 1898 et 1899 = Collection de textes pour servir à l'étude et à l'enseignement de l'histoire (15, 23 et 28).
Vierling, Joseph Fridolin: Das Ringen um die letzten dem Katholizismus treuen Klöster Straßburgs. Straßburg im Elsaß 1914 = Straßburger Beiträge zur neueren Geschichte. VIII. Band.
Viollet, Paul: Droit privé et sources. Histoire du droit civil français. Troisième édition. Paris 1905.

Vopell = (Michow, H.:) Caspar Vopell und seine Rheinkarte vom Jahre 1558. Hamburg 1903. (Exemplar in Landesbibliothek Speyer: B. Ms. 221; Ausschnitt der Karte von 1555 in *Oehme,* Geschichte, Karte 5)

Waldner Eug.: Kurzer Überblick über die Geschichte der Stadt Colmar. Colmar 1914.

Wehrhahn, Herbert: Die Verkündung und das Inkrafttreten der Gesetze in Frankreich 1789 und danach. In: Festgabe für Carlo Schmid. Tübingen 1962. 213—297.

Weill, Georges: Les relations entre les hôpitaux et la Faculté de médecine. In: Publications de la Société savante d'Alsace et des régions de l'est. L'Alsace contemporaine. Strasbourg et Paris 1950. 283—312.

Weiss, J(ohn) G(ustav): Regesten der Freiherren von Adelsheim. Mannheim 1888.

Wellmer, Martin: Der vorderösterreichische Breisgau. In: Vorderösterreich. Zweiter Band. Freiburg im Breisgau (1959). 251—325.

Wencker, De pfalburgeris = Wencker, Jacobus: Dissertatio De Pfalburgeris ... Usburgeris & Glevenburgeris. (Partes quattuor: I. II. Continuation. III.) Argentorati 1698. (Nachdruck in Wencker Jacobus: Collectanea juris publici. Argentorati 1702)

Wengler, Wilhelm: Völkerrecht. Band I und II. Berlin (u. a.) 1964.

Werle, Hans: Zu den pfälzischen Haingeraiden. In: ZGO 1954. 750—760.

Werner, Robert: Les ponts et chaussées d'Alsace au dix-huitième siècle. Strasbourg 1929 = Collection d'études sur l'histoire du droit et des institutions de l'Alsace. V.

— Le rattachement douanier de l'Alsace à la France (1789—1791). Strasbourg et Paris 1950 = Publication de l'Institut des Hautes Etudes Alsaciennes. Tome IV.

Wielandt, Friedrich: Badische Münz- und Geldgeschichte. Karlsruhe 1955.

Winckelmann, O(tto): Zur Entstehungsgeschichte der Straßburger Einundzwanzig und Dreizehn. In: ZGO 1921. 112—114.

— Das Fürsorgewesen der Stadt Strassburg vor und nach der Reformation bis zum Ausgang des sechzehnten Jahrhunderts. Zwei Teile. Leipzig 1922 = Quellen und Forschungen zur Reformationsgeschichte. Band V.

— Zur Geschichte des Badischen und des Nassauischen Hofs in Strassburg. In: ZGO 1909. 575—600.

— Strassburgs Verfassung und Verwaltung im 16. Jahrhundert. In: ZGO 1903. 493—537 und 600—642.

Wirth, Philipp: Beiträge zur Geschichte Wasselnheims. Zwei Theile. Worms 1879—1880.

Wittmer, Charles: Das Straßburger Bürgerrecht vom Ursprung bis zum Jahre 1530. In: Alemannisches Jahrbuch 1961. Lahr (1962). 235—249.

— et J. Charles *Meyer:* Le livre de bourgeoisie de la ville de Strasbourg 1440 à 1530. I. Strasbourg et Zurich 1948. II. Strasbourg 1954. III. Strasbourg 1961.

Wolff, E.: Chronik der Gebirgsgemeinde Dossenheim. Straßburg (1896).

Wolff, F.: Elsässisches Burgen-Lexikon. Straßburg 1908 = Veröffentlichungen des kaiserlichen Denkmal-Archivs zu Straßburg Nr. 9.

Wolfram, Georg: Entstehung der nationalen und politischen Grenzen im Westen. Frankfurt am Main 1926.

— und Werner *Gley:* Elsass-Lothringischer Atlas. Frankfurt am Main 1931 = Veröffentlichungen des Wissenschaftlichen Instituts der Elsass-Lothringer im Reich an der Universität Frankfurt.

— und Werner *Gley:* Erläuterungsband zum Elsass-Lothringischen Atlas. Frankfurt am Main 1931 = Veröffentlichungen des Wissenschaftlichen Instituts der Elsaß-Lothringer im Reich an der Universität Frankfurt.
Woltering, Herbert: Die Herrschaft der Reichsstadt Rothenburg ob der Tauber über ihre Landwehr (Diss. jur. Münster; in Vorbereitung).
Wörterbuch, Mittellateinisches, bis zum ausgehenden 13. Jahrhundert. Herausgegeben von der Bayerischen Akademie der Wissenschaften und der Deutschen Akademie der Wissenschaften zu Berlin. München seit 1959.
Woytt, Gustave: L'administration épiscopale de Strasbourg au Moyen Age. In: Revue Historique. Tome 178. Paris 1936. 177—197.
Wüllner, Wolfgang: Nürnberg als Landesherrin (Aufsatz in Vorbereitung).
Wunder, Gerhard: Das Straßburger Landgebiet (Diss. phil. Straßburg; erscheint demnächst).
Zeller, Gaston: La réunion de Metz à la France. Deux parties. Strasbourg 1926.
— Comment s'est faite la réunion de l'Alsace à la France. Paris 1948 = Faculté des lettres de Strasbourg. Publications de l'Institut des Hautes Etudes Alsaciennes. Fascicule hors série.
Zeumer, Karl: Quellensammlung zur Geschichte der Deutschen Reichsverfassung in Mittelalter und Neuzeit. Zweite Auflage. Tübingen 1913 = Quellensammlungen zum Staats-, Verwaltungs- und Völkerrecht. Zweiter Band.

Verzeichnis der ungedruckten Quellen

Barr, Archives Communales

Matrice cadastrale de Barr

Gertweiler, Archives Communales

Gerichtsordnung für die Herrschaft Barr von 1646

Karlsruhe, Badisches Generallandesarchiv

D 408c, 687a und 1160 (Kaiserurkunden)
H passim (Gemarkungspläne)
H 1 : 10 000 passim (gedruckte Gemarkungspläne)
21 passim (Urkunden Breisgau)
27 passim (Urkunden Lahr-Mahlberg)
29 passim (Urkunden Schuttern)
30 passim (Urkunden Gengenbach-Offenburg-Zell)
33 passim (Urkunden Bistum Straßburg)
37/147 (Urkunden Baden-Baden, hier Kehl)
44 passim (Urkunden Adel)
65/760 (Handschrift *Asbrand*)
65/2399 (Handschrift *Sütterlin*)
67 passim (Kopialbücher)
119 passim (Akten Ortenau)
149 passim (Akten Amt Kehl)
207 passim (Akten Stadt und Dorf Kehl)
229/1254—1291 (Akten Allmannsweier)
229/16473 (Akten Butschbach, hier Fürsteneck)
229/22254—22445 (Akten Eckartsweier, hier Stiftshöfe)
229/75575—75608 (Akten Nonnenweier)
229/77549—77749 (Akten Ober- und Niederhausen)
229/95254—95445 (Akten Schutterwald)

Mittelbergheim, Archives Communales

Articul Buch (P 4)
Gerichtsordnung zu Mittelbergheim (darin Gerichtsprotokolle 1593—1606)
Gerichtsprotokolle 1555—1773 (zum Teil P 1, Lücken)
Heimburger Rechnungen 1726—1788 (zum Teil P 5)
Inventarium des Gemeinde-Archivs (D 5)
Protocoll der Gemeinde Mittelbergheim 1788—1795
Urkunden über das Zellweiler Bruch (N 4, 7 und 14)

Niederhausen, Gemeindearchiv

B IV 6
B XIX 12

Paris, Bibliothèque de l'Inspection du Génie
Atlas 118—Mss (Handschrift *Naudin*)

Paris, Bibliothèque Nationale
Clairambault 399

Schutterwald, Gemeindearchiv
Urkunden 1, 2, 3, 20
Akten III 3/9, III 3/16

Straßburg, Archives Départementales du Bas-Rhin
C passim
E passim
G passim
H passim
J passim
cartes C 556—571 passim (Gemarkungskarten des 18. Jh.)
cartes 2 I und 3 I passim (gedruckte Forstkarten)
carte 1 K 5 (Kupferstich *Baillieu*)
cartes 1 P, 2 P und 3 P passim (gedruckte Gemarkungskarten)
terriers passim
Andlau passim

Straßburg, Archives de la Ville
chartes 1050—1789 passim (mit Zettelkatalog 1432—1467)
no 17—268 (Rat und XXI-Protokolle 1539—1789) passim
no 269 (Protokoll des „gesamten Rats" 1789)
no 270 (Schöffenprotokoll 1789)
no 282—480 (XV-Protokolle 1571—1789) passim
no 481—612 (XIII-Protokolle, auch XXI, 1599—1789) passim
no 852—854 (Argentoratensia Historico-Politica I—III)
no 861 (Ordnungensammlung des Kleinen Rats 1655)
no 862 (Regimentsordnungen 1660)
no 863—864 (Ordnungensammlung des Großen Rats 1750)
no 864a (Ordnungensammlung des Großen Rats bis 1770)
no 865 (Handschrift Holdt 1752)
no 866a (Description du magistrat 18. Jh.)
no 876 (Revenus des magistrats 1782)
no 877—882 (Ordonnances du Roi I—VI)
no 953—957 (Briefbücher A—E und ein Repertorium dazu)
no 1162 (Bannbuch Zehnacker 1749)
R 1—50 (städtische Ordnungen 13. Jh. bis 1790) passim
AA passim
I oder IDG passim
II oder VDG passim
III oder GUP passim
IV passim
V passim
VI oder VCG passim
VII oder PhThG passim
Corporation de la Lanterne 1

HospArch passim (mit Buchkatalog)
HospArch chartes passim (mit Buchkatalog)
ThomArch passim
UFW passim (mit Buchkatalog)

Straßburg, Bibliothèque de la Ville

ms 866

Straßburg, Bibliothèque Nationale et Universitaire

M passim (elsässisches Schrifttum, hier zeitgenössische Drucke)
ms passim (Handschriften)

Straßburg, Service du cadastre

Tableau indicatif de Neuwiller

Stuttgart, Hauptstaatsarchiv

A 78 Büschel 14

Würzburg, Universitätsbibliothek

Handschrift M. p. misc. q. 2 (Straßburger Spitalbuch vor 1411 mit Nachträgen)

Printed by Libri Plureos GmbH
in Hamburg, Germany